Leo N. Tolstoi

Über das Leben

Übersetzungen von
Raphael Löwenfeld (1902)
und Willy Lüdtke (Auswahl 1929)

Band-Signatur
TFb_A008

Tolstoi-Friedensbibliothek
Reihe A I Band 8

Herausgegeben von
Peter Bürger

Leo N. Tolstoi

Über das Leben

Übersetzungen von
Raphael Löwenfeld (1902)
und Willy Lüdtke (Auswahl 1929)

Neu ediert von Katrin Warnatzsch,
unter Mitarbeit von Peter Bürger

Tolstoi Friedensbibliothek

TFb_A008

Die TFb-Buchausgaben
folgen dem Editionsprojekt
www.tolstoi-friedensbibliothek.de

© 2023

Leo N. Tolstoi

ÜBER DAS LEBEN

Übersetzungen von Raphael Löwenfeld (1902)
und Willy Lüdtke (Auswahl 1929)

Neu ediert von Katrin Warnatzsch & Peter Bürger

Tolstoi-Friedensbibliothek: Band-Signatur FTb_A008

Herausgeber, Redaktion & Gestaltung: Peter Bürger
www.tolstoi-friedensbibliothek.de
Umschlagbild: Tolstoi-Porträt des Jahres 1887,
gemalt von Ilya Efimovich Repin (1844-1930)

Herstellung & Verlag: BoD – Books on Demand, Norderstedt
ISBN: 978-3-7578-0448-0

Inhalt

Leo N. Tolstoj
ÜBER DAS LEBEN

ANHANG

Tolstois Schrift
‚O žizni' (1886/87)

Vorbemerkungen des Herausgebers

„Die Liebe ist die einzige
vernünftige Tätigkeit des Menschen."

Die Versuchung liegt nahe, die Schrift *Über das Leben* (О жизни |
O žizni) – geschrieben im Winter 1886/87 fast ein Vierteljahrhun-
dert vor dem Tod des Verfassers und von diesem selbst sehr
wertgeschätzt[1] – als eine zuverlässige Darstellung von TOLSTOIS
‚Weltanschauung' zu betrachten. Der russische Dichter hat indessen in höchst unterschiedlichen Werken und Genres versucht, Wahres zur Sprache zu bringen. Bis hin zum Lebensende
wurden von ihm Widersprüche der eigenen geistigen Suchbewe-
gungen immer wieder neu bedacht. Ein in sich geschlossenes
philosophisches System, das den Anhängern obendrein die Annahme aller Hauptkapitel und Unterparagraphen abverlangt,
wollte er wohl nicht vorlegen.

Dialogische Entstehungsgeschichte des Werkes

Wir edieren hier die Schrift *Über das Leben* als eine Station der
Suche, nicht als ‚kanonisierte Weltanschauung' des Autors. – Unsere Bibliothek soll ja in der Breite das unvoreingenommene Studium befördern. Bloße Behauptungen und allzu voreilige Thesen
zu LEO N. TOLSTOI gibt es schon genug.

---

[1] Vgl. Daniel RINIKERS kommentierende Einleitung zu Textauszügen aus der
Schrift ‚Über das Leben' in: Martin George / Jens Herlth / Christian Münch / Ulrich Schmid (Hg.): Tolstoj als theologischer Denker und Kirchenkritiker [2014].
Zweite Auflage. Göttingen: Vandenhoeck & Ruprecht 2015, S. 174-179, hier 174:
„Tolstoj hielt *Mein Glaube* und *Über das Leben* für seine wichtigsten Bücher, in denen er die philosophischen und religiösen Aspekte seiner Lehre am deutlichsten
ausgedrückt habe."

Die Entstehungsgeschichte des Werkes verweist auf dialogische Kontexte.[2] 1886 beginnt während einer ernsten Erkrankung ein Briefwechsel mit ANNA KONSTANTINOVNA DITERICHS (1859-1927). Darüber schreibt TOLSTOI seinem Verleger und Freund WLADIMIR GRIGORJEWITSCH TSCHERTKOW[3] (1854-1936), dem angehenden Ehemann der Briefpartnerin: „Von Anna Konstantinovna erhielt ich vor längerer Zeit einen langen, guten Brief. Und anstatt ihn kurz zu beantworten, begann ich, Punkt für Punkt auf alle ihre Gedanken einzugehen. Dies deshalb, weil sie sich mit dem Thema Leben und Tod befaßte, mit Fragen also, über die ich sehr viel von neuem nachgedacht habe, über die ich noch immer nachdenke und schreibe ..."[4]. Nach und nach entstehen Skizzen, die der ANNA KONSTANTINOVNA und weiteren Personen bekannt werden. Es geht nicht mehr nur um ein Briefgespräch. Im Januar 1887 teilt der Dichter in Zeilen an ISAAK B. FAJNERMANN bereits mit, er schreibe „eine allgemeine Erörterung über Leben und Tod". Auf Einladung des ihm bekannten Philosophieprofessors NIKOLAI JAKOWLEWITSCH GROT nimmt Tolstoi teil an Veranstaltungen der ‚Psychologischen Gesellschaft', vor der er im März 1887 ein Referat „Über das Verständnis des Lebens" hält. In zwei Zeitungen erscheinen Mitschriften. Über viele Monate hin kann sich der Verfasser von der Arbeit an dem Text „nicht losreißen". Auch Überlegungen zur Verständlichkeit spielen eine Rolle: „Man muß ins Russische übersetzen. Ich habe damit begonnen, als ich mich auf dem Lande aufhielt und keine Professoren vor mir hatte, sondern Menschen."[5] Erst Anfang August 1887 geht das Manuskript zum Satz nach Moskau. Die Abänderung des ursprünglich vorgesehenen Titels erläutert TOLSTOI seinem Verleger so: „Begonnen hatte ich damit, über Leben und Tod zu schreiben, aber als ich zu Ende geschrieben hatte, zeigte es sich,

---

[2] Vgl. für das folgende besonders Paul H. DÖRR: Nachwort [zu Entstehungs- und Editionsgeschichte des Werkes ‚Das Leben']. In: Leo N. TOLSTOJ: Das Leben. Übersetzt von Raphael Löwenfeld [1902]. Durchgesehene Neuausgabe von Paul H. Dörr. München: Eugen Diederichs Verlag 1992, S. 273-283. [= DÖRR 1992]

[3] Andere Schreibweise: Čertkov.

[4] Zitat: DÖRR 1992, S. 274.

[5] Zitat: DÖRR 1992, S. 279.

daß man den zweiten Teil der Überschrift weglassen sollte, wenigstens für mich dieses Wort ganz und gar jene Bedeutung verloren hatte, die ich ihr in der Überschrift beigelegt hatte ...“[6]

Staatlich-kirchliche Zensur
der schon gedruckten Erstauflage

Gedruckt wird das Buch zum Jahresende 1887 – trotz der Befürchtungen wegen einer möglichen Zensur – als 13. Band der Werkausgabe mit einer Auflage von 600 Stück (‚O žizni‘, Moskva 1888), und der Verfasser hofft, dass es „für viele ein Trost und eine Stütze sein wird“. Der staatlich-kirchliche Zensurapparat lässt sich nach Einreichung des Werkes im Januar 1888 viel Zeit. Das Moskauer Zensurkomitee befindet in seiner Entschließung vom 25.1.1888, dass TOLSTOI „in diesem Buch als Richtschnur nicht das Wort Gottes darstelle, sondern einzig und ausschließlich den menschlichen Verstand, daß dieses Buch den Zweifel an den Dogmen fördert und die Liebe zum Vaterland tadelt“[7]. Der ‚Heilige Synod‘ als oberstes Verwaltungsorgan der orthodoxen Kirche schließt sich am 5. April letztinstanzlich der Verbotsvorlage an. Die gesamte gedruckte Erstauflage ist dem Archiv des Zensurkomitees zu übergeben.

Bis hin zum Tod des Verfassers und noch drei Jahre danach darf in Russland selbst keine vollständige Ausgabe der Schrift gedruckt werden. – Frühe russische Ausgaben werden verlegt in Genf (Elpidine 1891) und England (Christchurch 1903). – Doch das Verbot beflügelt natürlich die Produktion von Abschriften und ‚illegalen Drucken‘. 1889 erscheint in Paris die französische Ausgabe[8], die in Russland eifrig rezensiert wird. Die beiden frühesten deutschen Übersetzungen stammen von der Russin

---

[6] Zitat: DÖRR 1992, S. 281.
[7] Zitat: DÖRR 1992, S. 282.
[8] Comte Léon TOLSTOI: *De la vie*, seule traduction revue et corrigée par l'auteur. Paris: C. Marpon et E. Flammarion 1889. (Übersetzung erstellt durch die Ehefrau des Verfassers: Sof'ja A. Tolstaja.)

SOPHIE BEHR[9] und ADELE BERGER[10]. Es folgen die Übersetzung von RAPHAEL LÖWENFELD[11] und 1929 noch eine kleine Auswahledition von WILLY LÜDTKE. Die beiden zuletzt genannten Übersetzungen sind im vorliegenden Band nachzulesen.

‚Lebensphilosophie'

Nicht abwegig ist es, TOLSTOIS Werk „O žizni" – trotz seiner Hervorhebung der menschlichen ‚Vernunft' – jener im späten 19. Jahrhundert einsetzenden ‚lebensphilosophischen Strömung' zuzuordnen, die auf das Elend des Positivismus und eine naturwissenschaftliche Reduktion des Menschenbildes reagiert: „Die falsche Wissenschaft sieht das Leben in der tierischen Existenz [*Biologismus, Oberflächen-Ich etc.*], indem sie den Begriff des Wohles aus der Bestimmung des Lebens ausschließt" (→S. 95, S. 208). Man kann im Bereich des Objektivier- und Messbaren vielerlei, ja endloses Wissen (dies und das) produzieren, ohne auch nur das Geringste zu einem tieferen Verständnis des Menschen – ganz zu schweigen von einem glücklichen Selbstverstehen – beizutragen. TOLSTOI bezeichnet diesen Weg, das Leben zu mehren, als ‚Multiplikation der Null' (→ S. 140).

Zwei Weltkriege können nur dann sachgerecht beleuchtet werden, wenn wir bedenken, dass schon Jahrzehnte zuvor ein sozialdarwinistisches Welt- und Menschenbild im öffentlichen Raum zum Dogma erhoben wurde: Der Kult des durchsetzungsfähigen Individuums oder Kollektivs und ein Kampf aller gegen alle ‚ohne Rücksicht auf Verluste' erschienen hierbei wie ewige, ja gleichsam metaphysische Gesetze. (Dies ist freilich schon im Kontext eines rein naturwissenschaftlichen Paradigmas Unfug.)

---

[9] Leo N. TOLSTOI: Über das Leben. Autorisierte Übersetzung von Sophie Behr. Leipzig: Verlag von Duncker & Humblot 1889. [Auch im Internet als Digitalisat.]
[10] Leo N. TOLSTOI: Über das Leben. Deutsch von Adele Berger. Berlin: Verlag Hugo Steinitz 1891. [Auch im Internet als Digitalisat.]
[11] Leo N. TOLSTOJ: Das Leben. Übersetzt von Raphael Löwenfeld. (= L. N. Tolstoj: Gesammelte Werke: I. Serie, Band 5. Von dem Verfasser genehmigte Ausgabe von Raphael Löwenfeld). Leipzig: Verlag Eugen Diederichs 1902. (Folgeauflagen 1911 und 1992.)

Es geht um Triebkräfte und Programme , die im zivilisatorischen Maßstab eine Dynamik bis hin zur Suizidalität der menschlichen Gattung oder zu einer Totalzerstörung des Lebens entfesseln. (‚Dummheit und Stolz, die wachsen auf einem Holz.') Dass TOLSTOI schon 1887 die Anzeichen einer ‚Moderne' des ultimativen Massenmordens untersucht, ist keine Nebensächlichkeit.

‚Wer sein Leben gewinnen will …'

„Wer sein Leben gewinnen will, der wird es verlieren." (→S. 101, S. 131, S. 213). – TOLSTOIS Schrift *Über das Leben* (1886/87), die erstaunlicherweise ganz dem Sprachduktus der Schulphilosophie folgt, kann vor allem auch als Auslegung dieses Bibelwortes gelesen werden:

„Die Vernunft ist das Gesetz, dem zu ihrem Heil die animalische Persönlichkeit des Menschen untergeordnet werden muss. Die Liebe ist die einzige vernünftige Tätigkeit des Menschen. – Die animalische Persönlichkeit wird zum Glück hingezogen; die Vernunft zeigt dem Menschen das Trügerische des (animalisch-selbstsichernden) Glücks und lässt einen Weg übrig. Die Tätigkeit auf diesem Wege ist die Liebe. … Das vernünftige Bewusstsein zeigt dem Menschen die Elendigkeit aller untereinander kämpfenden Wesen, zeigt ihm, dass es ein Glück für seine animalische Persönlichkeit nicht geben könne, zeigt ihm, dass das einzige für ihn mögliche Glück nur ein solches sein könne, bei dem es weder einen Kampf mit andern Wesen gebe noch ein Aufhören des Glücks, … weder Voraussicht des Todes noch Todesfurcht. – Und da findet nun der Mensch, als einen Schlüssel, der nur für dies Schloss angefertigt ist, in seiner Seele ein Gefühl, das ihm gerade das Glück schenkt, auf das ihn … die Vernunft hinweist. Und dies Gefühl löst … den früheren Widerspruch des Lebens … Die (animalisch-selbstsichernden) Persönlichkeiten wollen die Persönlichkeit des Menschen für ihre Zwecke benutzen. Aber das Gefühl der Liebe zieht ihn dahin, dass er seine Existenz zum Besten anderer Wesen hingibt. … Indem die animalische Persönlichkeit zum Glück strebt, strebt sie mit jedem

Atemzuge dem größten Übel – dem Tode – zu, dessen Voraussicht jedes Glück der Persönlichkeit zerstörte. Aber das Gefühl der Liebe vernichtet nicht nur diese Furcht, sondern treibt den Menschen sogar zum letzten Opfer ... zum Heile anderer" (vgl. →S. 217-218, S. 119-122).

TOLSTOIS Verständnis der ‚Vernunft', das mit Rationalismus rein gar nichts gemein hat, sowie das Loslassen von Selbstsicherung (samt äußerer bzw. gegenständlicher ‚Sicherheiten') könnten manchem Leser die Frage nahelegen: ‚Wieviel Meister Eckart steckt eigentlich in Leo Tolstoi?' – Die Gegenüberstellung von „*tierischer* (animalischer) Persönlichkeit" des Menschen und „*vernünftigem* Bewusstsein" darf keinesfalls im Sinne eines Materie-Geist-Dualismus gedeutet werden. Es geht vielmehr – wie schon bei dem von TOLSTOI wenig geschätzten Apostel PAULUS („Fleisch" – „Geist") – um zwei Weisen bzw. Wege des *Selbstverstehens*. Der Mensch, der sich im Vorlauf schon als einen Toten zu sehen vermag, versucht auf dem Weg der unentwegten – *notvollen* – Selbstsicherung sein Leben zu retten und läuft so – auf scheinbar paradoxe Weise – geradewegs dem Tod in den Rachen. Dieses von der Angst getriebene ‚Sein zum Tode' ist selbstzerstörerisch und zerstört das Leben anderer. Jene ‚Vernunft' aber, deren einzige angemessene ‚Tätigkeit' die Liebe ist (→S. 135-137), weist einen Ausweg aus der Todesverfallenheit des unglücklichen ‚Ichs'. Sie führt uns zu einem Leben in der Verbundenheit allen Lebens und somit zum Glücklichsein, das der individuelle Leibestod nicht zerstören kann.

‚Der Morgen eines Gutsbesitzers'

Wiederum können wir bei genauem Hinsehen erkennen, dass die „Geburt des wahren Lebens im Menschen" nicht erst mit der „Christ"-Werdung TOLSTOIS in den späten 1870er Jahren zum Thema geworden ist, sondern schon Jahrzehnte (!) früher im dichterischen Werk zur Sprache gekommen war. Die 1852-1856 entstandene Erzählung *Der Morgen eines Gutsbesitzers* macht uns bekannt mit dem neunzehnjährigen Fürsten und Studienabbrecher Dmitri Nikolajitsch Nechljudow, der die „Fülle sittlicher Befriedigung" ersehnt. Dieser Vertreter der besitzenden Klasse, unschwer als ‚Alter Ego' TOLSTOIS zu identifizieren, erinnert sich an den glücklichen, ein Jahr zurückliegenden Augenblick der Offenbarung eines anderen Lebens:

„Er war in aller Frühe aufgestanden, vor allen anderen im Hause. Und qualvoll erregt von dem verhaltenen, unsäglichen Drang seiner Jugend war er ohne Ziel in den Garten gegangen und von dort in den Wald; dann war er lange allein, und ohne etwas zu denken, in der kraftvollen, saftigen, aber stillen Mailandschaft umhergewandert, gequält von der Überfülle eines Gefühls, für das er keinen Ausdruck fand. Bald gaukelte ihm seine junge Einbildungskraft mit dem ganzen Reiz des Unbekannten das verführerische Bild des Weibes vor, und ihm war, als sei das sein unausgesprochenes Verlangen. Aber ein anderes, höheres Gefühl sagte ihm: ‚Das ist es nicht', und zwang ihn, etwas anderes zu suchen. Dann wieder erhob sich sein unerfahrener, stürmischer Geist immer höher und höher in die Sphäre des Abstrakten und enthüllte ihm die Gesetze des Seins, wie ihm schien, und er verharrte mit stolzem Genuß bei diesen Gedanken. Aber wieder sagte das höhere Gefühl: ‚Das ist es nicht', und zwang ihn, rastlos weiterzusuchen. Ohne Gedanken und ohne Wünsche, wie das immer nach angestrengter Tätigkeit zu sein pflegt, legte er sich unter einem Baum auf den Rücken und blickte auf die durchsichtigen Morgenwolken, die über ihm am tiefblauen unendlichen Himmel dahinzogen. Plötzlich traten ihm ohne jeden Grund Tränen in die Augen, und gleichzeitig kam ihm, Gott weiß auf welchem Weg, ein klarer Gedanke, der seine ganze Seele erfüllte und an den er sich voller Entzücken klammerte – der Gedanke, daß die Liebe und das Gute die Wahrheit und das Glück seien, die einzige Wahrheit und das einzig mögliche Glück auf Erden. Das höhere Gefühl sagte nicht mehr: ‚Das ist es nicht.' Er erhob sich und begann diesen Gedanken zu überprüfen. ‚Das ists, das ists!' sagte er sich voller Begeisterung und maß alle früheren Überzeugungen, alle Erscheinungen des Lebens an dieser neuentdeckten und – wie ihm schien – völlig neuen Wahrheit.

‚Wie töricht ist alles, was ich wußte, woran ich glaubte und was ich liebte; Liebe, Selbstverleugnung – das ist das wahre, nicht vom Zufall abhängige Glück', wiederholte er und breitete lächelnd die Arme aus. Er wandte diesen Gedanken auf alle Seiten des Lebens an und fand, daß sowohl das Leben als auch die innere Stimme, die ihm sagte: ‚*Das ist es*', diesen Gedanken bestätigten; das erfüllte ihn mit einem ganz neuen Gefühl freudiger Erregung und Wonne. ‚Also muß ich Gutes tun, um glücklich zu sein', dachte er, und seine ganze Zukunft zeichnete sich deutlich vor seinem inneren Auge ab, aber nicht nur in Gedanken, sondern in Bildern, in der Form eines Lebens als Gutsherr."[12]

Ein notvoll selbstbezogener junger Adeliger mag das Experiment wagen, sich selbst zu lassen und dann womöglich als ‚Liebender' in seiner Mitwelt auf Gegenliebe – statt Unterwürfigkeit – stoßen. Doch wie unheilvoll kann solches enden, wenn hohe „Gedanken über das Ziel und die Pflichten" des eigenen Lebens und „sittliche Befriedigung" in Wirklichkeit nur Tarnkonzepte der Selbstsicherung sind. – Muss sich nicht erst das Glück – die Verbundenheit allen Lebens und *darin* die im Glück des Geliebtseins geschenkte Selbstannahme – offenbaren? Bedarf es nicht einer durchgreifenden – über den Augenblick der Ahnung von Neuem hinausgehenden – Erfahrung, die uns vergewissert: ‚Du musst dein Leben ändern – jetzt *kannst* du es auch ...'

Dmitri Nikolajitsch Nechljudows Augenblick des Glücks war keine übernatürliche Erleuchtung im Sinne einer elitären – falschen – ‚Mystik', sondern die Offenbarung eines dem Menschen – jenseits der Entfremdung – ursprünglich durchaus vertrauten Verstehens des Lebens, welches TOLSTOI und ERNST BLOCH zufolge ‚allen in die Kindheit scheint' (→S. 136-137).

‚Idealistische Geschichtsphilosophie' ?

EDITH HANKE betont die stilistische Sonderstellung der Schrift *Über das Leben* innerhalb des Gesamtwerks: „Tolstoi setzte [...]

---

12 Leo N. TOLSTOJ: Sämtliche Erzählungen. Erster Band. Herausgegeben von Gisela Drohla. Zweite Auflage. Frankfurt a. M.: Insel-Verlag 1970, S. 500-501.

ganz auf die rationale Nachvollziehbarkeit seiner christlichen Lehre. Die Abhandlung ‚Das Leben' lieferte die dazugehörige philosophisch-methodische Begründung. Im schulmäßig-philosophischen Stil geschrieben, ist dieses Buch übrigens einzigartig im Gesamtwerk Tolstois. Vernünftig und gut ist demnach ein Leben, das materielle, tierische (für Tolstoi identisch mit sinnliche) und egoistische Bedürfnisse überwindet, weil sie vergänglich und menschenunwürdig sind. Indem der Mensch ein geistiges Leben führe – zentral ist hier der Begriff der Liebe –, verliere der Tod als physisches Ende seinen Schrecken. Der Sinn des Lebens liege – so der Tolstoische Zirkelschluß – im Leben selbst, sofern es gut geführt werde. – Diese idealistische Lehre stellte Tolstoi vor ein neues Problem: den Widerspruch zwischen dem als vernünftig Erkannten und der Realität bzw. dem tatsächlichen Verhalten der Mehrheit. Auf theoretischer Ebene löste er den Konflikt, indem er ein geschichtsoptimistisches Stufenmodell entwickelte. Das menschliche Streben und Erkennen steige danach von einer materiellen Stufe (persönlich-egoistisches Streben) über eine tierische Stufe (Streben nach dem Wohl des Stammes, Volkes und Staates) zu einer vernünftigen, christlichen Stufe (Erfüllen des göttlichen Willens)."[13]

Die ‚theologische Anthropologie' bei PAULUS wie bei TOLSTOI wird nicht falsch, weil diese beiden – möglicherweise gleichermaßen in Abwehr eines ‚Stachels im eigenen Fleisch' – über die Welt des Sinnlichen nur wenig Freundliches zu sagen wissen. TOLSTOIS ‚Philosophie des Lebens' bedarf aber gleichwohl der Ergänzung durch eine *Biophilie* (Liebe zum Leben) im Sinne ERICH FROMMS, welche das Sinnliche nicht nur nicht ausgrenzt, sondern warmherzig begrüßt.

Wie TOLSTOI sagen kann „Gott ist mein Wunsch", so kann er auch ein Fortschreiten des menschlichen Bewusstseins hinsichtlich der Verbundenheit allen Lebens beschwören. Es stand ihm jedoch keine idealistische Geschichtsphilosophie vor Augen, die gleichsam planmäßig den Fortschritt des Menschengeschlechts

---

[13] Edith HANKE: Prophet des Unmodernen. Leo N. Tolstoi als Kulturkritiker in der deutschen Diskussion der Jahrhundertwende. Tübingen: 1993, S. 18.

bewirkt. Im Gegenteil, er konnte – soweit es die Menschenwelt betrifft – mit dem Schlimmsten rechnen.

Urgrund: ‚Wohl wollen' – universale Verbundenheit des Lebens

KARL HOLL hat 1922 die ‚Weltanschauung' des Dichters, in der ‚Vernunft' und ‚Liebe' gar nicht eng genug zusammengeschaut werden können, folgendermaßen interpretiert: So wie TOLSTOI „das christliche Gebot verstand, schien es sich ihm aufs beste in seine Metaphysik einzufügen. Von dem Gedanken aus, daß die Liebe allein dem Menschen das Dasein in der Welt ermöglicht, deutet er nun die das All durchwaltende Vernunft als das Verlangen nach dem Wohl – er sagt *Blago* und erklärt dieses russische Wort für unübersetzbar – alles Existierenden. Sie kommt überall da zum Durchbruch, wo in einem Menschen die Erkenntnis dieses wahren Lebens sich regt. Freilich auch das folgert er, indem er seinen Begriff des Alleinen mit dem der Liebe verbindet: die Allvernunft will nicht den Einzelnen als solchen; sie will nur das Göttliche in ihm oder, wie er es auch auszudrücken liebt, den alleinigen Menschensohn, der in jedem Menschen steckt. Die Besonderheit, die Individualität ist das zeitweilig Unentbehrliche und doch zu Überwindende. Sie ist nur die farbige Laterne, durch die das Licht der Gottheit in einem jeden von uns hindurchscheint. Und trotzdem, obwohl der Gedanke eines persönlichen Fortlebens damit ausgeschlossen ist – ganz leicht ist Tolstoi übrigens dieser Verzicht nicht geworden –, glaubt er nun dasjenige entdeckt zu haben, was dem Leben einen Sinn gibt. Indem er Liebe übt, wird der Mensch Glied einer Kette; er setzt das vergangene Leben fort und trägt gleichzeitig zum Heil des gegenwärtigen und des zukünftigen Lebens bei. Damit aber und nur damit wird sein Werk ein Bleibendes, das der Vergänglichkeit und dem Tod trotzt."[14]

---

[14] Karl HOLL: Tolstoi nach seinen Tagebüchern [1922]. In: Karl Holl: Gesammelte Aufsätze zur Kirchengeschichte. Band II. Der Osten. Tübingen: Verlag von J.C.B. Mohr 1928, S. 433-449, hier 447.

Wir lassen in unseren Vorbemerkungen die Frage der unbedingten Geltung des Individuums, sei dieses in sich abgekapselt oder zur Liebe befreit, unbeachtet. (Die Versöhnung mit der eigenen Sterblichkeit ist – zwingend – ein Teil der TOLSTOI'schen „Lebensphilosophie", die ,Vernichtung' oder Auflösung des Einzelnen ist es nicht.) Auch auf die platonische Versuchung, die Leiden der Menschen wie etwas Uneigentliches zu betrachten und mit dem Flügelschlag des Geistes hinweg zu wedeln, wollen wir hier nicht näher eingehen. Das göttliche „Wohl wollen" aber, welches nichts und niemanden ausschließt (Mt. 5, 45), ist mit KARL HOLL als Voraussetzung bzw. Urgrund jenes Wegs der Verbundenheit allen Lebens zu beleuchten, den TOLSTOI erschließen wollte. Dieses universale „Wohl wollen" können wir postulieren oder denkend konstruieren. Heilsam wirkt es in der Menschenwelt indessen erst da, wo es erfahren oder wieder freigelegt wird – je nach Begabung oder Eigenheit einer Persönlichkeit vielleicht auch unter dem Vorzeichen einer ,Mystik der Vernunft'. Wie wäre solches auch kulturell vermittelbar? Nichts ist dringlicher in einer Zivilisation, die unverdrossen an einem Kurs festhält, der den nachkommenden Generationen eine Hölle mit unvorstellbaren Leiden bereitet.[15] Jegliche völkische Perversion der generationsübergreifenden Verbundenheit des Lebens ist bei LEO N. TOLSTOI ausgeschlossen. Denn dieser bekräftigt jenseits aller Spaltungen in ,Gut' und ,Böse' in all seinen Voten die Einheit des Menschengeschlechts, womit er im dritten Jahrtausend ,zeitgemäßer' denn je ist: Entweder es eröffnet sich eine gemeinsame Perspektive für alle oder es gehen alle – auch dies über kurz oder lang gemeinsam – unter.

pb

---

[15] Die traurige Erbärmlichkeit dieses – weithin nicht als pathologisch geltenden – Kurses hat soeben der einflussreiche Medienunternehmer Julien Backhaus in seinem Votum zum ,Klimaschutz' auf besonders verblüffende Weise vorgeführt: „Nach mir die Sintflut. Ich habe keine Kinder." (Michelle BREY: „Nach mir die Sintflut, ich habe keine Kinder". Millionär empört im ZDF mit Klima-Aussage. In: Frankfurter Rundschau – online, 06.05.2023.)

Leo N. Tolstoi, Fotografie des Jahres 1897 – F. W. Taylor
(www.commons.wikimedia.org)

Leo N. Tolstoj

Das Leben

(O žizni, 1886/87)

Übersetzt von
Raphael Löwenfeld*
1902

* Textquelle I Leo N. TOLSTOJ: Das Leben. Übersetzt von Raphael Löwenfeld [1902]. = Leo N. Tolstoj: Gesammelte Werke: II. Serie, Band 7. Von dem Verfasser genehmigte Ausgabe von Raphael Löwenfeld. Jena: Verlag Eugen Diederichs 1911. [Zweites und drittes Tausend; 278 Seiten]

Der Mensch ist nur ein Schilfrohr – das schwächste der Natur, aber es ist ein denkendes Schilfrohr. Es ist nicht nötig, dass sich das ganze Universum bewaffnet, um ihn zu zermalmen. Ein Dampf, ein Wassertropfen genügt, um ihn zu töten. Aber selbst wenn das Universum ihn zerquetschen würde, wäre der Mensch immer noch edler als das, was ihn tötet, denn er weiß, dass er stirbt; und um den Vorteil, den das Universum ihm gegenüber hat, weiß das Universum nicht. Unsere ganze Würde besteht also im Denken. Daraus müssen wir uns erheben, nicht aus dem Raum und der Zeit. Arbeiten wir also daran, gut zu denken; das ist das Prinzip der Moral.

BLAISE PASCAL (1623-1662)[1]

---

[1] Übersetzung zu dem französischen Text (→S. 29), den Leo N. TOLSTOI seiner Schrift ‚Über das Leben' vorangestellt hat.

EINFÜHRUNG
VON RAPHAEL LÖWENFELD

„Ich bin seit 1877 ein ganz neuer Mensch geworden. Ich zähle nur diese Zeit. Was vorher liegt, ist Eitelkeit und Selbstsucht". So sagte mir einmal (1890) Leo Tolstoj (siehe „Gespräche über und mit Tolstoj", Seite 84). Er sagte es ohne alle Erregung, ohne Zögern, ohne Rührung, wie jemand, dem eine bestimmte Auffassung seines ganzen Lebens und seines reichen Wirkens zu unumstößlicher Gewißheit geworden ist. So spricht nur ein Mann, der die Überzeugung hat, daß der Widerspruch seines Lebens gelöst ist, gelöst in dem Sinne, daß die neue Weltanschauung, die er sich in schwerem seelischen Kampfe errungen hat, die zweifellose Widerlegung, die vollkommene Verurteilung seiner Vergangenheit ist.

Es ist nicht schwer, aus den Thatsachen und Stimmungen, die uns aus Tolstojs Leben bekannt sind, die Richtigkeit seiner Worte festzustellen und die Phasen seiner inneren Umbildung zu verfolgen. Sie ist, wie natürlich, das langsam fortschreitende Werk eines ganzen Lebens, vieler Jahrzehnte. In hellem Lichte sichtbar und deutlich erkennbar aber wird die eigentümliche seelische Metamorphose, die Tolstoj den Dichter, zum Forscher, Sucher und Denker gemacht hat, ganz besonders in dem Jahrzehnt von 1877 - 1887.

Die großen poetischen Meisterwerke ‚Krieg und Frieden' und ‚Anna Karenina' waren vollendet. Der historische Roman war in den Jahren 1864 - 1869 entstanden auf Grund emsiger weitausgedehnter geschichtlicher Studien. Die Darstellung des Freimaurerwesens, die Leo Tolstoj notwendig erschien, um die innere Wandlung seines Pierre zu veranschaulichen, hatte ihn tief in die geistigen Strömungen um die Wende des 18. und 19. Jahrhunderts hineingeführt. Die uralten Probleme der Menschheit hatten ihn mächtig aufgeregt. Noch ehe die erste Hand an ‚Anna Karenina' gelegt war und mitten in die Arbeit an dieser Dichtung hinein kam, störend und bereichernd zugleich, der starke Antrieb zum Studium der großen Philosophen. Die innere Unruhe war so mächtig, daß sie dem Dichter die Freude am eigenen poetischen Schaffen nahm. „Zwei Monate lang sind meine Hände von Tinte rein geblieben und mein Herz von Gedanken" – schreibt er an den treuen Freund Fjet am 26. August 1875 – „jetzt aber will ich an die langweilige, abgeschmackte ‚Anna Karenina' gehen, und ich habe nur den einzigen Wunsch, sobald als möglich Raum und Muße für andere Dinge zu gewinnen, aber bei Leibe nicht für pädagogische, die habe ich zwar gern, möchte sie aber doch aufgeben. Sie rauben mir soviel Zeit". Mit diesen Worten kann nichts anderes gemeint sein, als die Sehnsucht nach dem Studium der gewichtigen Fragen, die den Geist der Helden der beiden großen Erzählungen beschäftigen und in ihnen die Umwandlung hervorrufen, die sich in der Seele ihres Schöpfers unter Stürmen und Drängen vorbereitete.

Fünfundzwanzig Jahre hatte Tolstoj als Dichter geschaffen. Der Gedanke, der ihn bewegte, ward zum Leben zeugenden Keim einer menschlichen Persönlichkeit.

Die Gestalten seiner Dichtungen sind Träger von Ideen. Empfindungen, Beobachtungen, Schlüsse, Anschauungen – alles setzt sich ihm in Gestalten um. Kein zeitgenössischer Dichter gleicht ihm in der Fähigkeit der Menschenschilderung, in der treuesten Wiedergabe subtilster, wechselnder, ringender Gefühle. Was in ihm vom Denker lag, war aufgegangen in dem bildenden Künstler. Die beiden großen Werke seiner glücklichsten Schaffensperiode vereinigen in einem gewissen Sinne die Eigenschaften des Dichters und Denkers.

Immer mehr aber und mehr erwacht in ihm das Bedürfnis reiner, körperloser Betrachtung des Menschheitsproblems. Mit sorgfältiger Vorbereitung geht er vom dichterischen Schaffen über zu philosophischem Forschen. Schopenhauer ist jetzt vor allen anderen sein Lehrer. Er hatte Plato und Kant studiert und in sich aufgenommen, Schopenhauer aber erfüllt ihn mit Begeisterung und Entzücken. „Wissen Sie, was dieser Sommer für mich

bedeutet?" – schreibt er an den (schon oben genannten) Freund Fjet am 30. August 1869, und dies Datum weist deutlich auf den Zusammenhang der Dinge hin – „Ein ununterbrochenes Entzücken über Schopenhauer und eine Reihe geistiger Genüsse, wie ich sie nie gekannt habe. Ich habe mir alle seine Werke angeschafft und habe sie gelesen und lese sie noch (auch Kant habe ich gelesen). Kein Student hat je während seiner Studienzeit so viel und so vielartiges in sich aufgenommen, wie ich in diesem Sommer. Ich weiß nicht, ob ich meine Meinung je ändern werde, jetzt aber bin ich überzeugt: Schopenhauer ist der genialste aller Menschen. Sie haben einmal gesagt, er habe mancherlei über philosophische Gegenstände geschrieben. Mancherlei? Das ganze Weltall in einem unglaublich hellen und schönen Abbilde."
Tolstojs Begeisterung für den deutschen Philosophen war so groß, daß er Fjet den Vorschlag machte, mit ihm gemeinsam die Werke Schopenhauers ins Russische zu übertragen.

Von diesem begeisterten Studium Schopenhauers bis zur Niederschrift der ‚Beichte' sind genau zehn Jahre. Dazwischen liegt die unermüdliche bis zur Selbstqual gewissenhafte Beschäftigung mit dem Evangelium und der Geschichte seiner Auslegung, in Tolstojs Sinne zu sprechen, seiner Verstümmelung durch die Kirche. 1873 beginnt Tolstoj die Arbeit an der ‚Kritik der dogmatischen Theologie', und erst 1881 schließt er sie ab. (Erschienen ist das große Werk zum ersten Male 1893.)

Diese Fülle neuen Wissens bedurfte der Verarbeitung, der Ordnung, der Verschmelzung mit der starken eigenwilligen Persönlichkeit. Dies Werk der Aufnahme der neu zuströmenden Erkenntnis und der Umbildung des inneren Menschen schildern die drei Bekenntnisschriften: ‚Meine Beichte' (1879), ‚Mein Glaube' (1882), ‚Was sollen wir denn thun?' (1884 bis 1885). Es sind ganz persönliche schriftstellerische Erzeugnisse voll bewußter Subjektivität. Nur sich selbst schildert Tolstoj: W i e er ein anderer wurde, w a s er geworden, und w a r u m er es geworden, beantworten diese drei Schriften. Das Erbe der Väter war im Goetheschen Sinne durch eigenen Erwerb Besitz, das Fremde dem eigenen Wesen angeglichen und mit ihm eins geworden.

Und das Gesamtergebnis dieser geistigen Arbeit war eine Ausgrabung verschütteter Schätze aus dem Staub der Jahrhunderte, eine Wiederentdeckung der Lehre Christi – im Gegensatz zu der Kirche, die ihn ihren Stifter nennt. Die Lebensverneinung Schopenhauers war durch ein neues Lebensideal überwunden, und dieses Lebensideal war nichts anderes, als die vor 1800 Jahren von Christus gegebene Anweisung für die Gestaltung menschlichen Zusammenlebens.

In Rußland sprachen Gegner und Anhänger von einer neuen Lehre, die sie Tolstoismus nannten. Der Mann aber, der in seelischen Kämpfen und in strenger Forscherarbeit sich zu der neuen optimistischen Weltanschauung durchgerungen hatte, dachte bescheidener als die Jünger, die ihn verehrten, und die Feinde, die ihn verketzerten. „Es gibt keinen Tolstoismus, und wird ihn niemals geben, d. h. eine Tolstojsche Lehre, da alles, was ich in meinen Schriften gesagt habe, vor achtzehnhundert Jahren in den Evangelien viel besser gesagt worden ist". So schreibt er an einen seiner Ausleger, Felix Schröder, der ein lesenswertes Buch unter dem Titel ‚Le Tolstoisme' herausgegeben hat (Paris, Fischbacher 1893; deutsche Ausgabe Dresden, o. J. Alexander Beyer), und in einem wundervollen Vergleich drückt er sein Verhältnis zu Christus und der Kirche aus: „wer die Übertünchung entfernt, die ein Gemälde verdeckt, ist darum noch kein Maler."

Das neue Lebensideal methodisch zu begründen, wie er es von der schulmäßigen Philosophie gelernt hatte, war Tolstojs nächstes Bedürfnis. In dem Werke ‚Das Leben' sollte ihm genügt werden. Abweichend von allem, was er bisher geschrieben, ist Tolstoj in diesem Buche ganz und gar unpersönlich, ganz Theoretiker und Systematiker, und zeigt sich als Meister auch in dieser Form, besonders in der ersten Hälfte des Werks. Er verleugnet förmlich die schriftstellerische Art, die jeder seiner Schöpfungen die persönliche Prägung aufdrückt. Nicht von der Erfahrung, die er an dem eigenen Leibe und in seinem eigenen Seelenleben gemacht hat, geht er aus, um zu allgemeinen Schlüssen zu gelangen; er baut vielmehr behutsam einen Gedanken auf dem anderen auf, gliedert seine Betrachtungen in Kapitel und ordnet sie mit der strengen Folgerichtigkeit der Schulphilosophie. Das Problem ist dasselbe geblieben: die Frage nach dem Sinn des Lebens; die Antwort die gleiche, wie in den drei Bekenntnisschriften.

Die Schrift ‚Das Leben' beginnt mit einem schönen Gleichnis. Der Müller, der sich nur mit seiner Mühle beschäftigt, lebt durch die Mühle. Da er anfängt, die Mechanik zu studieren, irrt er immer und mehr von seinem Zwecke ab. Ähnlich ergeht es der heutigen Wissenschaft. Indem sie die dunkelsten Anfänge zu ergründen strebt, läßt sie das nächste Objekt der Beobachtung ganz aus den Augen. Das Leben des Menschen ist Streben nach seinem Wohl. Das Wohl kann die rein leibliche Existenz nicht geben, denn da alle Wesen nach diesem persönlichen Wohl streben, wäre ein Kampf aller die natürliche Folge. An die Stelle des Strebens nach dem eigenen Wohl muß der Mensch das Streben nach dem Wohl der anderen setzen. Sobald er das thut, wird ihm das Wohl erreichbar. Wenn die Menschen einander dienen, schwindet das unersättliche Streben nach Genuß, die Furcht vor dem Tode, und an die Stelle dieser Störer des Wohls tritt das Streben, das Leben der anderen Wesen zu fördern. Die Teilnahme an dem Leben der anderen hebt die Qual des Widerspruchs auf, der zwischen dem persönlichen Leben und dem Streben nach Wohl klafft, schafft eine Freude bringende, fruchtbare Wirksamkeit. Der Tod verliert seine Schrecken, denn der Mensch, dessen Leben den andern gewidmet ist, sieht in ihm nicht die Zerstörung des Lebens und seines Wohls, denn das Leben der anderen und ihr Wohl wird nicht verringert durch den Tod des Menschen, der ihnen durch sein Leben dient. Oft sogar wird das Leben der anderen vermehrt durch das Opfer des Lebens. Aufopfernde Liebe zu den Nebenmenschen ist der Sinn des Lebens.

Die Gedankenfolge der Schrift, die ich hier auf das Kürzeste zusammengedrängt wiedergebe, ist demnach, wie man sieht, nichts anderes, als die systematische Begründung der Anschauungen, die in den vorausgegangenen sozialethischen Schriften in mehr persönlicher als methodischer Weise ihre Darstellung gefunden haben. ‚Das Leben' steht in dieser Beziehung einzig da unter den Schriften Leo Tolstojs. Man hat das Werk oft als sein Tiefstes bezeichnet; vielleicht nicht mit Unrecht. ‚Das Reich Gottes ist in Euch' dürfte man allerdings mit dem ‚Leben' in Vergleich stellen.

‚Das Leben' war in Rußland gedruckt, aber, wie Birjukow zuverlässig erzählt, von der Censur beschlagnahmt und verbrannt worden. Es teilte also das Schicksal des drei Jahre früher entstandenen Werks ‚Mein Glaube', das Leo Tolstoj in Moskau hatte drucken lassen und das die Censur ebenfalls vernichtet hat. So konnte es kommen, daß die deutsche Übersetzung des ‚Lebens', von Sophie Behr, nach einem Manuskript Tolstojs gefertigt (Leipzig, Duncker & Humblot 1889), die erste Ausgabe des Werkes war, und daß in russischen Zeitschriften und Büchern häufig diese deutsche Ausgabe zitiert wird. Russisch erschien das Werk „O zizni" in Genf 1891 bei Elpidine. Diese russische Ausgabe ist durchaus zuverlässig. Die neue Ausgabe der Schrift von Wladimir Tschertkow, die unmittelbar bevorsteht, wird nur ganz geringfügige Änderungen bringen. Für unsere Gesamt-Ausgabe konnten diese kleinen Änderungen schon benutzt werden. Unserm deutschen Text liegt die Behrsche Übersetzung zu Grunde, die aber durch eine genaue Durchsicht sehr zahlreiche Veränderungen, wie wir hoffen, Verbesserungen, erfahren hat.

R[aphael]. L[öwenfeld].

———

Leo N. Tolstoj

Das Leben

L'homme n'est qu'un roseau, le plus faible de la nature, mais c'est un roseau pensant. Il ne faut pas que l'univers entier s'arme pour l'écraser. Une vapeur, une goutte d'eau suffit pour le tuer. Mais quand l'univers l'écraserait, l'homme serait encore plus noble que ce qui le tue, parce qu'il sait qu'il meurt; et l'avantage que l'univers a sur lui, l'univers n'en sait rien. Ainsi toute notre dignité consiste dans la pensée. C'est de là qu'il faut nous relever, non de l'espace et de la durée. Travaillons donc à bien penser; voilà le principe de la morale.

PASCAL.[→S. 22]

Zwei Dinge erfüllen das Gemüt mit immer neuer und zunehmender Bewunderung und Ehrfurcht, je öfter und anhaltender sich das Nachdenken damit beschäftigt: der bestirnte Himmel über mir und das moralische Gesetz in mir. ... Das erstere fängt von dem Platze an, den ich in der äußeren Sinnenwelt einnehme, und erweitert die Verknüpfung, darin ich stehe, ins unabsehlich Große mit Welten über Welten und Systemen über Systemen, überdem noch in grenzenlose Zeiten ihrer periodischen Bewegung, deren Anfang und Fortdauer. Das zweite fängt von meinem unsichtbaren Selbst, meiner Persönlichkeit an und stellt mich in einer Welt dar, die wahre Unendlichkeit hat, aber nur dem Verstande spürbar ist, und mit welcher ich mich nicht wie dort in bloß zufälliger, sondern allgemeiner und notwendiger Verknüpfung erkenne.   KANT (Krit. d. prakt. Vernunft, Beschluß).

Ein neu Gebot gebe ich euch, daß ihr euch untereinander liebet.   EVANG. JOHANNES XIII 34.

———

Stellen wir uns einen Menschen vor, dessen einziger Lebenserwerb in einer Mühle besteht. Dieser Mensch ist der Sohn und der Enkel eines Müllers und weiß durch die Tradition ganz genau, wie man mit einer Mühle in allen ihren Teilen umgehen müsse, damit sie gut mahle. Dieser Mensch hat ohne Kenntnis der Mechanik alle Teile der Mühle, so gut er es verstand, derart aneinandergepaßt, daß die Zermahlung eine gute und vorteilhafte war, und der Mensch lebte und nährte sich.

Da geschah's, daß dieser Mensch über die Einrichtung der Mühle nachzudenken begann und daß ihm unklares Gerede über die Mechanik zu Ohren kam, und er fing an, zu beobachten, was und wodurch es in Bewegung gesetzt wurde.

Und auf dem Wege von der Haue zum Mühlstein, vom Mühlstein zur Welle, von der Welle zum Rade, vom Rade zu den Schleusen, dem Damme und dem Wasser – kam er zu der klaren Erkenntnis, daß alles von dem Damme und von dem Flusse ausgehe. Und der Mensch freute sich derart über diese Entdeckung, daß er, anstatt wie früher nach Prüfung der Güte des gewonnenen Mehles die Mühlsteine zu senken oder zu heben, sie zu schleifen, den Riemen fester zu ziehen oder zu lockern, anfing den Fluß zu untersuchen. Und seine Mühle geriet vollständig in Unordnung. Der Müller wurde hie und da darauf aufmerksam gemacht, daß er nicht richtig handle. Er gab es nicht zu und setzte seine Beobachtungen des Flusses fort. Und er war damit so viel und so lange beschäftigt, er stritt so heftig und so viel mit denen, die ihm das Unrichtige seines Verfahrens nachweisen wollten, daß er schließlich selbst zu der Überzeugung gelangte, daß der Fluß eigentlich die Mühle selbst sei.

Auf alle Beweise für die Unrichtigkeit seines Gedankenganges wird ein solcher Müller erwidern: Keine Mühle mahlt ohne Wasser; um also eine Mühle zu kennen, muß man wissen, wie man das Wasser treiben soll; man muß die Kraft seiner Bewegung kennen und muß wissen, woher diese Kraft kommt, – man muß folglich, um die Mühle zu kennen, den Fluß kennen lernen. Logisch ist die Behauptung des Müllers unwiderleglich. Das einzige Mittel, ihn von seinem Irrtum zu befreien, besteht darin, ihm zu zeigen, daß bei jeder Betrachtung die Betrachtung an sich nicht so wichtig ist, wie die Stellung, die man ihr anweist, d. h. daß wir, um mit Nutzen zu deuten, durchaus wissen müssen, worüber wir zunächst nachzudenken haben und worüber später; ihm zu zeigen, daß eine vernünftige Denkthätigkeit sich von einer unvernünftigen nur dadurch unterscheidet, daß eine vernünftige Denkthätigkeit ihre Folgerungen nach ihrer Bedeutung ordnet: welche Betrachtung die erste und welche die zweite, dritte oder zehnte u.s.w. sein soll. Eine unvernünftige Denkthätigkeit dagegen besteht in Schlußfolgerungen ohne diese Ordnung. Man muß ihm auch zeigen, daß die Bestimmung dieser Ordnung keine zufällige ist, sondern daß sie von dem Zwecke abhängt, um deswillen die Betrachtungen angestellt werden.

Der Zweck aller Betrachtungen ist es auch, der die Reihenfolge bestimmt, in der die einzelnen Betrachtungen geordnet sein müssen, um vernünftige zu sein.

Und eine Betrachtung, die nicht mit dem allgemeinen Zwecke aller Betrachtungen zusammenhängt, bleibt unvernünftig, so logisch sie auch sein mag.

Der Zweck des Müllers ist der, ein gut gemahlenes Mehl zu erlangen, und gerade dieser Zweck wird, wenn er ihn nicht aus den Augen verliert, für ihn eine ganz bestimmte Ordnung und Folgerichtigkeit seiner Betrachtungen über den Mühlstein, über das Rad, den Damm und den Fluß bestimmen.

Ohne diese Beziehung jedoch auf ihren Zweck, werden die Betrachtungen des Müllers, so schön und logisch sie auch sonst sein mögen, in sich selbst unrichtig und vor allem nutzlos sein; sie werden den Betrachtungen des Cythus Mokejewitsch gleichen, der danach forschte, wie dick die Schale eines Elefanteneies sein müßte, wenn die Elefanten aus Eiern gebrütet würden wie die Vögel.

Und derart sind, nach meiner Meinung, die Betrachtungen unserer heutigen Wissenschaft über das Leben.

Das Leben ist die Mühle, die der Mensch erforschen will. Die Mühle braucht man nur, damit sie gut mahle, das Leben braucht man nur, damit es gut sei. Und diesen Zweck des Forschens kann der Mensch nicht einen Augenblick ungestraft außer acht lassen. Wenn er das dennoch thut, so werden seine Betrachtungen unvermeidlich an falscher Stelle zu stehen kommen und Ähnlichkeit haben mit den Betrachtungen des Cythus Mokejewitsch über die Frage, was für ein Pulver erforderlich wäre, um die Schale der Elefanteneier zu durchbrechen. Der Mensch erforscht das Leben nur, damit es besser werde. Auf diese Weise haben auch die Männer das Leben erforscht, die die Menschheit auf dem Pfade des Wissens vorwärts gebracht haben. Doch neben diesen wahrhaften Lehrern und Wohlthätern der Menschheit giebt es und hat es immer Beobachter gegeben, die von dem Zwecke ihrer Beobachtungen abwichen und statt dessen die Frage erörterten, wodurch das Leben entsteht – wodurch die Mühle getrieben wird. Die einen behaupten durch das Wasser, die anderen – durch das Werk. Der Streit entbrennt, und der Gegenstand der Betrachtung tritt immer mehr und mehr in den Hintergrund und wird nach und nach gänzlich durch fremde Gegenstände verdrängt.

Es giebt einen alten Scherz über einen Streit zwischen einem Juden und einem Christen. Es wird erzählt, wie der Christ, während er die verwickelten Spitzfindigkeiten des Juden beantwortete, diesem mit der flachen Hand derart auf die Glatze schlug, daß es einen Knall gab, und ihm darauf die Frage stellte: Wovon kommt der Knall? von der Hand oder von der Glatze? So war der Streit über den Glauben durch eine neue ungelöste Frage verdrängt.

Ähnlich geht es seit uralten Zeiten, neben dem wahren Wissen der Menschen, mit der Frage über das Leben.

Von uralten Zeiten her sind uns Betrachtungen über die Entstehung des Lebens bekannt, ob dieses einen unmateriellen Ursprung hat oder aus den verschiedenartigen Verbindungen der Materie entspringt. Und diese Betrachtungen dauern bis zum heutigen Tage fort, so daß kein Ende abzusehen ist, und zwar vor allem deshalb, weil der Zweck aller Betrachtungen aus den Augen gelassen und das Leben ohne Beziehung zu seinem Zwecke erforscht wird; und unter dem Worte Leben versteht man nun nicht mehr das Leben selbst, sondern das, woraus es entsteht, oder das, was ihm eigen ist.

Wenn man jetzt über das Leben spricht, und nicht nur in wissenschaftlichen Werken, sondern auch in der Unterhaltung, so spricht man nicht über das Leben, das wir alle kennen, – das Leben, zu dessen Erkenntnis ich gelange durch die Leiden, die ich fürchte und die ich hasse, und durch die Genüsse und Freuden, die ich erwünsche; sondern über etwas, was vielleicht durch das Spiel des Zufalls aus der Zusammenwirkung gewisser physischer Gesetze, vielleicht aber auch aus einer in ihm selbst ruhenden geheimnisvollen Ursache entstanden ist.

Jetzt wird das Wort „Leben" auf einen strittigen Gegenstand angewandt, dem die Hauptmerkmale des Lebens fehlen: das Bewußtsein von Leiden und Freuden, das Streben nach dem Glück.

„La vie est l'ensemble des fonctions, qui résistent à la mort. La vie est l'ensemble des phénomènes, qui se succèdent pendant un temps limité dans un être organisé."

„Das Leben ist ein doppelter Prozeß der allgemeinen und gleicherzeit ununterbrochenen Zersetzung und Verbindung. Das Leben ist eine bestimmte Verbindung verschiedenartiger, folgerecht sich vollziehender Veränderungen. Das Leben ist ein in Thätigkeit sich befindender Organismus. Das Leben ist eine besondere Thätigkeit eines organischen Wesens. Das Leben ist die Anpassung der inneren Beziehungen an die äußeren."

Abgesehen von den Ungenauigkeiten, den Tautologien aller dieser Definitionen stimmen sie im Wesentlichen vollständig überein, darin nämlich, daß nicht das erklärt wird, was alle Menschen gleich unbestreitbar unter dem Worte „Leben" verstehen, sondern gewisse Prozesse, die das Leben und andere Erscheinungen begleiten.

Die Mehrzahl dieser Definitionen paßt auf die Thätigkeit der Wiederherstellung der Kristalle; einige passen auf die Thätigkeit des Gärens und des Faulens, und alle passen auf das Leben jeder einzelnen Zelle meines Körpers, für die es nichts giebt – weder Gutes noch Schlechtes. Manche Prozesse, die in Kristallen, im Protoplasma, im Kerne des Protoplasmas, in den Zellen meines Körpers und anderer Körper vor sich gehen, bezeichnet man mit dem Worte, das in mir untrennbar verbunden ist mit dem Bewußtsein des Strebens nach meinem Wohle.

Die Betrachtungen über einige Bedingungen des Lebens, als wären diese das Leben selbst, gleichen den Betrachtungen über den Fluß, als sei er die Mühle. Diese Betrachtungen mögen vielleicht auch zu irgend etwas sehr notwendig sein. Sie beziehen sich aber nicht auf den Gegenstand, den sie erforschen wollen. Und deshalb können alle Schlüsse über das Leben, die aus solchen Betrachtungen gezogen werden, nicht anders als falsch sein.

Das Wort „Leben" ist sehr kurz und sehr klar, und jeder Mensch versteht, was es bedeutet. Aber gerade weil alle verstehen, was es bedeutet, sind wir verpflichtet, es stets in diesem allen verständlichen Sinne zu gebrauchen. Denn nicht deshalb ist dieses Wort allen verständlich, weil es durch andere Worte und Begriffe sehr genau erklärt wird, sondern im Gegenteil, weil dieses Wort den Urbegriff ausdrückt, aus dem viele, wenn nicht alle anderen Begriffe abgeleitet sind; und deshalb sind wir, um Schlüsse aus diesem Begriffe zu ziehen, vor allem verpflichtet, diesen Begriff in seiner centralen, für alle unbestreitbaren Bedeutung aufzufassen. Und das gerade, scheint mir, ist von den streitenden Parteien in Beziehung auf den Begriff des Lebens versäumt worden. Der von Anfang an nicht in seiner centralen Bedeutung aufgefaßte Urbegriff des Lebens hat sich infolge des Meinungsstreits, der um seinetwillen geführt worden ist, immer mehr und mehr von der ursprünglichen von allen anerkannten Bedeutung entfernt und hat schließlich seinen ursprünglichen Sinn verloren und einen anderen ihm nicht entsprechenden Sinn bekommen. Das Centrum, von dem aus die Menschen die Figuren zogen, ist verlassen und auf einen neuen Punkt verlegt worden.

Man streitet darüber, ob es in der Zelle oder im Protoplasma oder, noch tiefer, in der unorganischen Materie Leben giebt? Bevor man jedoch darüber streitet, muß man sich fragen: haben wir ein Recht, der Zelle den Begriff des Lebens zuzuschreiben? Wir sagen z. B., die Zelle enthält Leben, die Zelle ist ein lebendes Wesen. Gleichwohl aber sind der Grundbegriff des menschlichen Lebens und der Begriff jenes Lebens, das in der Zelle enthalten ist, zwei nicht nur gänzlich verschiedene, sondern auch unvereinbare Begriffe. Der eine Begriff schließt den anderen aus. Ich mache die Entdeckung, daß mein ganzer Körper vollständig aus Zellen besteht. Diese Zellen, sagt man mir, besitzen dieselbe Eigenschaft des Lebens wie ich und sind ebensolche lebende Wesen wie ich; mich selbst aber erkenne ich nur deshalb als lebend an, weil ich mich mitsamt allen Zellen, aus denen ich gebildet bin, als ein unteilbares lebendes Wesen erkenne. Ich selbst aber, sagt man mir, bin vollständig aus lebenden Zellen zusammengesetzt. Wem soll ich also die Eigenschaft des Lebens zuschreiben – den Zellen oder mir selbst? Wenn ich zugebe, daß die Zellen Leben enthalten, so muß ich von dem Begriffe des Lebens das Hauptmerkmal meines Lebens, das Bewußtsein meiner als eines einzelnen lebenden Wesens, ausscheiden; wenn ich hingegen zugebe, als ein besonderes Wesen Leben zu besitzen, so kann ich – das ist einleuchtend – den Zellen, aus denen mein ganzer Körper besteht, und von deren Bewußtsein ich nichts weiß, unmöglich dieselbe Eigenschaft zuschreiben.

Entweder bin ich lebend und in mir sind leblose Teilchen, Zellen genannt, – oder es giebt eine Menge lebender Zellen, und mein Bewußtsein des Lebens ist kein Leben, sondern nur eine Täuschung.

Wir sagen ja nicht, daß in der Zelle sich ein Etwas befindet, das wir ,Mesenterium' nennen, wir sagen, es ist „Leben" in ihr. Wir sagen „Leben", weil wir unter diesem Worte nicht irgend ein X, sondern eine ganz bestimmte Größe verstehen, die wir alle gleich gut und nur aus uns selbst kennen, als das Bewußtsein unser selbst und unseres Körpers als eines untrennbaren Ganzen, – und deshalb kann ein solcher Begriff sich nicht auf jene Zellen beziehen, aus denen mein Körper zusammengesetzt ist.

Welcher Art Forschungen und Beobachtungen auch der Mensch anstellen mag, für den Ausdruck seiner Beobachtungen ist er stets verpflichtet unter jedem Worte das zu verstehen, was von allen gleicherweise unbestritten verstanden wird, nicht aber einen beliebigen Begriff, den er braucht, der aber mit dem allen bekannten Grundbegriffe unvereinbar ist. Wenn man das Wort „Leben" so anwenden kann, daß es ohne Unterschied sowohl die Eigenschaft des ganzen Gegenstandes als auch ganz andere Eigenschaften aller seiner Bestandteile bezeichnet, wie es mit der Zelle und dem aus Zellen bestehenden Geschöpfe geschieht, so kann man auch andere Worte gebrauchen, – man kann z. B. sagen: da alle Gedanken aus Worten, alle Worte aus Buchstaben und alle Buchstaben aus Strichen bestehen, so ist das Zeichnen der Striche so viel wie der Ausdruck der Gedanken, und deshalb kann man Striche Gedanken nennen.

Es ist z. B. eine ganz gewöhnliche Erscheinung in der wissenschaftlichen Welt, Betrachtungen über die Entstehung des „Lebens" aus dem Spiele physischer und mechanischer Kräfte zu hören und zu lesen.

Ja, ich glaube fast, die Mehrzahl der Männer der Wissenschaft hält sich an diese … ich weiß nicht recht, wie ich es nennen soll … nicht Meinung, nicht Paradoxie, sondern schon mehr Scherze oder Rätsel.

Es wird behauptet, das Leben entspringe dem Spiele physischer und mechanischer Kräfte, – derjenigen physischen Kräfte, die wir bloß im Gegensatze zu dem Begriffe des Lebens physische und mechanische benannt haben.

Es ist klar, daß das Wort „Leben", indem es fälschlich auf Begriffe angewandt wurde, die ihm fremd sind, von seiner ursprünglichen Bedeutung immer mehr und mehr abgewichen ist und in dieser Bedeutung sich von seinem Centrum so weit entfernt hat, daß selbst da Leben vorausgesetzt wird, wo nach unseren Begriffen gar kein Leben sein kann. Es wird etwas behauptet, wie: daß es einen Kreis oder eine Kugel giebt, in der das Centrum außerhalb ihrer Peripherie liegt.

In der That, das Leben, das ich mir nicht anders vorstellen kann, denn als ein Streben vom Bösen zum Guten, vollzieht sich in einem Bereich, in dem ich weder Gutes noch Böses sehen kann. Es ist offenbar, das Centrum des Begriffs des Lebens ist vollständig verschoben. Mehr noch: indem ich die Forschungen über dieses Etwas, das wir „Leben" nennen, verfolge, sehe ich sogar, daß diese Forschungen fast keine der mir bekannten Begriffe berühren. Ich sehe eine ganze Reihe neuer Begriffe und Wörter, die ihre bedingte Bedeutung in der wissenschaftlichen Sprache besitzen, die aber mit den vorhandenen Begriffen nichts gemein haben.

Der mir bekannte Begriff des Lebens wird nicht so aufgefaßt, wie alle ihn auffassen, und die von ihm abgeleiteten Begriffe stimmen auch nicht mit den gewohnten Begriffen überein, sondern es entstehen neue bedingte Begriffe, die entsprechende neuerfundene Benennungen erhalten.

Die menschliche Sprache wird immer mehr und mehr aus den wissenschaftlichen Forschungen verdrängt, und an die Stelle des Wortes als Mittels der Bezeichnung der existierenden Gegenstände und Begriffe tritt ein wissenschaftliches Volapük, das sich von dem echten Volapük nur dadurch unterscheidet, daß das echte Volapük die existierenden Gegenstände und Begriffe mit allgemeinen Namen benennt, das wissenschaftliche Volapük dagegen nichtexistierende Gegenstände mit nichtexistierenden Worten bezeichnet.

Das einzige Mittel des geistigen Verkehrs unter den Menschen ist das Wort, und damit dieser Verkehr möglich sei, muß man die Worte so gebrauchen, daß jedes Wort bei Allen unzweifelhaft den entsprechenden bestimmten Begriff erwecke. Wenn man aber die Worte beliebig anwenden und unter den Worten verstehen kann, was einem einfällt, dann ist es wahrhaftig besser, nicht zu sprechen und sich durch Zeichen zu verständigen.

Ich gebe zu, es wäre ein falscher und unwissenschaftlicher Weg, die Gesetze des Weltalls allein aus Vernunftschlüssen ohne Erfahrung und Beobachtung bestimmen zu wollen, ein Weg, der kein wahres Wissen zu geben imstande wäre; wollte man aber die Erscheinungen der Welt durch Erfahrungen und Beobachtungen ergründen und sich dabei in diesen Forschungen und Beobachtungen nicht von den fundamentalen, allen bekannten, sondern von bedingten Begriffen leiten lassen und die Resultate dieser Forschungen mit Worten beschreiben, denen man verschiedene Bedeutungen beilegen kann, – würde das nicht noch schlimmer sein? Die beste Apotheke wird den größten Schaden bringen, wenn die Zettel auf den Behältern nicht nach dem Inhalte aufgeklebt wären, sondern wie es dem Apotheker bequem ist.

Man wird mir aber sagen: die Wissenschaft stellt sich keineswegs die Aufgabe, das Gesamtleben (den Willen, das Verlangen nach Glück, das Seelenleben miteinbegriffen) zu erforschen; sie abstrahiert nur von dem Begriff des Lebens die Erscheinungen, die ihren empirischen Untersuchungen unterliegen.

Das wäre allerdings schön und berechtigt. Wir wissen aber, daß es sich in der Vorstellung der Männer der Wissenschaft unserer Zeit ganz anders verhält. Wenn vor allen Dingen der Begriff des Lebens in seiner centralen Bedeutung, in der Bedeutung, in der ihn alle auffassen, anerkannt und danach klar bestimmt worden wäre, daß die Wissenschaft, nachdem sie von diesem Begriffe alle Seiten abstrahiert hatte, außer der einen, die ihren äußeren Beobachtungen unterliegt, die Erscheinungen von dieser einen Seite aus betrachtet, für welche sie die ihr eigene Methode der Erforschung besitzt, dann wäre es ausgezeichnet und wäre überhaupt etwas ganz anderes: dann wäre auch die Stellung, die die Wissenschaft einnehmen würde, dann wären die Ergebnisse, zu denen wir auf Grund der Wissenschaft gelangten, durchaus andere. Wir müssen das sagen, was ist, und nicht verheimlichen, was wir alle wissen. Und wissen wir nicht, daß die Mehrzahl der erfahrungswissenschaftlichen Erforscher des Lebens die feste Überzeugung hegen, daß sie nicht bloß eine Seite des Lebens, sondern das ganze Leben erforschen?

Die Astronomie, die Mechanik, die Physik, die Chemie und alle anderen Wissenschaften zusammen und jede einzeln für sich, bearbeiten jede die ihr zufallende Seite des Lebens, ohne zu irgend welchen Ergebnissen über das Leben im allgemeinen zu gelangen. Nur in der Zeit ihrer rohen Anfänge, das heißt in der Zeit der Unklarheit, Unbestimmtheit, haben diese Wissenschaften alle Erscheinungen des Lebens von ihrem Gesichtspunkte aus zu umfassen versucht und sind irre gegangen, indem sie selbst neue Begriffe und neue Worte erfanden. So war es mit der Astronomie, als sie Astrologie war, so mit der Chemie, als sie Alchemie war. Ebenso ergeht es jetzt der empirischen Evolutionswissenschaft, die Ansprüche erhebt auf die Erforschung des gesamten Lebens, während sie doch nur eine oder mehrere Seiten des Lebens betrachtet.

Die Menschen, die eine so falsche Ansicht über ihre Wissenschaft haben, wollen durchaus nicht zugeben, daß nur einige Seiten des Lebens zu ihrem Forschungsbereich zählen, und behaupten, daß das gesamte Leben mit allen seinen Erscheinungen von ihnen auf dem Wege der äußeren Erfahrungen ergründet werden wird. „Wenn", sagen sie, „der ‚Psychismus' – sie gebrauchen gern dieses unbestimmte Wort ihres Volapüks – uns noch nicht bekannt ist, so wird er uns bekannt werden." Dies heißt soviel wie: indem wir eine oder mehrere Seiten der Lebenserscheinungen erforschen, lernen wir alle ihre Seiten kennen; oder mit anderen Worten: wenn wir einen Gegenstand sehr lange und sehr eifrig von einer Seite betrachten, so werden wir diesen Gegenstand von allen Seiten und sogar aus der Mitte heraus sehen.

Wie merkwürdig eine so sonderbare, nur durch den Fanatismus des Aberglaubens erklärliche Lehre sein mag, so besteht sie doch und übt, wie jede rohe fanatische Lehre, ihren verderblichen Einfluß aus, indem sie die Thätigkeit des menschlichen Denkens auf einen falschen und nutzlosen Pfad leitet. So verkommen gewissenhafte, mühsam arbeitende Männer, die ihr Leben der Erforschung des fast Nutzlosen weihen; so verkommen die materiellen Kräfte des Menschen, indem sie eine falsche Richtung einschlagen; so verkommen junge Generationen, die auf die vollständig unfruchtbare Thätigkeit eines Cythus Mokejewitsch angewiesen werden, eine Thätigkeit, die auf die Stufe des höchsten Dienstes der Menschheit erhoben wird.

Es heißt gewöhnlich: die Wissenschaft erforscht das Leben von allen Seiten. Das ist es ja eben, daß jeder Gegenstand ebensoviele Seiten hat wie eine Kugel Durchmesser, d. h. unzählige, und daß man ihn nicht von allen Seiten erforschen kann, sondern wissen muß, von welcher Seite her es wichtiger, notwendiger und von welcher es weniger wichtig und weniger notwendig ist. Sowenig wie man von allen Seiten auf einmal an einen Gegenstand herantreten kann, so wenig kann man auch auf einmal und von allen Seiten die Erscheinungen des Lebens erforschen. Es stellt sich nolens volens eine Folgerichtigkeit ein. Das ist es eben, worin das Ganze liegt. Diese Folgerichtigkeit erlangt man nur durch ein Verstehen des Lebens.

Nur ein richtiges Begreifen des Lebens giebt der Wissenschaft überhaupt und jeder Wissenschaft im besonderen die gehörige Bedeutung und Richtung, indem es ihr die Stellung anweist je nach der Wichtigkeit ihrer Bedeutung für das Leben. Ist aber das Begreifen des Lebens kein solches, wie es uns allen eingepflanzt ist, so wird auch die Wissenschaft selbst eine falsche sein.

Nicht das, was wir Wissenschaft zu nennen belieben, wird das Leben bestimmen, sondern unser Begriff vom Leben wird bestimmen, was als Wissenschaft anerkannt zu werden verdient. Und deshalb muß, damit die Wissenschaft Wissenschaft sei, vorerst die Frage entschieden werden, was Wissenschaft und was nicht Wissenschaft ist, und zu diesem Zweck muß der Begriff des Lebens erläutert werden.

Ich will meinen ganzen Gedanken offen aussprechen: wir kennen alle das Grunddogma des Glaubens dieser falschen Erfahrungswissenschaft.

Es existiert die Materie und ihre Energie. Die Energie bringt Bewegung hervor, die mechanische Bewegung geht in eine molekulare über, die molekulare äußert sich durch die Wärme, die Elektrizität, durch die Thätigkeit der Nerven, des Gehirns. Und alle Erscheinungen des Lebens ohne Ausnahme werden durch die Beziehungen der Energieen erklärt. Alles ist so schön, so einfach, so klar und namentlich so bequem. So schön, daß, wenn nicht alles das existiert, was wir so gerne haben möchten und was unser ganzes Leben so vereinfacht, man alles das auf irgend eine Weise ersinnen muß.

Und dies ist mein ganzer dreister Gedanke: der Hauptteil der Energie, der Leidenschaft der Thätigkeit der empirischen Wissenschaft gründet sich auf den Wunsch, alles das zu ersinnen, was zur Bestätigung einer so bequemen Vorstellung notwendig ist.

In der ganzen Thätigkeit dieser Wissenschaft sieht man nicht sowohl den Wunsch, die Erscheinungen des Lebens zu erforschen, als die eine stets gegenwärtige Sorge, die Richtigkeit ihres Grunddogmas zu beweisen. Wieviel Kräfte sind auf Versuche verschwendet worden, die Abstammung des organischen Lebens von dem unorganischen und die Entstehung der psychischen Thätigkeit aus den Prozessen des Organismus zu erklären? Geht das Organische nicht ins Unorganische über: gut, suchen wir auf dem Grunde des Meeres – wir werden ein Ding finden, das wir Kern, das wir Monere benennen werden.

Auch da ist es nicht; wir werden glauben, daß es sich finden wird, – um so mehr, als eine ganze Unendlichkeit von Jahrhunderten uns zu Gebote steht, in die wir alles hineinhäufen können, was, unserem Glauben nach, sein müßte, was aber in Wirklichkeit nicht ist.

Ebenso steht es mit dem Übergange aus der organischen Thätigkeit in die psychische. Ist es noch nicht? Wohl, wir glauben aber, daß es sein wird, und wenden alle Bemühungen unseres Verstandes daran, um mindestens die Möglichkeit zu beweisen.

Der Streit über das, was sich nicht auf das Leben bezieht, nämlich über den Ursprung des Lebens: der Animismus oder Vitalismus oder der Begriff irgend einer anderen besonderen Kraft hat dem Menschen die Hauptfrage des Lebens verhüllt, die Frage, ohne die der Begriff des Lebens seinen Sinn verliert, und hat nach und nach die Männer der Wissenschaft – die Männer, die andere leiten sollen – in die Lage eines Menschen versetzt, der geht, ja sogar sehr eilt, der aber vergessen hat, wohin er eigentlich geht.

Vielleicht aber bemühe ich mich absichtlich, die enormen

Resultate nicht zu bemerken, die die Wissenschaft in ihrer jetzigen Richtung uns bietet? Aber Resultate, welcher Art immer, vermögen doch eine falsche Richtung nicht gut zu machen. Geben wir das Unmögliche zu, – daß alles, was die jetzige Wissenschaft über das Leben zu erfahren wünscht, wovon sie versichert (obgleich sie selbst nicht daran glaubt), daß es entdeckt werden wird: geben wir zu, daß alles entdeckt ist, daß alles klar ist wie der Tag. Es ist klar, wie aus der unorganischen Materie durch Anpassung das Organische (Leben) entsteht; es ist klar, wie die physische Energie in das Gefühl, in den Willen, in das Denken übergeht, und alles das ist nicht nur den Gymnasiasten, sondern auch den Dorfschülern bekannt.

Ich weiß, daß die und die Gedanken und Gefühle durch die und die Bewegungen entstehen. Und was weiter? Ob ich diese Bewegungen leiten kann, um in mir diese oder jene Gedanken wachzurufen, oder ob ich das nicht kann, – die Frage, welche Gedanken und Gefühle ich in mir und anderen wachrufen soll, bleibt nicht nur ungelöst, sondern sogar unberührt.

Ich weiß, daß die Männer der Wissenschaft kein Bedenken tragen, diese Frage zu beantworten. Die Beantwortung dieser Frage erscheint ihnen sehr einfach, wie die Lösung einer schwierigen Frage dem, der sie nicht versteht, immer einfach erscheint. Die Lösung der Frage, wie wir unser Leben einrichten sollen, wenn wir es in unserer Macht haben, erscheint den Männern der Wissenschaft sehr einfach. Sie sagen: die Menschen müssen es so einrichten, daß sie ihre Bedürfnisse befriedigen können; die Wissenschaft wird Mittel herbeischaffen erstens, um die Befriedigung der Bedürfnisse gesetzmäßig zu regeln, und zweitens, um so viel und so leicht Mittel hervorzubringen, daß alle Bedürfnisse leicht befriedigt werden, und dann werden die Menschen glücklich sein.

Wenn man nun fragt: was heißt Bedürfnis und wo ist die Grenze für die Bedürfnisse? – so wird darauf ebenso einfach erwidert: das regelt die Wissenschaft – dazu ist die Wissenschaft da, um die Bedürfnisse in physische, geistige, ästhetische, sogar sittliche einzuteilen und genau festzustellen, welche Bedürfnisse berechtigt sind und in welchem Maße sie es sind, und welche unberechtigt sind und in welchem Maße sie es sind. Sie wird das mit der Zeit feststellen. Wenn man aber fragt: wodurch sollen wir uns in der Feststellung der Berechtigung oder Nichtberechtigung der Bedürfnisse leiten lassen? – so wird uns kühn geantwortet: durch die Erforschung der Bedürfnisse. Das Wort Bedürfnis hat aber nur zwei Bedeutungen: entweder heißt es Bedingung des Daseins – und Bedingungen des Daseins giebt es für jeden Gegenstand eine zahllose Menge und deshalb ist es nicht möglich, alle Bedingungen zu erforschen – oder das Verlangen eines lebenden Wesens nach Glück, das nur durch das Bewußtsein erkannt und festgestellt werden und deshalb noch weniger durch die empirische Wissenschaft erforscht werden kann.

Es giebt eine Gesellschaft, eine Korporation, eine Vereinigung oder dergleichen von Menschen oder Geistern, die unfehlbar ist und Wissenschaft genannt wird. Und die wird das alles mit der Zeit feststellen.

Ist es denn nicht einleuchtend, daß diese ganze Art der Lösung der Frage nur eine Umschreibung des Reichs des Messias ist, in dem die Wissenschaft die Rolle des Messias spielt, und daß man, damit eine solche Erklärung etwas erkläre, ebenso blind an die Dogmen der Wissenschaft glauben muß, wie die Juden an den Messias glauben; und das thun die orthodoxen Wissenschaften auch wirklich, – mit dem Unterschiede nur, daß der orthodoxe Jude, der im Messias den Sendling Gottes sieht, glauben kann, daß er alles durch seine eigene Macht vortrefflich richten wird; der Orthodoxe der Wissenschaft hingegen kann, dem Wesen der Sache nach, nicht glauben, daß es vermittelst äußerer Erforschung der Bedürfnisse möglich sein könnte, die grundlegende und einzige Frage nach dem Leben zu lösen.

———

I.

DER FUNDAMENTALE WIDERSPRUCH
DES MENSCHLICHEN LEBENS

Der Mensch lebt nur dazu, daß es ihm gut gehe, – um seines Wohles willen. Wenn der Mensch nicht den Wunsch nach seinem Wohle empfindet, so empfindet er sich auch nicht als lebend. Der Mensch kann sich das Leben nicht vorstellen ohne den Wunsch nach seinem Wohle. Leben ist für jeden Menschen gleichbedeutend mit dem Wunsche und der Erlangung seines Wohles. Sein Wohl wünschen und erlangen – ist gleichbedeutend mit leben.

Das Leben empfindet der Mensch nur in sich, in seiner Persönlichkeit, und deshalb kommt es dem Menschen anfangs so vor, als sei das Wohl, das er ersehnt, das Wohl nur seiner Persönlichkeit. Es kommt ihm anfangs vor, als ob er allein lebe, er allein wahrhaft lebe. Das Leben anderer Wesen erscheint ihm durchaus nicht als ein Leben wie sein eigenes, – es erscheint ihm bloß als etwas dem Leben Ähnliches; das Leben anderer Wesen kann der Mensch bloß beobachten, und er erkennt bloß aus diesen Beobachtungen, daß sie leben. Über das Leben anderer Wesen weiß der Mensch nur dann etwas, wenn er an sie denken will, von sich selbst dagegen w e i ß er, kann er nicht eine Sekunde lang aufhören zu w i s s e n, daß er lebt, und deshalb erscheint jedem Menschen nur sein eigenes Leben als wirkliches Leben. Das Leben der anderen, ihn umgebenden Wesen erscheint ihm nur als eine der Bedingungen seines Daseins. Wenn er anderen nichts Böses wünscht, so ist es nur, weil der Anblick des Leidens anderer sein Wohl stört. Wenn er anderen Gutes wünscht, so thut er das ganz anders, als wenn er es für sich wünscht, – er thut es nicht, damit der, dem er das Gute wünscht, es gut habe, sondern nur, damit das Wohl anderer Wesen das Wohl seines eigenen Lebens erhöhe. Wichtig und notwendig ist für den Menschen das Wohl nur in dem Leben, das er als sein eigenes empfindet, d. h. sein Wohl.

Indem nun der Mensch nach der Erlangung dieses seines

Wohles strebt, bemerkt er, daß sein Wohl von anderen Wesen abhängig ist. Und indem er diese anderen Wesen beobachtet und prüft, sieht der Mensch, daß sie alle, Menschen, ja selbst Tiere, genau dieselbe Vorstellung von dem Leben haben wie er. Jedes dieser Wesen empfindet gleich ihm nur sein eigenes Leben und sein eigenes Wohl, hält nur sein eigenes Leben für wichtig und wahrhaft, das Leben aller anderen Wesen hingegen bloß für Mittel zu seinem Wohle. Der Mensch sieht, daß jedes der lebenden Wesen, gleich ihm, bereit sein muß, um seines eigenen kleinen Wohles willen alle anderen Wesen ihres großen Wohles und sogar ihres Lebens zu berauben, ihn selbst, den auf diese Weise denkenden Menschen, miteingerechnet. Und nachdem der Mensch das begriffen hat, kommt er unwillkürlich zu dem Schlusse, daß, wenn es sich so verhält, – er weiß aber, daß es sich unzweifelhaft so verhält – nicht ein und nicht zehn, sondern alle die unzähligen Wesen der Welt jeden Augenblick bereit sind, ein jedes zur Erreichung seines Zweckes, ihn selbst zu vernichten, – ihn, für den allein das Leben doch da ist. Und nachdem der Mensch dies begriffen hat, sieht er, daß sein persönliches Wohl, in dem allein er das Leben begreift, nicht nur nicht leicht von ihm errungen werden kann, sondern ihm ganz sicher entrissen werden wird.

Je länger der Mensch lebt, um so mehr wird ihm diese Ansicht durch die Erfahrung bestätigt, und der Mensch sieht, daß das Leben der Welt, an dem er teilhat und das aus miteinander verbundenen Persönlichkeiten gebildet wird, die sich gegenseitig zu vernichten und aufzufressen wünschen, für ihn nicht nur kein Wohl sein kann, sondern ganz bestimmt ein großes Übel sein wird.

Ja mehr als das: wenn selbst der Mensch sich in so vorteilhafte Bedingungen gestellt sieht, daß er mit Erfolg gegen andere Persönlichkeiten ankämpfen kann, ohne für die seinige etwas zu befürchten, so zeigen ihm doch sein Verstand und seine Erfahrung sehr bald, daß selbst jene dem Wohle ähnlichen Erscheinungen, die er als persönliche Genüsse dem Leben abringt, kein Wohl, sondern gleichsam nur Proben des Wohles sind, die ihm nur

darum gegeben werden, damit er noch lebhafter die Leiden empfinde, die stets mit den Genüssen verbunden sind. Je länger der
Mensch lebt, um so klarer sieht er, daß der Freuden immer weniger und weniger und der Langeweile, der Übersättigung, der
Mühen, der Leiden immer mehr und mehr werden. Doch auch
das ist nicht genug; indem er den Verfall der Kräfte und die
Krankheiten zu fühlen beginnt und indem er die Krankheiten,
das Alter und den Tod anderer Menschen betrachtet, bemerkt er
auch noch, daß auch seine eigene Existenz, in der allein er das
wirkliche, volle Leben empfindet, sich mit jeder Stunde, mit jeder
Bewegung dem Verfalle, dem Alter, dem Tode nähert; daß sein
Leben, abgesehen davon, daß es Tausenden von Zufälligkeiten
der Vernichtung durch andere mit ihm im Kampf befindliche
Wesen und stetig zunehmenden Leiden unterworfen ist, seiner
eigenen Natur nach bloß eine unaufhörliche Annäherung an den
Tod ist, an jenen Zustand, in dem zugleich mit dem Leben der
Persönlichkeit sicherlich jede Möglichkeit irgend welchen Wohles der Persönlichkeit vernichtet wird. Der Mensch sieht, daß er,
seine Persönlichkeit, das, worin allein er das Leben empfindet,
nichts weiter thut, als daß es fortwährend ankämpft gegen das,
wogegen nicht anzukämpfen ist – gegen die ganze Welt; daß er
Genüsse sucht, die nur scheinbares Wohl geben und immer mit
Leiden aufhören, und daß er das Leben festhalten will, das man
nicht festhalten kann. Der Mensch sieht, daß er selbst, seine Persönlichkeit selbst das, wofür allein er das Wohl und das Leben
wünscht – weder das Wohl noch das Leben besitzen kann. Das
aber, was er zu besitzen wünscht: das Wohl und das Leben, besitzen nur jene ihm fremden Wesen, die er nicht empfinden
kann, und über deren Dasein er nichts wissen kann und nichts
wissen will.

Das, was für ihn das Wichtigste und das einzige ist, was er
braucht, was – wie er meint – allein wirklich lebt, seine Persönlichkeit, das geht zu Grunde, das wird zum Geripppe, wird zum
Wurm – das bleibt nicht er; das aber, was er nicht braucht, was
für ihn unwichtig ist, was er nicht als lebend empfindet, jene
ganze Welt sich bekämpfender und sich gegenseitig ablösender

Wesen, das gerade ist das wirkliche Leben; das wird bleiben und wird ewig leben. So daß jenes vom Menschen einzig und allein empfundene Leben, um deswillen seine ganze Thätigkeit sich vollzieht, sich als etwas Trügerisches und Unmögliches erweist, das Leben dagegen außerhalb seiner, das nicht geliebte, von ihm nicht empfundene, ihm unbekannte Leben das einzige wirkliche ist.

Das, was er nicht fühlt, das allein besitzt die Eigenschaften, die er allein besitzen möchte. Und nicht etwa, daß es dem Menschen nur in den schlimmen Augenblicken einer trübseligen Stimmung so erscheint, – nein, das ist keine Vorstellung, von der man sich losmachen kann, das ist im Gegenteil eine so augenscheinliche, unzweifelhafte Wahrheit, daß, wenn dieser Gedanke dem Menschen nur ein einziges Mal von selbst kommt oder andere ihn ihm nur ein einziges Mal klar machen, er sich nie mehr von ihm befreien und ihn durch nichts aus seinem Bewußtsein ausmerzen kann.

———

II.
DER WIDERSPRUCH DES LEBENS IST VON DER MENSCHHEIT SEIT DEN ÄLTESTEN ZEITEN ERKANNT WORDEN. DIE ERLEUCHTER DER MENSCHHEIT HABEN DEN MENSCHEN ERKLÄRUNGEN DES LEBENS VERKÜNDET, DIE DIESEN INNEREN WIDERSPRUCH AUFLÖSEN, DIE PHARISÄER UND SCHRIFTGELEHRTEN ABER HALTEN DIESE VOR DEN MENSCHEN VERBORGEN.

Der einzige Zweck des Lebens, den der Mensch von Anbeginn vor sich sieht, ist das Wohl seiner Persönlichkeit; ein Wohl für die Persönlichkeit aber kann es nicht geben. Gäbe es auch im Leben etwas dem Wohle Ähnliches, so strebt doch das Leben, in dem allein das Wohl möglich ist, das Leben der Persönlichkeit, mit jeder Bewegung, jedem Atemzug unaufhaltsam den Leiden, dem Übel, dem Tod, der Vernichtung zu.

Und das ist so einleuchtend und so klar, daß jeder denkende Mensch, ob jung ob alt, ob gebildet oder ungebildet, es sieht. Diese Betrachtung ist so einfach und natürlich, daß sie sich jedem vernünftigen Menschen aufdrängt und seit uralten Zeiten den Menschen bekannt gewesen ist.

„Das Leben des Menschen als einer bloß nach seinem Wohle strebenden Persönlichkeit inmitten der zahllosen Menge ebensolcher einander vernichtender und selbst der Vernichtung entgegengehender Persönlichkeiten ist ein Übel und ein Unsinn, und das wahre Leben kann ein solches nicht sein." Seit uralten Zeiten hat der Mensch sich das gesagt, und dieser innere Widerspruch des Lebens des Menschen ist mit ungewöhnlicher Kraft und Klarheit von indischen, chinesischen, ägyptischen, griechischen und jüdischen Weisen ausgedrückt worden, und seit uralten Zeiten ist die Vernunft des Menschen auf das Erkennen eines Wohles des Menschen gerichtet gewesen, das nicht vernichtet werden könnte, weder durch den Kampf der Wesen untereinander noch durch Leiden und Tod. In der zunehmenden Erkenntnis dieses unzweifelhaften, durch Kampf, Leiden und Tod nicht zerstörbaren Wohles des Menschen besteht eben aller Fortschritt der Menschheit von der Zeit an, daß wir ihr Leben kennen.

In den ältesten Zeiten und bei den verschiedensten Völkern haben die großen Lehrer der Menschheit den Menschen immer klarere und klarere Erläuterungen des Lebens verkündet, die dessen inneren Widerspruch lösten und sie auf das wahre Wohl und auf das wahre den Menschen eigene Leben hinwiesen. Und da die Stellung aller Menschen in der Welt eine gleiche ist, und deshalb für jeden Menschen auch der Widerspruch zwischen dem Streben nach seinem persönlichen Wohle und der Erkenntnis von dessen Unmöglichkeit der gleiche ist, so sind auch alle Erklärungen des wahren Wohles und mithin des wahren Lebens, wie sie den Menschen durch die größten Geister der Menschheit offenbart worden sind, ihrem Wesen nach gleich.

„Das Leben ist Verbreitung jenes Lichtes, das zum Wohle der

Menschen vom Himmel in sie herabgestiegen ist", sagte Confucius 600 Jahre v. Chr.

„Das Leben ist die Wanderung und Vervollkommnung der Seelen, die zu immer größerem und größerem Wohle gelangen", sagten die Brahmanen derselben Zeit.

„Das Leben ist die Selbstentäußerung zur Erreichung des glückseligen Nirvanas", sagte Buddha, ein Zeitgenosse des Confucius.

„Das Leben ist der Weg der Demut und Erniedrigung zur Erlangung des Wohles", sagte Laotse, auch ein Zeitgenosse des Confucius.

„Das Leben ist das, was Gott in die Nase des Menschen eingeblasen hat, auf daß er, Sein Gesetz erfüllend, das Wohl erlange", sagte die Weisheit der Juden.

„Das Leben ist die Unterordnung unter die Vernunft, die dem Menschen das Wohl giebt", sagten die Stoiker.

„Das Leben ist die Liebe zu Gott und zu dem Nächsten, die dem Menschen das Wohl giebt", sagte Christus, indem er in seine Erklärung alle vorangegangenen einschloß.

So sind die Erklärungen des Lebens, die Tausende von Jahren vor uns den Widerspruch des menschlichen Lebens lösten und ihm einen vernünftigen Sinn gaben, indem sie die Menschen von dem falschen und unmöglichen Wohle der Persönlichkeit ablenkten und auf das wahre, unzerstörbare Wohl hinwiesen. Man kann diesen Erklärungen des Lebens nicht zustimmen, man kann sagen, diese Erklärungen könnten genauer und klarer ausgedrückt sein, man kann aber nicht umhin zu sehen, daß diese Erklärungen derart sind, daß ihre Anerkennung dem Leben einen vernünftigen Sinn giebt, indem sie den Widerspruch des Lebens aufhebt und das Streben nach dem unerreichbaren Wohle der Persönlichkeit durch ein anderes Streben ersetzt – das Streben nach einem durch Leiden und Tod unzerstörbaren Wohle. Man kann auch nicht umhin zu sehen, daß diese Erklärungen als theoretisch richtig auch durch die Erfahrung des Lebens bestätigt werden, und daß Millionen und Millionen Menschen, die solche Erklärungen des Lebens anerkannt haben und anerkennen, durch die That die Möglichkeit gezeigt haben und zeigen, das Streben nach dem Wohle der Persönlichkeit durch ein anderes Streben nach einem solchen Wohle zu ersetzen, das weder durch Leiden noch durch den Tod zerstört wird.

Außer den Menschen aber, die die von den großen Erleuchtern der Menschheit den Menschen verkündeten Erklärungen des Lebens verstanden haben und verstehen und durch sie leben, hat es immer eine große Mehrzahl von Menschen gegeben und giebt es immer welche, die während einer gewissen Periode ihres Lebens, zuweilen auch ihr ganzes Leben hindurch, nur das tierische Leben gelebt haben und leben, nicht nur ohne die Erklärungen zu verstehen, die zur Lösung des Widerspruches des menschlichen Lebens dienen, sondern sogar ohne den Widerspruch, den sie lösen, auch nur zu sehen. Und immer hat es unter diesen Menschen gegeben und giebt es noch solche Menschen, die infolge ihrer äußeren Ausnahmestellung sich für berufen halten, die Menschheit zu leiten und, ohne den Sinn des menschlichen Lebens zu begreifen, andere Menschen das Leben zu lehren, das sie selbst nicht verstehen, sie zu lehren, daß das menschliche Leben nichts anderes ist als ein persönliches Dasein.

Solche Irrlehrer hat es zu allen Zeiten gegeben und giebt es auch heutzutage. Die einen bekennen in Worten die Lehren jener Erleuchter der Menschheit, in deren Überlieferungen sie auferzogen sind, verwandeln jedoch, da sie ihren vernünftigen Sinn nicht begreifen, diese Lehren in übernatürliche Offenbarungen des vergangenen und des zukünftigen Lebens der Menschen und verlangen bloß die Erfüllung von Gebräuchen. Dies ist die Lehre der Pharisäer im weitesten Sinne, d. h. solcher Leute, die da lehren, daß das an sich unvernünftige Leben durch den Glauben an ein anderes Leben gut gemacht werden kann, das wiederum durch die Erfüllung äußerer Gebräuche erlangt wird.

Andere, die keine Möglichkeit eines anderen Lebens als des sichtbaren anerkennen, verleugnen alle Wunder und alles Übernatürliche und behaupten kühn, das Leben des Menschen sei nichts anderes als seine tierische Existenz von der Geburt bis zum Tode. Dies ist die Lehre der Schriftgelehrten, der Leute, die da lehren, daß es in dem Leben der Menschen als einem tierischen durchaus nichts Unvernünftiges gebe.

Diese sowohl wie jene Irrlehrer waren und sind stets im Streit miteinander, obgleich die Lehren der einen wie der anderen auf ein und demselben groben Nichtbegreifen des Grundwiderspruchs des menschlichen Lebens beruhen. Diese beiden Lehren herrschen in unserer Welt und erfüllen, im steten Kampfe miteinander, die Welt mit ihren Streitigkeiten, – indem sie durch diese Streitigkeiten jene Erklärungen des Lebens vor den Menschen verbergen, die den Weg bahnen zum wahren Wohle der Menschen und die die Menschen schon vor Jahrtausenden empfangen haben.

Die Pharisäer, die jene Erklärung des Lebens nicht begreifen, die den Menschen durch jene Lehrer in den Überlieferungen gegeben ist, in denen sie auferzogen sind, ersetzen sie durch ihre falschen Auslegungen über das zukünftige Leben und bemühen sich gleichzeitig, die Erklärungen des Lebens anderer Erleuchter der Menschheit zu verbergen, indem sie sie ihren Schülern in ihrer gröbsten und grausamsten Verstümmelung darstellen, in der Erwartung, dadurch die ausschließliche Autorität jener Lehre aufrechtzuerhalten, auf welche sie ihre Erklärungen gründen[1].

Die Schriftgelehrten hingegen leugnen geradezu, ohne in den pharisäischen Lehren jene vernünftigen Grundlagen, auf denen sie errichtet sind, auch nur zu ahnen, alle Lehren von einem zukünftigen Leben und behaupten kühn, daß alle diese Lehren gar keine Begründung haben und bloß die Überreste der rohen Sitten der Unwissenheit sind, und daß der Fortschritt der Menschheit darin besteht, sich keinerlei Fragen über das Leben zu stellen, die über die Grenzen der tierischen Existenz des Menschen hinausgehen.

––––––

[1] Die Einheit des vernünftigen Sinnes der Erklärungen des Lebens, die die anderen Erleuchter der Menschheit gegeben haben, erscheint ihnen nicht als der beste Beweis der Wahrhaftigkeit ihrer Lehre, da sie das Vertrauen zu jenen unvernünftigen Falschdeutungen untergräbt, durch die sie den Kern der Lehre ersetzen.

III.
DIE VERIRRUNGEN DER SCHRIFTGELEHRTEN

Und merkwürdig! Der Umstand, daß alle Lehren der großen Geister der Menschheit durch ihre Erhabenheit die Menschen derart in Staunen versetzt haben, daß die rohe Masse ihnen größtenteils einen übernatürlichen Charakter beilegte und ihre Begründer als Halbgötter verehrte, – gerade das, was ein Hauptmerkmal der Bedeutung dieser Lehren ist, – eben dieser Umstand ist den Schriftgelehrten der, nach ihrer Meinung, sicherste Beweis der Unrichtigkeit und Rückständigkeit dieser Lehren. Daß die unbedeutenden Lehren des Aristoteles, Bacon, Comte und anderer stets das Erbe einer geringen Anzahl ihrer Schüler und Verehrer geblieben sind und bleiben und ihrer Falschheit wegen nie auf die Massen wirken konnten und deshalb keinen abergläubischen Mißdeutungen und Auswüchsen unterworfen waren, gerade dieses Zeichen ihrer Unbedeutendheit wird als Beweis ihrer Wahrhaftigkeit anerkannt. Die Lehren der Brahmanen dagegen, des Buddha, Zoroaster, Laotse, Confucius, Jesaias, Christus gelten als Aberglaube und als Verirrungen lediglich aus dem Grunde, weil diese Lehren das Leben von Millionen umgestaltet haben.

Daß Milliarden von Menschen nach diesem Aberglauben gelebt haben und leben, weil er selbst in entstelltem Zustande den Menschen Antwort giebt auf die Fragen über das wahre Wohl des Lebens; daß jene Lehren von den besten Menschen aller Zeiten nicht nur geteilt worden sind, sondern die Grundlage des Denkens der besten Menschen aller Zeiten bilden, wogegen die von den Schriftgelehrten anerkannten Theorien nur von ihnen selbst geteilt, stets bestritten werden und manchmal kaum jahrzehntelang leben und ebenso schnell vergessen sind, wie sie entstehen, – das macht sie nicht im mindesten irre.

Zu nichts äußert sich mit solcher Klarheit die falsche Richtung der Wissenschaft, der die Gesellschaft unserer Zeit folgt, wie in der Stellung, die in dieser Gesellschaft die Lehren jener großen Lehrer des Lebens einnehmen, nach denen die Menschheit gelebt und sich gebildet hat und fortfährt zu leben und sich zu bilden. In den Kalendern wird in der Abteilung der statistischen Nachrichten angegeben, daß die Religionen, zu denen sich jetzt die Bewohner der Erde bekennen, tausend an Zahl betragen. Die Zahl dieser Religionen umfaßt auch den Buddhismus, den Brahmanismus, die Lehre des Confucius, den Taotsismus und das Christentum. – Tausend Religionen, und die Menschen unserer Zeit glauben ganz aufrichtig daran. Tausend Religionen, – alle sind Unsinn – wozu sie studieren! Und die Menschen unserer Zeit halten es für eine Schande, wenn sie nicht die letzten Aussprüche der Weisheit eines Spencer, eines Helmholtz und anderer kennen; von den Brahmanen dagegen, von Buddha, Confucius, Laotse, Epiktet, Jesaias kennen sie mitunter die Namen, mitunter aber auch diese nicht. Es kommt ihnen auch gar nicht in den Sinn, daß es durchaus keine tausend Religionen sind, zu denen sich heute die Menschen bekennen, sondern nur drei: die chinesische, die indische und die jüdisch-christliche (mit ihrem Ableger, dem Mohamedanismus), und daß man die Bücher dieser Religionen für fünf Rubel kaufen und in zwei Wochen durchlesen kann, und daß in diesen Büchern, nach welchen die ganze Menschheit gelebt hat und jetzt lebt, ausgenommen 0,07 uns fast Unbekannter, die ganze menschliche Weisheit eingeschlossen ist, alles das, was die Menschheit zu dem gemacht hat, was sie ist.

Doch nicht genug, daß die Menge diese Lehren nicht kennt, auch die Gelehrten kennen sie nicht, wenn sie nicht zu ihrer Specialität gehören; die Philosophen halten es von Berufs wegen für überflüssig, einen Blick in diese Bücher zu werfen. Wozu sollte man auch die Männer studieren, die den von dem vernünftigen Menschen erkannten Widerspruch seines Lebens gelöst und das wahre Wohl und Leben der Menschen bestimmt haben? Die Schriftgelehrten behaupten kühn, ohne jenen Widerspruch zu begreifen, der den Beginn des vernünftigen Lebens ausmacht, daß, da sie ihn nicht sehen, auch gar kein Widerspruch da ist, und daß das Leben des Menschen nichts ist als seine tierische Existenz.

Die Sehenden begreifen und erklären, was sie vor sich sehen, – der Blinde tastet mit dem Stabe vor sich hin und behauptet, es sei nichts da außer dem, was ihm das Aufstoßen des Stockes zu erkennen giebt.

———

IV.

DIE LEHRE DER SCHRIFTGELEHRTEN SETZT FÜR DEN BEGRIFF DES GESAMTEN LEBENS DES MENSCHEN DIE SICHTBAREN ERSCHEINUNGEN SEINER TIERISCHEN EXISTENZ UND SCHLIEßT VON DIESEN AUF DEN ZWECK SEINES LEBENS.

„Das Leben ist das, was in einem lebenden Wesen von seiner Geburt an bis zu seinem Tode vorgeht. Ein Mensch, ein Hund, ein Pferd wird geboren, und jedes hat seinen besonderen Körper, und so lebt denn dieser sein besonderer Körper und stirbt dann; der Körper zersetzt sich, geht in andere Wesen über, und das frühere Wesen ist nicht mehr. Das Leben war, das Leben ist aus: schlägt das Herz, atmen die Lungen, löst sich der Körper nicht auf, so lebt der Mensch, der Hund, das Pferd; hat das Herz aufgehört zu schlagen, steht der Atem still, beginnt der Körper sich aufzulösen, so ist er gestorben, das Leben ist aus. Das Leben ist eben das, was in dem Körper des Menschen ebenso wie des Tieres in dem Zeitraum zwischen Geburt und Tod vor sich geht. Was kann klarer sein?"

Diese Anschauung vom Leben haben die rohesten, unwissendsten Menschen, die sich kaum über das tierische Dasein erheben, immer gehabt und haben sie auch jetzt. Und nun wird in unserer Zeit diese allerroheste, allerursprünglichste Anschauung vom Leben von der Lehre der Schriftgelehrten, die sich Wissenschaft nennt, als die einzig wahre anerkannt. Diese Irrlehre will, indem sie all die Waffen des äußeren Wissens, die die Menschheit erworben hat, sich zu nutze macht, die Menschen systematisch in jene Finsternis der Unwissenheit zurückführen, aus der sie mit soviel Anstrengung und Mühe sich durch so und so viele Jahrtausende hindurch herausgearbeitet hat. Das Leben können wir in unserem Bewußtsein nicht erklären. Wir gehen irre, wenn wir es in uns selbst beobachten. Der Begriff von dem Wohl, dessen Erstreben in unserem Bewußtsein das Leben ausmacht, ist ein Trugbild, und man kann das Leben in diesem Bewußtsein nicht erkennen. Um das Leben zu begreifen, muß man nur seine Erscheinungen beobachten als die Bewegung der Materie. Nur durch diese Beobachtungen und die aus ihnen abgeleiteten Gesetze werden wir auch das Gesetz des Lebens selbst und das Gesetz des menschlichen Lebens finden[2].

Und nun beginnt die falsche Lehre, indem sie an die Stelle des Begriffs des gesamten Lebens, das dem Menschen in seinem Bewußtsein bekannt ist, dessen sichtbaren Teil – das tierische Dasein – setzt, diese sichtbaren Erscheinungen zu erforschen, erst im tierischen Menschen, dann in den Tieren überhaupt, dann in den Pflanzen, dann in der Materie, und behauptet dabei fortwährend, sie erforsche nicht einige Erscheinungen des Lebens, sondern das Leben selber. Die Beobachtungen sind so kompliziert, so vielfältig, so verworren, es wird soviel Zeit und Mühe daran

---

[2] Die echte Wissenschaft, die ihre Stellung und darum auch ihren Gegenstand kennt, die bescheiden und dadurch mächtig ist, hat das nie gesagt und sagt es nicht. – Die Wissenschaft der Physik spricht über die Gesetze und Beziehungen der Kräfte, ohne sich mit der Frage abzugeben, was eine Kraft ist, und ohne das Wesen der Kraft erforschen zu wollen. Die Wissenschaft der Chemie spricht über die Beziehungen der Materie, ohne sich die Frage zu stellen, was Materie ist, und ohne den Versuch, ihr Wesen zu ergründen, – die Wissenschaft der Biologie spricht über die Formen des Lebens, ohne sich um die Frage zu kümmern, was das Leben ist, und ohne den Versuch, sein Wesen zu bestimmen. Und die Kraft und die Materie und das Leben werden von den echten Wissenschaften nicht als Gegenstände der Forschung betrachtet, sondern als, in anderen Wissensgebieten für Axiome geltende Stützpunkte, auf denen das Gebäude jeder einzelnen Wissenschaft aufgerichtet wird. So betrachtet die echte Wissenschaft ihren Gegenstand, und diese Wissenschaft kann keinen schädlichen, zur Unwissenheit führenden Einfluß auf die Menge haben. Anders ein falsches Philosophieren der Wissenschaft. „Wir studieren die Materie und die Kraft und das Leben; und wenn wir sie studieren, können wir sie auch kennen lernen, –" sagen sie, ohne zu bedenken, daß nicht die Materie, nicht die Kraft, nicht das Leben, sondern nur deren Beziehungen und Formen der Gegenstand ihres Studiums sind.

verschwendet, daß die Menschen allmählich den ursprünglichen Irrtum, Teile des Gegenstands für den ganzen Gegenstand zu halten, vergessen und schließlich vollkommen davon überzeugt sind, daß die Erforschung der sichtbaren Eigenschaften der Materie, der Pflanzen und der Tiere die Erforschung des Lebens selbst ist, jenes Lebens, das der Mensch nur in seinem Bewußtsein erkennt.

Das erinnert an einen Menschen, der Schattenbilder vorführt und die Täuschung aufrecht erhalten möchte, in der sich seine Zuschauer befinden.

„Seht nirgends hin – sagt er – als auf die Stelle, auf der die Bilder erscheinen, und namentlich seht den Gegenstand selbst nicht an; es ist ja auch gar kein Gegenstand da, sondern nur sein Widerschein."

Ganz so geht die der unwissenden Menge fröhnende falsche Wissenschaft der Schriftgelehrten unserer Zeit zu Werke, indem sie das Leben betrachtet ohne seine grundlegende Erklärung, sein Streben nach dem Wohle, das nur dem Bewußtsein des Menschen offenbar ist[3]. Indem sie direkt von der Erklärung des Lebens, unabhängig von dem Streben nach dem Wohle, ausgeht, beobachtet die falsche Wissenschaft die Ziele der lebenden Wesen, und da sie bei ihnen Ziele findet, die dem Menschen fremd sind, zwingt sie diese auch ihm auf.

Bei dieser äußeren Beobachtung erscheint als Zweck der lebenden Wesen die Erhaltung ihrer Persönlichkeit, die Erhaltung ihrer Art, die Wiedererzeugung ihres Gleichen und der Kampf um das Dasein, und gerade dieser eingebildete Zweck des Lebens wird auch dem Menschen aufgezwungen.

Die falsche Wissenschaft, die zu ihrem Ausgangspunkt die rückständige Vorstellung vom Leben gemacht hat, bei der jener Widerspruch des menschlichen Lebens, der seine Haupteigenschaft bildet, nicht sichtbar wird – diese vermeintliche Wissenschaft gelangt in ihren letzten Schlüssen zu dem, was die rohe Mehrzahl der Menschheit verlangt, – sie gelangt dazu, die Mög-

---

[3] Siehe Anhang I. am Ende des Buches: Über die falsche Erklärung des Lebens. →S. 191.

lichkeit des Wohles eines rein persönlichen Lebens anzuerkennen, sie gelangt dazu, das Wohl des Menschen in dem rein tierischen Dasein anzuerkennen.

Die falsche Wissenschaft geht sogar weiter, als die Forderungen der rohen Menge, für die sie eine Erklärung finden will; sie kommt zu der Bestätigung dessen, was das vernünftige Bewußtsein des Menschen von seinem ersten Aufleuchten an verwirft, sie kommt zu der Schlußfolgerung, daß das Leben des Menschen, wie das eines jeden Organismus, in dem Kampfe um die Existenz der Persönlichkeit, der Gattung und der Form besteht[4]).

————

V.

DIE IRRLEHREN DER PHARISÄER UND SCHRIFTGELEHRTEN GEBEN WEDER ERKLÄRUNGEN DES SINNES DES WIRKLICHEN LEBENS, NOCH EINE ANLEITUNG ZU DIESEM; ALS EINZIGE ANLEITUNG DES LEBENS ERSCHEINT DAS BEHARRUNGSVERMÖGEN (INERTIE) DES LEBENS, FÜR DAS ES EINE VERNÜNFTIGE ERKLÄRUNG NICHT GIEBT.

„Es ist unnütz, das Leben zu erklären; jeder kennt es, das ist alles, und nun lasset uns leben", sprechen in ihrer Verirrung die Menschen, die sich auf die falschen Lehren stützen. Und da sie nicht wissen, was das Leben und was das Wohl des Lebens ist, glauben sie zu leben, – wie ein Mensch, der von den Wellen ohne bestimmte Richtung fortgetragen wird, glauben kann, daß er gerade nach der Richtung schwimmt, die er braucht und die er meint.

Es wird ein Kind geboren – in Dürftigkeit oder Überfluß – und erhält eine pharisäische oder schriftgelehrte Erziehung. Für das Kind, für den Jüngling giebt es noch keinen Widerspruch des Lebens und keine Frage nach dem Leben; es bedarf daher weder der Erklärung der Pharisäer, noch der Erklärung der Schriftge-

————

[4] Siehe Anhang II. →S. 193.

lehrten, die folglich sein Leben nicht leiten können. Er lernt bloß durch das Beispiel der Menschen, die in seiner Umgebung leben, und dieses Beispiel, ob der Pharisäer oder der Schriftgelehrten, ist immer dasselbe; die einen wie die anderen leben nur für das Wohl des persönlichen Lebens und lehren ihn das Gleiche.

Wenn seine Eltern in Not sind, wird er von ihnen erfahren, daß der Zweck des Lebens – in dem Erwerbe von viel Brot und Geld und in möglichst wenig Arbeit besteht, damit es der tierischen Persönlichkeit möglichst gut gehe. Ist er im Überfluß geboren, so wird er erfahren, daß der Zweck des Lebens – in Reichtum und Ehren besteht, damit man die Zeit möglichst angenehm und vergnügt verbringen könne.

Alle Kenntnisse, die der Arme erlangt, braucht er nur, um das Wohlbefinden seiner Persönlichkeit zu verbessern. Alle Kenntnisse der Wissenschaft und der Künste, die der Reiche erwirbt, braucht er, trotz aller hohen Worte über die Bedeutung der Wissenschaft und der Künste, nur, um die Langeweile zu bekämpfen und die Zeit angenehm zu verbringen. Je länger der eine wie der andere lebt, um so tiefer befestigt sich in ihnen die herrschende Anschauung der Gesellschaft. Sie heiraten, gründen eine Familie, und die Gier nach dem Erwerbe der Güter des tierischen Lebens wird durch die Anforderungen der Familie verstärkt; der Kampf gegen die anderen wird erbitterter, und es entwickelt sich immer mehr die Gewohnheit (Inertie), bloß für das Wohl der Persönlichkeit zu leben.

Wenn auch manchmal dem einen oder dem anderen, einem Armen oder einem Reichen, ein Zweifel an der Vernünftigkeit eines solchen Lebens kommen mag, wenn vor dem einen wie vor dem anderen die Frage auftauchen mag: wozu dieser zwecklose Kampf um das Dasein, den meine Kinder fortsetzen werden, oder wozu diese trügerische Jagd nach Genüssen, die für mich und meine Kinder in Leiden enden, so ist doch fast gar keine Wahrscheinlichkeit vorhanden, daß er jene Erklärungen des Lebens kennen lernen sollte, die der Menschheit längst von ihren großen Lehrern gegeben worden sind, als sie vor Jahrtausenden sich in der gleichen Lage befand. Die Lehren der Pharisäer und

Schriftgelehrten verschleiern sie so dicht, daß nur selten einer sie zu sehen vermag. Die einen – die Pharisäer – antworten auf die Frage: „wozu dieses armselige Leben?" –: „Das Leben ist armselig, ist es von jeher gewesen und muß es sein; das Wohl des Lebens liegt nicht in seiner Gegenwart, sondern in seiner Vergangenheit – dem Leben vorher – und in seiner Zukunft – dem Leben nachher." Und die brahmanischen, die buddhistischen, die laotsistischen, die jüdischen und die christlichen Pharisäer sagen immer ein und dasselbe. Das gegenwärtige Leben ist ein Übel, und die Erklärung dieses Übels liegt in der Vergangenheit – in der Entstehung der Welt und des Menschen; die Verbesserung aber des bestehenden Übels liegt in der Zukunft, jenseits des Grabes. Alles, was der Mensch zur Erlangung des Wohles nicht in dieser, sondern in jener Welt thun kann, ist, daß er an die Lehre glaubt, die wir euch lehren, daß er die Gebräuche erfüllt, die wir vorschreiben.

Und der Zweifelnde, der an dem Leben aller für ihr persönliches Wohl lebenden Menschen, wie an dem Leben der um des Gleichen willen lebenden Pharisäer das Unwahre dieser Erklärung sieht, glaubt ihnen einfach nicht, ohne sich weiter in den Sinn ihrer Antwort zu vertiefen, und wendet sich an die Schriftgelehrten.

„Alle Lehren über irgend ein anderes Leben außer dem, das wir im tierischen Dasein sehen, ist die Frucht der Unwissenheit", sagen die Schriftgelehrten. „Alle deine Zweifel an der Vernünftigkeit deines Lebens sind müßige Träume. Das Leben der Welten, der Erde, des Menschen, des Tieres, der Pflanze hat seine Gesetze, und die erforschen wir; wir erforschen die Entstehung der Welten und des Menschen, der Tiere und Pflanzen und der ganzen Materie; wir erforschen auch das, was den Welten bevorsteht, die Erkaltung der Sonne und dergleichen, und was mit dem Menschen und mit jedem Tiere und jeder Pflanze gewesen ist und sein wird. Wir können zeigen und beweisen, daß alles so war und sein wird, wie wir es sagen; außerdem tragen unsere Forschungen zur Verbesserung des Wohlergehens der Menschen bei. Über dein Leben hingegen mit seinem Streben nach dem Wohle können wir dir nichts sagen außer dem, was du selbst weißt: du lebst, darum lebe so gut als möglich."

Und der Zweifelnde, der auf seine Fragen weder von den einen noch von den anderen irgend welche Antwort bekommen hat, bleibt, wie er früher war, ohne jegliche Richtschnur im Leben, außer den Antrieben seiner Persönlichkeit.

Die einen von den Zweifelnden, die nach Pascals Betrachtung sich sagen: „wie aber, wenn alles das wahr ist, womit die Pharisäer uns für die Nichterfüllung ihrer Vorschriften schrecken?" erfüllen „in ihren Mußestunden" alle Vorschriften der Pharisäer (verlieren wird man dabei nichts, gewinnen aber kann man viel); andere wieder leugnen geradezu in Übereinstimmung mit den Schriftgelehrten alles andere Leben und alle religiösen Gebräuche ab und sagen sich: nicht ich allein, sondern alle haben so gelebt und leben so, – was sein wird, wird sein. Und dieser Unterschied giebt weder den einen noch den anderen irgendwelchen Vorteil: beide bleiben ohne jegliche Erklärung des Sinnes ihres wirklichen Lebens.

Leben aber muß man.

Das menschliche Leben ist eine Reihe von Handlungen vom Aufstehen bis zum Schlafengehen; jeden Tag muß der Mensch unaufhörlich aus hunderten für ihn möglicher Handlungen diejenigen auswählen, die er vollbringen will. Weder die Lehre der Pharisäer, die die Wunder des himmlischen Lebens erklärt, noch die Lehre der Schriftgelehrten, die die Entstehung der Welten und des Menschen erforscht und einen Schluß auf ihr zukünftiges Schicksal zieht, giebt eine Anleitung für die Handlungen. Ohne eine Anleitung aber in der Wahl seiner Handlungen kann der Mensch nicht leben. Und hier nun unterwirft sich der Mensch, er mag wollen oder nicht, nicht der Überlegung, sondern jener äußeren Anleitung des Lebens, die stets bestanden hat und besteht in jeder menschlichen Gemeinschaft.

Für diese Anleitung giebt es gar keine vernünftige Erklärung, und doch ist sie es, die die überwältigende Mehrzahl der Handlungen aller Menschen lenkt. Diese Anleitung ist die Gewohnheit des Lebens der menschlichen Gemeinschaften, die um so mächtiger über die Menschen herrscht, je weniger Verständnis die Menschen für den Sinn ihres Lebens besitzen. Diese Anleitung kann nicht bestimmt festgestellt werden, weil sie aus den Thaten und Handlungen besteht, die je nach Zeit und Ort außerordentlich verschieden sind; als da sind: die Lichte auf den Brettchen der Eltern für die Chinesen; die Wallfahrten nach bestimmten Orten für den Mahomedaner; eine bestimmte Anzahl Gebetworte für den Inder; die Treue zur Fahne und die Ehre des Waffenrocks für den Soldaten, das Duell für den Mann von Welt, die Blutrache für den Bergbewohner; bestimmte Speisen an bestimmten Tagen, eine bestimmte Art seine Kinder zu erziehen; die Visiten, eine bestimmte Einrichtung der Wohnungen, eine bestimmte Feier bei Beerdigungen, Geburten und Hochzeiten; eine zahllose Menge von Thaten und Handlungen, die das ganze Leben ausfüllen. Es ist das, was man Anstand, Sitte, am häufigsten Pflicht nennt, sogar heilige Pflicht.

Dies also ist die Anleitung, der sich die Mehrzahl der Menschen, trotz der Erklärungen der Pharisäer und Schriftgelehrten, für das Leben unterwirft. Überall sieht der Mensch von Kindheit an Menschen um sich, die mit voller Überzeugung und äußerer Feierlichkeit diese Handlungen vollziehen, und da er keinerlei vernünftige Erklärung seines Lebens besitzt, gewöhnt der Mensch sich nicht nur, dieselben Handlungen zu begehen, sondern bemüht sich noch, diesen Handlungen einen vernünftigen Sinn zuzuschreiben. Er möchte gern glauben, daß die Menschen, die solche Handlungen vollziehen, eine Erklärung dafür besitzen, wozu und weshalb sie das thun, was sie thun. Und er redet sich allmählich selbst ein, daß diese Handlungen einen vernünftigen Sinn haben, und daß die Erklärung ihres Sinnes, sei sie auch ihm selbst nicht vollständig bekannt, doch den anderen Menschen bekannt ist. Die Mehrzahl der anderen Menschen aber, die gleichfalls keine vernünftige Erklärung des Lebens besitzen, befindet sich genau in derselben Lage wie er. Sie vollziehen diese Handlungen nur, weil sie meinen, die anderen, die eine Erklärung dieser Handlungen besitzen, verlangten es von ihnen. Und so gewöhnen sich die Menschen, indem sie unwillkürlich einander täuschen, nicht nur mehr und mehr daran, Handlungen zu vollziehen, die keine vernünftige Erklärung haben, sie gewöhnen sich auch daran, diesen Handlungen einen gewissen geheimnisvollen, für sie selbst unverständlichen Sinn zuzuschreiben. Und je weniger sie den Sinn der von ihnen vollzogenen Handlungen verstehen, je zweifelhafter für sie selbst diese Handlungen sind, um so größere Wichtigkeit legen sie ihnen bei und mit um so größerer Feierlichkeit führen sie sie aus. Der Arme wie der Reiche vollführen das, was andere um sie her thun, und nennen diese Handlungen ihre Pflicht, ihre heilige Pflicht, und geben sich zufrieden mit dem Gedanken, daß etwas, was seit so langer Zeit und von einer so großen Zahl von Menschen gethan und von ihnen so hochgehalten wird, nichts anderes als die wahre Aufgabe des Lebens sein kann. Und bis ins tiefste Alter hinein, bis zum Tode leben die Menschen in dem steten Bemühen, zu glauben, daß, wenn auch sie selbst nicht wissen, wozu sie leben, es doch die anderen wissen, – jene anderen, die es ebensowenig wissen wie die, die sich auf sie verlassen.

Neue Menschen treten ins Leben, sie werden geboren und wachsen heran, und wenn sie dieses Possenspiel des Daseins, das man Leben nennt, betrachten, an dem alte, greise, ehrbare, von Hochachtung umgebene Leute teilnehmen, gewinnen sie die Überzeugung, daß gerade dieses sinnlose Gewühl das Leben ist, und daß es gar kein anderes Leben giebt, und treten ab, nachdem sie sich an der Pforte des Lebens eine Weile herumgestoßen haben. So geht jemand, der nie eine Versammlung von Menschen gesehen hat, wenn er eine drängende, lärmende, belebte Menge am Eingange erblickt und sich die Meinung gebildet hat, dies gerade sei die Versammlung, nachdem er sich eine Weile an der Thüre herumgestoßen hat, mit zerquetschten Hüften wieder nach Hause und ist fest überzeugt, er sei in der Versammlung gewesen.

Wir durchschneiden Berge, wir umfliegen den Erdball; die Elektrizität, das Mikroskop, das Telephon, die Kriege, das Parlament, die Philanthropie, der Kampf der Parteien, die Universitäten, die gelehrten Gesellschaften, die Museen – ist das nicht das Leben?

Die ganze komplizierte, fieberhafte Thätigkeit der Menschen mit ihrem Handel, ihren Kriegen, ihrem Verkehr, ihrer Wissenschaft, ihren Künsten, ist zum größeren Theile nur das Gedränge einer verrückten Menge an der Pforte des Lebens.

VI.
DER ZWIESPALT DES BEWUßTSEINS BEI DEN MENSCHEN UNSERER WELT

„Wahrlich, wahrlich, ich sage euch: Es kommt die Stunde und ist schon jetzt, daß die Toten werden die Stimme des Sohnes Gottes hören; und die sie hören werden, die werden leben." – Und diese Stunde kommt heran. Wie sehr sich der Mensch auch überreden mag, und wie sehr ihn andere überreden möchten, daß das Leben nur jenseits des Grabes gut und vernünftig oder daß bloß das persönliche Leben gut und vernünftig sein kann, – der Mensch kann daran nicht glauben. Der Mensch hat in der Tiefe seiner Seele das unaustilgbare Verlangen danach, daß sein Leben ein Wohl für ihn sei und einen vernünftigen Sinn habe; ein Leben aber, das kein anderes Ziel vor sich hat als das Leben jenseits des Grabes oder das unmögliche Wohl der Persönlichkeit, ist ein Übel und eine Sinnlosigkeit.

Leben um eines zukünftigen Lebens willen? sagt sich der Mensch. Wenn aber dieses Leben, diese einzige Probe des Lebens, die ich kenne, mein jetziges Leben – sinnlos sein muß, so überzeugt mich das durchaus nicht von der Möglichkeit eines anderen vernünftigen Lebens, es überzeugt mich vielmehr davon, daß das Leben seinem Wesen nach sinnlos ist und daß es gar kein anderes als ein sinnloses Leben geben kann.

Leben um meiner selbst willen? Aber mein persönliches

Leben ist ein Übel und eine Sinnlosigkeit. Leben für die Freunde? für die Gemeinde? für das Vaterland, ja sogar für die Menschheit? Wenn aber das Leben meiner Persönlichkeit armselig und sinnlos ist, so ist das Leben jeder anderen menschlichen Persönlichkeit ebenso sinnlos, und darum wird eine unzählige Menge sinnloser und unvernünftiger Persönlichkeiten zusammengenommen noch nicht ein einziges glückliches und vernünftiges Leben ausmachen. Für mich selbst leben, ohne zu wissen wozu, und das thun, was die anderen thun? Aber ich weiß ja, daß die anderen ebenso wie ich selbst nicht wissen, wozu sie das thun, was sie thun.

Es kommt eine Zeit, wo das vernünftige Bewußtsein über die falschen Lehren hinauswächst, und der Mensch inmitten des Lebens inne hält und nach Aufklärung verlangt[5].

Nur ein vereinzelter Mensch, der in keinerlei Beziehungen zu Menschen anderer Lebensformen steht, und nur ein Mensch, der fortwährend von dem angestrengten Kampfe mit der Natur zur Aufrechterhaltung seiner körperlichen Existenz in Anspruch genommen ist, kann daran glauben, dass die Vollziehung jener sinnlosen Handlungen, die er seine Pflicht nennt, die ihm angeborene Pflicht seines Lebens sein kann.

Es kommt die Zeit, und sie ist schon da, wo die Täuschung, welche die – mündliche – Verneinung dieses Lebens, zum Zweck der Schaffung eines zukünftigen, und die Anerkennung der bloßen tierischen persönlichen Existenz für das Leben und der sogenannten Pflicht für das Werk des Lebens ausgiebt, – wo diese Täuschung der Mehrzahl der Menschen klar wird und wo nur noch durch die Not verdummte und durch ein wüstes Leben abgestumpfte Menschen existieren können, ohne die Sinnlosigkeit und Armseligkeit ihres Daseins zu empfinden.

Öfter und öfter erwachen die Menschen zum vernünftigen Bewußtsein, sie werden lebendig in ihren Särgen, – und der fundamentale Widerspruch des menschlichen Lebens erhebt sich, trotz aller Bemühungen der Menschen, ihn vor sich selbst zu

---

[5] Siehe Anhang III am Ende des Buches. →S. 195.

verbergen, mit erschreckender Kraft und Klarheit vor der Mehrzahl der Menschen.

„Mein ganzes Leben besteht in dem Wunsche nach meinem Wohle", sagt sich der erwachte Mensch, „meine Vernunft aber sagt mir, dieses Wohl könne für mich nicht da sein und, was ich auch thun und was ich auch erringen mag, alles werde für mich das gleiche Ende haben: Leiden, Tod, Vernichtung. Ich will Glück, ich will Leben, ich will einen vernünftigen Sinn, – in mir aber und in allem, was mich umringt, giebt es nur Übel, Tod, Sinnlosigkeit. Wie nun? Wie leben? Was thun?" – Und es giebt keine Antwort.

Der Mensch schaut um sich und sucht nach einer Antwort auf seine Frage und findet sie nicht. Wohl findet er um sich her Lehren, die ihm Fragen, die er sich gar nicht stellt, beantworten, aber eine Antwort auf die Frage, die er sich stellt, giebt es nicht rings umher in aller Welt. Es giebt nur ein eitles Treiben der Menschen, die, ohne selbst zu wissen warum, Dinge thun, die auch die anderen thun, auch ohne zu wissen, warum.

Alle leben, als ob sie sich der Armseligkeit und der Sinnlosigkeit ihrer Thätigkeit nicht bewußt wären. Entweder sind s i e verrückt oder i c h bin es, sagt sich der erwachte Mensch. Es können aber nicht alle verrückt sein, folglich bin ich es. Doch nein, – dieses vernünftige Ich, das mir das sagt, kann nicht verrückt sein. Mag es allein stehen wider die ganze Welt, ich muß ihm glauben.

Und der Mensch wird sich bewußt, daß er in der ganzen Welt allein dasteht mit jenen schrecklichen Fragen, die seine Seele zerreißen. Aber leben muß er.

Das eine Ich, seine Persönlichkeit, gebietet ihm zu leben.

Das andere Ich, seine Vernunft, sagt: „man kann nicht leben".

Der Mensch fühlt, daß ein Zwiespalt in sein Inneres gedrungen ist. Dieser Zwiespalt zerreißt ihm qualvoll die Seele.

Und als Ursache dieses Zwiespalts und dieses Leidens erscheint ihm seine Vernunft.

Die Vernunft, diese höchste Fähigkeit des Menschen, die für sein Leben unentbehrlich ist, die ihm, dem nackten, hilflosen Menschen, inmitten der ihn vernichtenden Naturkräfte, die

Mittel zur Existenz und die Mittel zum Genusse giebt, eben diese Fähigkeit vergiftet sein Leben.

In der ganzen uns umgebenden Welt, inmitten lebender Wesen, sind die diesen Wesen eigenen Fähigkeiten ihnen notwendig, ihnen allen gemeinsam und tragen zu ihrem Wohle bei. Die Pflanzen, die Insekten, die Tiere, alle leben, indem sie sich ihrem Gesetze unterwerfen, ein glückliches, frohes, ruhiges Leben. Und in dem Menschen bringt diese höchste Eigenschaft seiner Natur plötzlich einen so qualvollen Zustand hervor, daß der Mensch oft – in der letzten Zeit immer öfter und öfter – den Gordischen Knoten seines Lebens durchhaut, sich tötet, nur um sich von dem in unserer Zeit bis auf das Äußerste gesteigerten quälenden inneren Widerspruch zu befreien, den das vernünftige Bewußtsein geweckt hat.

———

VII.
DER ZWIESPALT DES BEWUßTSEINS ENTSTEHT AUS DER VERWECHSLUNG DES TIERISCHEN LEBENS MIT DEM MENSCHLICHEN.

Nur deshalb glaubt der Mensch, daß das in ihm erwachte vernünftige Bewußtsein sein Leben zerreißt und hemmt, weil er das als sein Leben anerkennt, was nicht sein Leben war, noch ist, noch sein kann.

Auferzogen und aufgewachsen in den falschen Lehren unserer Welt, die ihn in der Überzeugung bestärkt haben, daß das Leben nichts anderes ist als seine persönliche Existenz, die mit seiner Geburt begonnen hat, glaubt der Mensch, er habe gelebt, während er ein Jüngling, während er ein Kind war; später glaubt er, er habe unaufhörlich gelebt, als Jüngling und als Mann. Er glaubt, seit langem und die ganze Zeit hindurch unaufhörlich gelebt zu haben; nun gelangt er plötzlich zu einem Momente, wo es ihm zweifellos klar wird, daß man so, wie er früher gelebt hat, nicht leben kann und daß sein Leben gehemmt und zerrissen wird.

Die falsche Lehre hat ihn in dem Gedanken bestärkt, daß sein Leben die Zeitperiode von seiner Geburt bis zu seinem Tode ist; und indem er das sichtbare Leben der Tiere betrachtet, hat er die Vorstellung von dem sichtbaren Leben mit seinem Bewußtsein verwechselt und ist ganz zu der Überzeugung gekommen, daß dieses ihm sichtbare Leben auch wirklich sein Leben ist.

Das in ihm erwachte vernünftige Bewußtsein zeigt ihm, indem es Forderungen stellt, denen das tierische Leben nicht genügen kann, das Irrige seiner Vorstellung vom Leben; aber die tief eingewurzelte falsche Lehre verhindert ihn, seinen Irrtum einzugestehen; er kann sich nicht von seiner Vorstellung des Lebens als einer tierischen Existenz lossagen, und er hat die Empfindung, als sei sein Leben durch das Erwachen des vernünftigen Bewußtseins ins Stocken geraten. Das aber, was er sein Leben nennt, das, was ins Stocken geraten zu sein scheint, hat nie existiert. Das, was er sein Leben nennt, seine Existenz von der Geburt an, ist nie sein Leben gewesen; seine Vorstellung, daß er die ganze Zeit von seiner Geburt bis zum gegenwärtigen Augenblicke gelebt habe, ist eine Täuschung des Bewußtseins, ähnlich der Täuschung des Bewußtseins bei Träumen: bis zum Augenblicke des Erwachens waren keine Träume da, sie haben sich alle in den Moment des Erwachens zusammengedrängt. Bis zum Erwachen des vernünftigen Bewußtseins war kein Leben da, die Vorstellung von dem vergangenen Leben ist beim Erwachen des vernünftigen Bewußtseins entstanden.

Der Mensch hat während seiner Kindheit wie ein Tier gelebt und hat nichts vom Leben gewußt. Hätte der Mensch nur zehn Monate lang gelebt, so hätte er weder von seinem eigenen Leben, noch von irgend einem anderen Leben etwas gewußt, er hätte eben so wenig vom Leben gewußt, als wenn er im Mutterleibe gestorben wäre. Und nicht nur das Kind, auch der unvernünftige Erwachsene und der vollständige Idiot können nichts davon wissen, daß sie leben und daß andere Wesen leben. Und deshalb haben sie auch kein menschliches Leben.

Das menschliche Leben beginnt erst bei dem Erwachen des vernünftigen Bewußtseins, – des Bewußtseins, das dem Menschen gleichzeitig sein Leben in der Gegenwart wie in der Vergangenheit und das Leben anderer Persönlichkeiten offenbart, und alles, was unvermeidlich aus den Beziehungen dieser Persönlichkeiten entsteht, Leiden und Tod, – des Bewußtseins, das in ihm die Verleugnung des Wohles des persönlichen Lebens hervorbringt und den Widerspruch, der, wie er meint, sein Leben hemmt.

Der Mensch will sein Leben durch die Zeit bestimmen, wie er alles ihm sichtbare Dasein außerhalb seines Ichs bestimmt, und plötzlich erwacht in ihm ein Leben, das nicht mit der Zeit seiner leiblichen Geburt zusammenfällt, und er will nicht glauben, daß das, was nicht durch die Zeit bestimmt wird, Leben sein kann. Wie sehr aber der Mensch auch in der Zeit nach dem Punkte suchen mag, von dem aus er den Anfang seines vernünftigen Lebens rechnen könnte, er wird ihn nimmer finden.[6]

In seiner Erinnerung wird er diesen Punkt, diesen Anfang seines vernünftigen Bewußtseins nie finden. Er hat die Vorstellung, als wäre dieses vernünftige Bewußtsein immer in ihm gewesen. Wenn er aber auch etwas dem Anfange dieses Bewußtseins

---

[6] Man kann alle Tage Betrachtungen hören über die Entstehung und Entwicklung des menschlichen Lebens und des Lebens überhaupt — in der Zeit. Die Leute, die so urteilen, meinen, sie stünden auf dem grundfesten Boden der Wirklichkeit, und dennoch giebt es nichts Phantastischeres als Betrachtungen über die Entwicklung des Lebens in der Zeit. Diese Betrachtungen erinnern an einen Menschen, der die Länge einer Linie bestimmen wollte und das Maß nicht an dem einen ihm bekannten Punkte, auf dem er steht, anlegen, sondern auf der unendlichen Linie in verschiedenen für ihn unbestimmten Entfernungen eingebildete Punkte nehmen und von diesen aus den Raum bis zu sich ausmessen würde. Handeln die Menschen nicht ganz ebenso, wenn sie über die Entstehung und Entwicklung des Lebens im Menschen sprechen? In der That, wo soll man auf dieser endlosen Linie, als welche die Entwicklung des Lebens des Menschen — aus der Vergangenheit heraus — sich darstellt, jenen willkürlichen Punkt annehmen, von dem aus man die phantastische Geschichte der Entwicklung dieses Lebens anfangen könnte: in der Geburt oder in der Zeugung des Kindes oder seiner Eltern oder noch weiter zurück, in dem ursprünglichen Tiere, im Protoplasma, in dem ersten von der Sonne abgelösten Stücke? Alle diese Betrachtungen werden ja die willkürlichsten Phantasieen sein — ein Messen ohne Maß.

Ähnliches findet, so findet er es keineswegs in seiner leiblichen Geburt, sondern in einer Sphäre, die nichts mit dieser leiblichen Geburt gemein hat. Er erkennt seine vernünftige Abstammung als eine durchaus andere an, denn seine leibliche Geburt. Wenn der Mensch sich die Frage nach der Entstehung seines vernünftigen Bewußtseins vorlegt, stellt er sich niemals vor, daß er als vernünftiges Wesen der Sohn seines Vaters, seiner Mutter und der Enkel seiner in dem und dem Jahre geborenen Großeltern ist, er bekennt sich vielmehr, nicht als Sohn, sondern als in eins verschmolzen mit dem Bewußtsein vernünftiger Wesen, die nach Zeit und Ort ihm gänzlich fremd sind, die dermaleinst vor Jahrtausenden am anderen Ende der Welt gelebt haben mögen. In seinem vernünftigen Bewußtsein sieht der Mensch sogar gar keine Entstehung seines Ichs, sondern er erkennt seine außerhalb der Zeit und des Raumes liegende Verschmelzung mit anderen vernünftigen Wesen an, so daß diese in ihn übergehen und er in sie. Dieses in dem Menschen erwachte vernünftige Bewußtsein ist es auch, das jenes Scheinleben gleichsam hemmt, das von irrenden Menschen für das Leben angesehen wird; die irrenden Menschen meinen, ihr Leben gerate just in dem Moment ins Stocken, in dem es erwacht.

―――

VIII.
ES EXISTIERT KEIN ZWIESPALT UND KEIN WIDERSPRUCH;
ER SCHEINT NUR ZU EXISTIEREN BEI DER IRRLEHRE.

Nur die Irrlehre vom menschlichen Leben als tierischer Existenz von der Geburt bis zum Tode, in der die Menschen auferzogen und erhalten werden, bringt jenen quälenden Zustand des Zwiespalts hervor, in den die Menschen geraten, sobald ihr vernünftiges Bewußtsein sich ihnen offenbart.

Der Mensch, der in diesem Irrtume befangen ist, glaubt, es spalte sich das Leben in ihm.

Der Mensch weiß, daß sein Leben ein einziges ist, er empfindet es aber als ein doppeltes. Wenn ein Mensch zwei Finger übereinander legt und zwischen ihnen ein Kügelchen rollt, so weiß er, daß es ein einziges Kügelchen ist, und doch fühlt er deren zwei. Etwas Ähnliches geht mit dem Menschen vor, der sich die falsche Vorstellung vom Leben angeeignet hat.

Die Vernunft des Menschen hat eine falsche Richtung eingeschlagen. Man hat ihn gelehrt, nur seine leibliche, persönliche Existenz, die nicht das Leben sein kann, als das Leben anzuerkennen.

Mit einer solchen falschen Vorstellung von einem eingebildeten Leben hat er das Leben betrachtet und hat deren zwei gesehen, – das, das er sich eingebildet hat, und das, was wirklich ist.

Ein solcher Mensch meint, die Verleugnung des Wohles der persönlichen Existenz durch das vernünftige Bewußtsein und das Verlangen nach einem anderen Wohle sei etwas Krankhaftes und Unnatürliches.

Für den Menschen aber, als vernünftiges Wesen, ist die Verleugnung der Möglichkeit eines persönlichen Wohles und Lebens die unvermeidliche Folge der Bedingungen des persönlichen Lebens und der mit ihm verbundenen Eigentümlichkeit des vernünftigen Bewußtseins. Die Verleugnung des Wohles und Lebens der Persönlichkeit ist für ein vernünftiges Wesen eine ebenso natürliche Eigenschaft seines Lebens, wie für den Vogel das Fliegen und nicht das Laufen. Wenn aber der befiederte Nestling läuft, so beweist das nicht, daß nicht das Fliegen ihm eigen wäre. Wenn wir außer uns Menschen mit unerwachtem Bewußtsein sehen, die ihr Leben in dem Wohle der Persönlichkeit wähnen, so beweist das nicht, daß es dem Menschen nicht eigen wäre, ein vernünftiges Leben zu leben. Das Erwachen des Menschen zu seinem wahren ihm eigenen Leben geht in unserer Zeit nur deshalb mit so krankhafter Anstrengung vor sich, weil die falsche Lehre der Welt die Menschen zu überzeugen trachtet, daß das Trugbild des Lebens das Leben selbst und die Offenbarung des wahren Lebens eine Störung sei.

Mit dem in das wahre Leben eintretenden Menschen geht in

unserer Welt etwas Ähnliches vor, wie mit einem Mädchen, vor dem die Eigenschaften des Weibes verborgen werden. Ein solches Mädchen würde, wenn sie die Anzeichen der geschlechtlichen Reife verspürt, den Zustand, der sie zum künftigen Familienleben mit Mutterpflichten und -freuden beruft, für einen krankhaften und unnatürlichen Zustand halten, der sie zur Verzweiflung bringen würde.

Eine ähnliche Verzweiflung machen die Menschen unserer Welt bei den ersten Anzeichen des Erwachens zum wahren menschlichen Leben durch.

Ein Mensch, in dem das vernünftige Bewußtsein erwacht ist, der aber zu gleicher Zeit sein Leben als ein bloß persönliches auffaßt, befindet sich in demselben quälenden Zustande, in dem ein Tier sich befinden würde, das die Bewegung der Materie als sein Leben anerkennen und das Gesetz seiner Persönlichkeit nicht anerkennen würde, sondern sein Leben nur in der Unterwerfung seiner selbst unter die Gesetze der Materie sehen wollte, die auch ohne sein Zuthun sich vollziehen. Ein solches Tier würde einen quälenden inneren Widerspruch und Zwiespalt erleiden. Indem es sich nur den Gesetzen der Materie unterwerfen würde, würde es sein Leben darin sehen, zu liegen und zu atmen, seine Persönlichkeit aber würde anderes von ihm verlangen: die Ernährung seiner selbst, die Fortpflanzung seiner Gattung, – und da würde das Tier Zwiespalt und Widerspruch zu erleiden glauben. „Das Leben", würde es denken, „besteht darin, sich den Gesetzen der Schwere zu unterwerfen, d. h. sich nicht zu bewegen, zu liegen und sich den im Körper sich vollziehenden chemischen Prozessen zu unterwerfen; das thue ich nun, und dennoch muß ich mich bewegen, muß mich ernähren, muß ein Männchen oder Weibchen suchen."

Das Tier würde leiden und würde in diesem Zustande einen quälenden Widerspruch und Zwiespalt sehen. Dasselbe geht mit dem Menschen vor, der angeleitet worden ist, das niedrigste Gesetz seines Lebens, die tierische Persönlichkeit, als das Gesetz seines Lebens anzuerkennen. Das höchste Gesetz des Lebens, das Gesetz seines vernünftigen Bewußtseins, verlangt von ihm anderes, das ganze ihn umgebende Leben dagegen und die falschen Lehren halten ihn in dem trügerischen Bewußtsein fest, und er empfindet den Widerspruch und den Zwiespalt.

Wie aber das Tier, wenn es aufhören soll zu leiden, nicht das niedrigste Gesetz der Materie, sondern das Gesetz seiner Persönlichkeit als sein Gesetz anerkennen muß, wie es dieses erfüllen und die Gesetze der Materie zur Befriedigung der Ziele seiner Persönlichkeit benutzen muß, ebenso braucht auch der Mensch nur, sein Leben nicht in dem niedrigsten Gesetze der Persönlichkeit, sondern in dem höchsten Gesetze anzuerkennen, das das erste Gesetz mit einschließt, – in dem ihm in seinem vernünftigen Bewußtsein offenbarten Gesetze – und der Widerspruch wird sich lösen, die Persönlichkeit sich frei dem vernünftigen Bewußtsein unterordnen und ihm zu Diensten sein.

———

IX.

DIE GEBURT DES WAHREN LEBENS IM MENSCHEN

Wenn wir die Offenbarung des Lebens im menschlichen Wesen in der Zeit betrachten, sehen wir, daß das wahre Leben immer in dem Menschen ruht, so wie es im Keime ruht, und daß eine Zeit kommt, wo dies Leben in die Erscheinung tritt. Die Offenbarung des wahren Lebens besteht darin, daß die tierische Persönlichkeit den Menschen zu seinem Wohle hinzieht, das vernünftige Bewußtsein aber ihm die Unmöglichkeit eines persönlichen Wohles zeigt und auf ein anderes Wohl hinweist. Der Mensch blickt angestrengt nach diesem in der Ferne winkenden Wohle und vermag es nicht zu sehen; er glaubt anfangs nicht an dies Wohl und kehrt zum persönlichen Wohle zurück; das vernünftige Bewußtsein aber, das sein Wohl so unbestimmt zeigt, beweist so unzweifelhaft und so überzeugend die Unmöglichkeit des persönlichen Wohles, daß der Mensch dem persönlichen Wohle von neuem entsagt und wieder nach jenem neuen Wohle ausschaut, das sich ihm zeigt. Das vernünftige Wohl ist nicht zu sehen, das persönliche Wohl aber ist so unzweifelhaft vernichtet, daß es unmöglich ist, eine persönliche Existenz fortzuführen; und s o bildet sich in dem Menschen eine neue Beziehung zwischen seinem tierischen und seinem vernünftigen Bewußtsein. Der Mensch beginnt zum wahren menschlichen Leben geboren zu werden.

Es geht etwas Ähnliches vor, wie in der Welt der Materie bei jeder Geburt. Die Frucht wird geboren, nicht weil sie geboren werden will, nicht weil es für sie besser ist, geboren zu werden, und weil sie weiß, daß es für sie gut ist, geboren zu werden, sondern weil sie reif ist und die bisherige Existenz nicht fortführen kann; sie muß sich einem neuen Leben ergeben, nicht sowohl, weil das neue Leben sie ruft, sondern weil die Möglichkeit der früheren Existenz geschwunden ist.

Das in seiner Persönlichkeit unmerklich aufwachsende vernünftige Bewußtsein ist soweit herangewachsen, daß das Leben in der Persönlichkeit zur Unmöglichkeit wird.

Es vollzieht sich genau dasselbe, was sich bei jeder Zeugung vollzieht. Dieselbe Zerstörung des Kernes, der früheren Lebensform, und die Entstehung eines neuen Keimes, derselbe scheinbare Kampf der früheren Form des sich auflösenden Kernes und das Wachsen des Keimes; dieselbe Ernährung des Keimes auf Kosten des sich auflösenden Kernes. Der Unterschied zwischen der Geburt des vernünftigen Bewußtseins und der uns sichtbaren leiblichen Zeugung besteht für uns darin, daß wir bei der leiblichen Geburt in Zeit und Raum sehen, wodurch und wie, wann und was aus dem Keime entsteht, daß wir wissen, daß der Kern die Frucht ist, daß aus dem Kerne unter gewissen Bedingungen eine Pflanze entstehen kann, daß diese Pflanze Blüten und später Früchte tragen wird von gleicher Art wie der Kern (der ganze Kreislauf des Lebens vollzieht sich vor unseren Augen), – das Wachsen des vernünftigen Bewußtseins dagegen sehen wir nicht in der Zeit, wir sehen nicht seinen Kreislauf. Wir sehen aber das Wachsen des vernünftigen Bewußtseins und seinen Kreislauf nicht, weil wir ihn selbst vollführen: unser Leben ist nichts anderes als die Entstehung jenes für uns unsichtbaren Wesens, das in uns geboren wird, und deshalb ist es ganz unmöglich, daß wir es sehen. Wir können die Entstehung dieses neuen Wesens, dieser neuen Beziehung des vernünftigen Bewußtseins zu dem tierischen nicht sehen, ebensowenig wie der Kern das Wachstum seines Stengels sehen kann. Wenn das vernünftige Bewußtsein aus seinem verborgenen Zustande heraustritt und sich uns selbst offenbart, glauben wir einen Widerspruch zu empfinden. Es ist aber gar kein Widerspruch da, sowenig wie er im keimenden Kerne ist. Im keimenden Kerne sehen wir bloß, daß das Leben, das früher in dem Häutchen des Kernes war, jetzt bereits in seinem Keime ist. Ebenso ist auch in dem Menschen, in dem das vernünftige Bewußtsein erwacht ist, gar kein Widerspruch, sondern bloß die Geburt eines neuen Wesens, einer neuen Beziehung des vernünftigen Bewußtseins zu dem tierischen.

Wenn der Mensch existiert, ohne zu wissen, daß andere Persönlichkeiten leben, ohne zu wissen, daß die Genüsse ihn nicht befriedigen, daß er sterben wird, – dann weiß er nicht einmal, daß er lebt, und es giebt keinen Widerspruch in ihm.

Wenn aber der Mensch gesehen hat, daß die anderen Persönlichkeiten die gleichen sind wie er, daß ihm Leiden drohen, daß sein Dasein ein langsamer Tod ist; wenn sein vernünftiges Bewußtsein die Existenz seiner Persönlichkeit aufzulösen beginnt, dann kann er sein Leben nicht mehr in diese aufgelöste Persönlichkeit setzen, sondern muß es unvermeidlich in jenem neuen Leben suchen, das sich vor ihm aufthut. Und wiederum giebt es keinen Widerspruch, wie es keinen Widerspruch giebt in dem Kerne, der schon den Keim entwickelt und sich deshalb auflöst.

X.
Die Vernunft ist das von dem Menschen anerkannte Gesetz, nach dem sein Leben sich vollziehen muß.

Das wahre Leben des Menschen, das in der Beziehung seines vernünftigen Bewußtseins zu seiner tierischen Persönlichkeit sich offenbart, beginnt erst dann, wenn die Verleugnung des Wohles der tierischen Persönlichkeit beginnt. Die Verleugnung des Wohles der tierischen Persönlichkeit beginnt dann, wenn das vernünftige Bewußtsein erwacht. Was aber ist dieses vernünftige Bewußtsein?

Das Evangelium Johannis beginnt damit, daß das Wort „Logos" (Logos – die Vernunft, die Weisheit, das Wort) der Anfang ist, und daß alles in ihm und alles von ihm ist, und daß deshalb die Vernunft, – das, was alles übrige erklärt, – durch nichts erklärt werden kann.

Die Vernunft kann nicht erklärt werden; wir brauchen sie aber auch nicht zu erklären, weil wir sie nicht nur alle kennen, sondern weil die Vernunft das einzige ist, was wir kennen. Indem wir miteinander verkehren, sind wir im vorhinein davon überzeugt, – mehr als von allem anderen, – daß wir alle dieser uns gemeinsamen Vernunft gleich verpflichtet sind. Wir sind überzeugt, daß gerade die Vernunft jene alleinige Grundlage ist, die uns Lebende alle vereint. Die Vernunft kennen wir sicherer und früher als alles, so daß wir alles, was wir in der Welt kennen, nur deshalb kennen, weil das von uns Erkannte mit den Gesetzen dieser Vernunft übereinstimmt, die wir genau kennen. Wir kennen die Vernunft, und es ist uns unmöglich, sie nicht zu kennen. Unmöglich, weil die Vernunft das Gesetz ist, nach dem notwendig die vernünftigen Wesen – die Menschen – leben müssen. Die Vernunft ist für den Menschen das Gesetz, nach dem sein Leben sich vollzieht, – ein ebensolches Gesetz, wie für das Tier das Gesetz, nach dem es sich ernährt und fortpflanzt, wie für die Pflanzen das Gesetz, nach dem das Gras, der Baum wächst und blüht, wie für die Himmelskörper das Gesetz, nach dem die Erde und die Gestirne sich bewegen. Und das Gesetz, das wir in uns selbst als das Gesetz unseres Lebens kennen, ist dasselbe Gesetz, nach dem sich alle äußeren Erscheinungen der Welt vollziehen, nur mit dem Unterschiede, daß wir in uns dieses Gesetz kennen als das, was wir selbst vollziehen müssen, in den äußeren Erscheinungen hingegen als das, was sich nach diesem Gesetze vollzieht ohne unsere Beteiligung. Alles, was wir von der Welt wissen, ist nur das, was wir außer uns sehen, was in den Himmelskörpern, in den Tieren, in den Pflanzen, in der ganzen Welt vor sich geht, die Unterordnung unter die Vernunft. In der äußeren Welt sehen wir diese Unterordnung unter das Gesetz der Vernunft; in uns aber kennen wir dieses Gesetz als das, was wir selbst vollziehen müssen.

Der gewöhnliche Irrtum in Bezug auf das Leben besteht darin, daß die Unterordnung unseres tierischen Körpers unter sein Gesetz, die wir nicht vollziehen, sondern nur sehen, für das menschliche Leben gehalten wird, während dieses Gesetz unseres tierischen Körpers, mit dem unser vernünftiges Bewußtsein verbunden ist, in unserem tierischen Körper sich für uns ebenso unbewußt vollzieht, wie es sich im Baum, im Kristall und im Himmelskörper vollzieht. Aber das Gesetz unseres Lebens – die Unterordnung des tierischen Körpers unter die Vernunft – ist dasjenige Gesetz, das wir nicht sehen und nicht sehen können, weil es noch nicht vollzogen ist, sondern von uns in unserem Leben vollzogen wird. In der Erfüllung dieses Gesetzes, in der Unterordnung unserer Tierheit unter das Gesetz der Vernunft zur Erlangung des Wohles besteht eben unser Leben. Wenn wir nicht begreifen, daß unser Wohl und unser Leben in der Unterordnung unserer tierischen Persönlichkeit unter das Gesetz der Vernunft besteht, wenn wir das Wohl und die Existenz unserer tierischen Persönlichkeit für unser gesamtes Leben halten und uns von der uns vorherbestimmten Arbeit des Lebens lossagen, so bringen wir uns selbst um unser Wohl und um unser wahres Leben und setzen an dessen Stelle jene uns sichtbare Existenz unserer tierischen Thätigkeit, die unabhängig von uns sich vollzieht und die deshalb unser Leben nicht sein kann.

XI.

DIE FALSCHE RICHTUNG DES WISSENS

Der Irrtum, daß das uns sichtbare, an unserer tierischen Persönlichkeit sich vollziehende Gesetz eben das Gesetz unseres Lebens sei, ist ein sehr alter Irrtum, in den von jeher die Menschen verfallen sind und noch verfallen. Dieser Irrtum setzt, indem er den Menschen den Hauptgegenstand ihrer Erkenntnis, die Unterordnung der tierischen Persönlichkeit unter die Vernunft zur Erreichung des Wohles des Lebens verbirgt, an dessen Stelle die Erforschung der Existenz der Menschen, unabhängig von dem Wohle des Lebens.

Anstatt dies Gesetz, dem die tierische Persönlichkeit des Menschen zur Erreichung seines Wohles sich unterordnen muß, zu erforschen und, nachdem man dieses Gesetz kennen gelernt hat, auf seiner Grundlage alle übrigen Erscheinungen der Welt zu erforschen, richtet die falsche Erkenntnis ihre Bemühungen auf die Erforschung des Wohles und der Existenz der tierischen Persönlichkeit des Menschen allein, ohne jegliche Beziehung zum Hauptgegenstande des Wissens, – der Unterordnung dieser tierischen Persönlichkeit des Menschen unter das Gesetz der Vernunft, zur Erlangung des wahren Wohles des Lebens.

Die falsche Erkenntnis richtet, da sie nicht diesen Hauptgegenstand des Wissens im Auge hat, ihre Kräfte auf die Erforschung der tierischen Existenz der Menschen der Vergangenheit und der Gegenwart und auf die Erforschung der Existenzbedingungen des Menschen im allgemeinen, als eines Tieres. Sie meint, es könne aus diesen Forschungen auch die Richtschnur für das Wohl des menschlichen Lebens gefunden werden.

Die falsche Erkenntnis urteilt folgendermaßen: die Menschen existieren und haben vor uns existiert; wir wollen sehen, wie sie existiert haben, welche Veränderungen in Zeit und Raum in ihrer Existenz vorgegangen sind, welche Richtungen diese Veränderungen zeigen. Aus diesen historischen Veränderungen ihrer Existenz werden wir das Gesetz ihres Lebens finden.

Ohne den Hauptzweck des Wissens, – die Erforschung des

vernünftigen Gesetzes, dem sich die Persönlichkeit des Menschen zu seinem Wohle unterwerfen muß, – im Auge zu haben, sprechen die sogenannten Gelehrten dieser Kategorie schon durch das Ziel, das sie ihrer Forscherarbeit stecken, das Urteil über die Nichtigkeit ihrer Forschung aus. In der That: wenn die Existenz der Menschen nur infolge der allgemeinen Gesetze ihrer tierischen Existenz sich verändert, so ist die Erforschung der Gesetze, denen sie ohnehin unterworfen ist, vollkommen nutzlos und müßig. Ob die Leute über das Gesetz der Veränderung ihrer Existenz etwas wissen oder nicht, das Gesetz vollzieht sich ebenso, wie sich die Veränderung im Leben der Maulwürfe und der Biber als Folge der Bedingungen vollzieht, in denen sie sich befinden. Wenn für den Menschen aber die Kenntnis des vernünftigen Gesetzes, dem sein Leben unterworfen sein muß, möglich ist, so ist es einleuchtend, daß er die Kenntnis dieses Gesetzes der Vernunft nirgends anders schöpfen kann als da, wo es ihm offenbar wird: in seinem vernünftigen Bewußtsein. Und soviel die Menschen auch erforschen mögen, auf welche Weise die Menschen als Tiere existiert haben, über die Existenz des Menschen werden sie nichts erfahren, was nicht in den Menschen vorgeht auch ohne diese Kenntnis; und niemals, soviel sie auch die tierische Existenz des Menschen erforschen mögen, werden sie das Gesetz erkennen, dem um des Wohles seines Lebens willen die tierische Existenz des Menschen untergeordnet sein muß.

Dieses ist die eine Kategorie der müßigen Betrachtungen der Menschen über das Leben, die man die historischen und politischen Wissenschaften nennt.

Die andere Kategorie in unserer Zeit ganz besonders verbreiteter Betrachtungen, bei denen der alleinige Gegenstand der Erkenntnis vollkommen aus den Augen gelassen wird, ist die: wenn wir den Menschen als Gegenstand der Beobachtung betrachten, – sagen die Gelehrten, – so sehen wir, daß er sich ebenso nährt, wächst, fortpflanzt, altert und stirbt, wie jedes Tier; aber manche Erscheinungen – psychische (wie sie sie nennen) – verhindern die Genauigkeit der Beobachtungen, bieten zu komplizierte Verhältnisse, und darum wollen wir, um den Menschen besser zu verstehen, sein Leben zunächst in den einfacheren Erscheinungen betrachten, die denen ähnlich sind, die wir an den Tieren und Pflanzen sehen, die diese psychische Thätigkeit nicht kennen. Wir wollen also das Leben der Tiere und Pflanzen im Allgemeinen betrachten. Wenn wir nun aber die Tiere und Pflanzen betrachten, sehen wir, daß in ihnen allen die ihnen allen gemeinsamen, noch einfacheren Gesetze der Materie sich offenbaren. Und da die Gesetze des Lebens der Tiere einfacher sind, als die Gesetze des Lebens der Menschen, und die Gesetze der Pflanzen noch einfacher, die Gesetze der Materie aber noch einfacher, so müssen wir unsere Forschungen auf die allereinfachsten Gesetze gründen – auf die Gesetze der Materie. Wir sehen, daß das, was in der Pflanze und in dem Tiere vorgeht, genau ebenso in dem Menschen vorgeht, – sagen sie, – und deshalb folgern wir, daß alles, was in dem Menschen vorgeht, uns auch aus dem klar werden wird, was in der allereinfachsten uns sichtbaren und unseren Versuchen zugänglichen toten Materie vorgeht, um so mehr, als alle Eigentümlichkeiten der Thätigkeit des Menschen sich in fortwährender Abhängigkeit von den in der Materie wirkenden Kräften befinden. Jede Veränderung der Materie, die den Körper des Menschen bildet, verändert und stört seine ganze Thätigkeit. Und darum – schließen sie – sind die Gesetze der Materie die Ursachen der Thätigkeit des Menschen. Die Erwägung aber, daß es in dem Menschen etwas giebt, was wir weder in den Tieren noch in den Pflanzen noch in der toten Materie sehen, und daß dieses Etwas eben der alleinige Zweck der Erkenntnis ist, ohne den jede andere Erkenntnis nutzlos ist, diese Erwägung macht sie durchaus nicht irre.

Es kommt ihnen gar nicht in den Sinn, daß, wenn die Veränderung der Materie im Körper des Menschen seine Thätigkeit stört, dieses nur ein Beweis dafür ist, daß die Veränderung der Materie eine der Ursachen ist, die die Thätigkeit des Menschen stören, durchaus aber nicht dafür, daß die Bewegung der Materie die Ursache der Thätigkeit des Menschen wäre. Ebenso wie der Schaden, den die Entfernung der Erde von den Wurzeln einer Pflanze zur Folge hat, niemals beweist, daß die Pflanze nur ein Erzeugnis der Erde ist. Und sie erforschen in dem Menschen das, was auch in der toten Materie, in der Pflanze, im Tiere vorgeht, in der Voraussetzung, daß die Klarlegung der Gesetze der Erscheinungen, die das Leben des Menschen begleiten, das Leben des Menschen selbst erklären könne.

Um das Leben des Menschen, d. h. das Gesetz zu verstehen, dem um des Wohles des Menschen willen seine tierische Persönlichkeit unterworfen sein muß, untersuchen die Leute entweder die historische Existenz, nicht aber das Leben des Menschen, oder die dem Menschen nicht bewußte, sondern ihm bloß sichtbare Unterordnung des Tieres, der Pflanze und der Materie unter verschiedene Gesetze – d. h. sie thun dasselbe, was Leute thäten, die die Stellung ihnen unbekannter Gegenstände erforschen wollten, um das unbekannte Ziel zu finden, das sie verfolgen müssen.

Vollkommen richtig ist es, daß die Kenntnis der uns sichtbaren Offenbarung der Existenz der Menschen in der Geschichte für uns lehrreich sein kann; daß auch die Erforschung der Gesetze der tierischen Persönlichkeit des Menschen und anderer Tiere lehrreich für uns sein kann, daß auch die Erforschung der Gesetze, denen die Materie selbst unterworfen ist, lehrreich sein mag. Die Erforschung alles dessen ist für den Menschen wichtig, da sie ihm, wie im Spiegelbilde, das zeigt, was sich notwendig in seinem Leben vollzieht; es ist aber einleuchtend, daß die Kenntnis dessen, was mit uns, uns schon sichtbar, vorgeht, so vollständig sie sein mag, uns nicht jene wichtigste Kenntnis geben kann, deren wir bedürfen, – die Kenntnis des Gesetzes, dem unsere tierische Persönlichkeit um unseres Wohles willen unterworfen sein muß. Die Kenntnis der sich vollziehenden Gesetze ist für uns lehrreich, aber nur dann, wenn wir das Gesetz der Vernunft anerkennen, dem unsere tierische Persönlichkeit unterworfen sein muß, nicht aber dann, wenn wir dieses Gesetz gar nicht anerkennen.

Wie gut der Baum (auch wenn er es könnte) alle jene chemischen und physischen Erscheinungen, die in ihm vorgehen, erforscht haben möge, er könnte nie und nimmer aus diesen Beobachtungen und Kenntnissen die Notwendigkeit für sich folgern, Säfte zu sammeln und sie auf das Wachstum des Stammes, des Blattes, der Blüte und der Frucht zu verteilen.

Ebenso ist es mit dem Menschen; so gut er auch das Gesetz, das seine tierische Persönlichkeit beherrscht, und die Gesetze, die die Materie beherrschen, kennen mag, – diese Gesetze geben ihm nicht die geringste Anleitung dafür, wie er mit dem Stücke Brot, das er in Händen hat, zu verfahren habe: ob er es seiner Frau, ob einem Fremden, ob einem Hunde geben oder ob er es selbst aufessen soll; ob er dies Stück Brot gegen Andre verteidigen, ob er es dem geben soll, der ihn darum bittet. Das menschliche Leben aber besteht nur in der Lösung dieser und ähnlicher Fragen.

Die Kenntnis der Gesetze, die die Existenz der Tiere, der Pflanzen und der Materie regieren, ist nicht nur nützlich, sie ist auch notwendig zur Erklärung des Gesetzes des Lebens des Menschen, aber nur dann, wenn diese Kenntnis den Hauptzweck der menschlichen Erkenntnis zum Ziele hat: die Aufhellung des Gesetzes der Vernunft.

Bei der Annahme aber, daß das Leben des Menschen nur seine tierische Existenz ist, daß das Wohl, auf das das vernünftige Bewußtsein hinweist, unmöglich und das Gesetz der Vernunft nur ein Trugbild ist, wird eine solche Kenntnis nicht nur zu einer durchaus müßigen, sondern auch zu einer schädlichen, indem sie vor dem Menschen den alleinigen Zweck seiner Erkenntnis verbirgt und ihn in dem Irrtum erhält, daß die Untersuchung des Schattenbilds des Gegenstands ihn zur Kenntnis des Gegenstands selber führen kann. Eine solche Kenntnis erinnert an einen Menschen, der alle Veränderungen und Bewegungen des Schattens eines lebenden Wesens erforschen würde, in der Annahme, daß die Ursache der Bewegung des lebenden Wesens in den Veränderungen und Bewegungen seines Schattens liege.

———

XII.

DIE URSACHE DES FALSCHEN WISSENS IST DIE FALSCHE PERSPEKTIVE, IN DER DIE GEGENSTÄNDE ERSCHEINEN.

Das wahre Wissen besteht darin, zu wissen, daß wir das wissen, was wir wissen, und das nicht wissen, was wir nicht wissen, – hat Confucius gesagt. Das falsche darin, zu glauben, daß wir das wissen, was wir nicht wissen, und das nicht wissen, was wir wissen. Und eine genauere Definition jenes falschen Wissens, das unter uns herrscht, kann man nicht geben. Das falsche Wissen unserer Zeit setzt voraus, daß wir das wissen, was wir nicht wissen können, und daß wir das nicht wissen können, was wir einzig und allein wissen. Der Mensch mit dem falschen Wissen meint, er wisse alles, was ihm im Raum und in der Zeit sichtbar wird, und daß er das nicht weiß, was ihm in seinem vernünftigen Bewußtsein bekannt ist.

Ein solcher Mensch meint, daß das Wohl im Allgemeinen und sein eigenes Wohl für ihn der unerforschlichste Gegenstand sei. Als ein fast gleich unerforschlicher Gegenstand erscheint ihm seine Vernunft, sein vernünftiges Bewußtsein; als ein etwas leichter erforschlicher Gegenstand erscheint er sich selbst, als Tier; als noch leichter erforschliche Gegenstände erscheinen ihm die Tiere und die Pflanzen, und als das am leichtesten Erforschliche erscheint ihm die tote endlos ausgebreitete Materie.

Etwas Ähnliches geht mit dem Gesichtssinn des Menschen vor. Der Mensch richtet unbewußt seinen Blick stets auf die entferntesten Gegenstände, die ihm deshalb nach Farbe und Umrissen als die allereinfachsten erscheinen: auf den Himmel, den Horizont, auf ferne Felder und Wälder. Diese Gegenstände erscheinen um so bestimmter und einfacher, je weiter sie entfernt sind, und umgekehrt: je näher ein Gegenstand ist, um so komplizierter sind seine Umrisse und seine Farbe.

Wenn der Mensch die Entfernung der Gegenstände nicht zu bestimmen verstünde, wenn er nicht mit seiner Sehkraft die Gegenstände in der Perspektive ordnen würde, sondern die größere Einfachheit und Genauigkeit der Umrisse und der Farbe des

Gegenstands als einen höheren Grad der Sichtbarkeit auffassen würde, so würde einem solchen Menschen als der einfachste und sichtbarste Gegenstand der unendliche Himmel erscheinen, und danach würden ihm als weniger sichtbare Gegenstände die komplizierteren Umrisse des Horizontes erscheinen, dann als noch weniger sichtbare die nach Farbe und Umrissen noch komplizierteren Häuser und Bäume, dann als noch weniger sichtbar die Hand vor den eigenen Augen, und als am allerwenigsten sichtbar das Licht erscheinen.

Ist es denn nicht ganz dasselbe mit dem falschen Wissen des Menschen? Das, was ihm unzweifelhaft bekannt ist, – sein vernünftiges Bewußtsein – erscheint ihm unerkennbar, weil es nicht einfach ist, das aber, was für ihn zweifellos unergründlich ist – die grenzenlose und ewige Materie – das erscheint ihm als das Erkennbarste, weil es ihm durch seine Entfernung von ihm einfach erscheint.

Und es ist doch gerade umgekehrt. Vor allem und am allersichersten kann jeder Mensch das Wohl kennen, nach dem er strebt, und er kennt es auch; nach diesem kennt er ebenso sicher die Vernunft, die ihn auf dieses Wohl hinweist; danach erst kennt er seine, dieser Vernunft unterworfene Tierheit, und dann erst sieht er – kennt aber nicht – alle anderen ihm im Raume und in der Zeit sich darstellenden Erscheinungen.

Nur ein Mensch mit einer falschen Vorstellung vom Leben meint, daß er die Gegenstände um so besser kennt, je genauer sie durch Raum und Zeit bestimmt werden; in Wirklichkeit aber kennen wir vollkommen nur das, was weder durch Raum noch durch Zeit bestimmt wird, – das Wohl und das Gesetz der Vernunft. Die Gegenstände außer uns aber kennen wir um so weniger, je weniger unser Bewußtsein an dieser Erkenntnis beteiligt ist, infolge dessen der Gegenstand nur durch seine Stellung in Raum und Zeit bestimmt wird. Je ausschließlicher daher ein Gegenstand durch Raum und Zeit bestimmt wird, um so weniger erkennbar (begreifbar) ist er für den Menschen.

Das wahre Wissen des Menschen beschränkt sich auf die Erkenntnis seiner Persönlichkeit, seiner Tierheit. Diese seine Tierheit, die nach dem Wohle strebt und die dem Gesetze der Vernunft unterworfen ist, kennt der Mensch vollkommen, besonders durch die Kenntnis alles dessen, was nicht seine Persönlichkeit ist. Er kennt sich wirklich in dieser Tierheit, und kennt sich nicht deshalb, weil er etwas Räumliches und Zeitliches ist (im Gegenteil: als zeitliche und räumliche Erscheinung kann er sich nie erkennen), sondern weil er ein Etwas ist, das um seines Wohles willen dem Gesetze der Vernunft unterworfen sein muß. Er kennt sich in dieser Tierheit als etwas von Zeit und Raum Unabhängiges. Wenn er sich fragt, welche Stellung er in der Zeit und im Raume einnimmt, so scheint es ihm anfänglich, als stünde er inmitten der nach beiden Seiten hin unendlichen Zeit und als sei er das Zentrum einer Kugel, deren Oberfläche überall und nirgends ist. Und eben dieses außerzeitliche und außerräumliche Ich kennt der Mensch wirklich, und bei diesem seinem Ich hört sein wirkliches Wissen auf. Alles, was sich außerhalb dieses seines Ichs befindet, kennt der Mensch nicht, er kann es nur beobachten und äußerlich und bedingt bestimmen.

Indem der Mensch sich für eine gewisse Zeit von der Kenntnis seines Ichs als eines nach dem Wohle strebenden vernünftigen Zentrums, d. i. als eines außerzeitlichen und außerräumlichen Wesens, lossagt, kann er für eine gewisse Zeit bedingt zugeben, daß er ein Teil der sichtbaren Welt sei, der sich im Raume und in der Zeit offenbart. Indem der Mensch sich also – im Raume und in der Zeit – im Zusammenhang mit den anderen Wesen betrachtet, vereinigt er seine wahre innere Kenntnis seines Ichs mit der äußeren Beobachtung seines Ichs und erhält von sich eine Vorstellung wie von dem Menschen im Allgemeinen, der allen anderen Menschen gleicht; durch diese bedingte Kenntnis seiner selbst erhält der Mensch auch von den anderen Menschen eine gewisse äußere Vorstellung, kennt sie aber nicht.

Die wahre Kenntnis der Menschen ist für den Menschen schon darum eine Unmöglichkeit, weil er solcher Menschen nicht einen einzelnen sieht, sondern Hunderte und Tausende, und weil er weiß, daß es Menschen giebt und gegeben hat und geben wird, die er nie gesehen hat und nie sehen wird.

Hinter diesen Menschen, noch weiter von sich entfernt, sieht der Mensch im Raume und in der Zeit Tiere, die sich von den Menschen und untereinander unterscheiden. Diese Wesen wären ihm vollkommen unverständlich, wenn er keine Kenntnis von den Menschen überhaupt besäße; da er aber diese Kenntnis besitzt und von dem Begriffe des Menschen dessen vernünftiges Bewußtsein abstrahiert, erhält er auch eine gewisse Vorstellung von den Tieren; diese Vorstellung jedoch kommt für ihn noch weniger einer Kenntnis gleich, als seine Vorstellung von den Menschen überhaupt. Tiere der allerverschiedensten Art sieht er schon eine sehr große Zahl, und je größer ihre Zahl ist, um so weniger ist es natürlich für ihn möglich, sie zu erkennen.

Weiter von sich sieht er die Pflanzen, und immer größer ist die Verbreitung dieser Erscheinungen in der Welt und immer unmöglicher wird es ihm, sie zu kennen.

Noch weiter von sich entfernt, hinter den Tieren und Pflanzen, sieht der Mensch im Raume und in der Zeit leblose Körper und nur wenig oder gar nicht mehr zu unterscheidende Formen der Materie. Die Materie begreift er schon am wenigsten von allem. Für die Formen der Materie fehlt ihm schon ganz das Unterscheidungsvermögen, er kennt sie nicht nur nicht, er denkt sie sich nur – um so mehr, als ihm die Materie im Raume und in der Zeit schon unendlich erscheint.

————

XIII.

DIE ERKENNBARKEIT DER GEGENSTÄNDE WIRD GRÖSSER NICHT INFOLGE IHRER ERSCHEINUNG IN RAUM UND ZEIT, SONDERN INFOLGE DER EINHEIT DES GESETZES, DEM WIR UND DIE GEGENSTÄNDE, DIE WIR ERFORSCHEN, UNTERWORFEN SIND.

Was kann verständlicher sein als die Worte: dem Hunde thut es weh; das Kalb ist zärtlich – es liebt mich; der Vogel freut sich, das Pferd hat Angst, ein guter Mensch, ein böses Tier? Und alle diese überaus wichtigen und verständlichen Worte werden nicht durch den Raum und durch die Zeit bestimmt, im Gegenteil: je unverständlicher uns das Gesetz ist, dem die Erscheinung unterworfen ist, um so genauer wird die Erscheinung durch den Raum und durch die Zeit bestimmt. Wer kann sagen, daß er das Gesetz der Schwere begreift, nach dem die Bewegung von Sonne, Mond und Erde sich vollzieht? Und doch ist die Sonnenfinsternis auf das genaueste durch Raum und Zeit festgestellt.

Vollkommen kennen wir nur unser Leben, unser Streben nach dem Wohle und die Vernunft, die uns auf dieses Wohl hinweist. Die in Bezug auf Zuverlässigkeit nun folgende Kenntnis ist die Kenntnis unserer nach dem Wohle strebenden und dem Gesetze der Vernunft unterworfenen tierischen Persönlichkeit. In der Kenntnis unserer tierischen Persönlichkeit treten bereits räumliche und zeitliche Bedingungen in die Erscheinung, sichtbare, fühlbare, unserer Beobachtung zugängliche, unserem Verständnisse aber unzugängliche Bedingungen. Die der Zuverlässigkeit nachfolgende Kenntnis ist die Kenntnis ebensolcher tierischen Persönlichkeiten wie wir selbst, in denen wir das mit uns gemeinsame Streben nach dem Wohle und das mit uns gemeinsame vernünftige Bewußtsein erkennen. Je mehr das Leben dieser Persönlichkeiten sich den Gesetzen unseres Lebens, dem Streben nach dem Wohle und der Unterwerfung unter das Gesetz der Vernunft nähert, um so mehr kennen wir sie; je mehr es sich hingegen in räumlichen und zeitlichen Bedingungen kundgiebt, um soviel weniger kennen wir sie. Also kennen wir am besten die Menschen. Die ihrer Zuverlässigkeit nachfolgende Kenntnis ist unsere Kenntnis der Tiere, in denen wir zwar eine, der unseren gleichende, nach dem Wohle strebende Persönlichkeit wahrnehmen, aber das unserem vernünftigen Bewußtsein Ähnliche kaum noch erkennen, und mit denen wir nicht mehr durch dieses vernünftige Bewußtsein verkehren können. Nach den Tieren sehen wir die Pflanzen, in denen wir nur noch mit Mühe eine uns ähnliche nach dem Wohle strebende Persönlichkeit erkennen. Diese Wesen stellen sich uns auch vorzugsweise als zeitliche und räumliche Erscheinungen dar und sind deshalb unserer Kenntnis noch weniger zugänglich.

Wir kennen sie bloß deshalb, weil wir in ihnen eine Persönlichkeit sehen, die unserer tierischen Persönlichkeit ähnlich ist, und die ebenso wie die unsere nach dem Wohle strebt und die Materie dem in ihr sich offenbarenden Gesetze der Vernunft in den Bedingungen von Raum und Zeit unterwirft.

Noch weniger sind die unpersönlichen materiellen Gegenstände unserer Kenntnis zugänglich; in ihnen finden wir bereits nichts mehr unserer Persönlichkeit Ähnliches, sehen wir gar kein Streben nach dem Wohle, sondern bloß die zeitlichen und räumlichen Kundgebungen der Gesetze der Vernunft, denen sie sich unterwerfen.

Die Wahrhaftigkeit unserer Kenntnis hängt nicht von der Möglichkeit der Beobachtung des Gegenstands in Raum und Zeit ab, sondern im Gegenteil: je leichter die Offenbarung des Gegenstands im Raume und in der Zeit sich der Beobachtung darbietet, um so weniger verständlich ist sie für uns.

Unsere Kenntnis der Welt entspringt dem Bewußtsein unseres Strebens nach dem Wohle und der Notwendigkeit, zur Erreichung dieses Wohles unsere Tierheit der Vernunft zu unterwerfen. Wenn wir das Leben des Tieres kennen, so kommt das nur daher, daß wir auch im Tiere das Streben nach dem Wohle und die Notwendigkeit sehen, sich dem Gesetze der Vernunft, das sich in ihm als ein Gesetz des Organismus darstellt, zu unterwerfen.

Wenn wir die Materie kennen, so kennen wir sie bloß deshalb, weil wir in ihr, trotzdem uns ihr Wohl unverständlich ist, dieselbe Erscheinung sehen wie in uns selbst – die Notwendigkeit der Unterordnung unter das Gesetz der Vernunft, das sie regiert.

Die Kenntnis jedes beliebigen Gegenstandes ist die Übertragung unserer Erkenntnis: daß das Leben ein Streben nach dem Wohle ist, das durch die Unterordnung unter das Gesetz der Vernunft erreicht wird, auf andere Gegenstände.

Uns können wir nicht aus den Gesetzen kennen lernen, die die Tiere beherrschen, wohl aber lernen wir die Tiere nur aus dem Gesetze kennen, das wir in uns kennen. Und um so weniger können wir uns erkennen aus den auf die Erscheinungen der Materie übertragenen Gesetzen unseres Lebens.

Alles, was der Mensch von der Außenwelt kennt, kennt er nur, weil er sich kennt und in sich drei verschiedene Beziehungen zu der Welt findet: die eine ist die Beziehung seines vernünftigen Bewußtseins, die zweite die Beziehung seiner Tierheit und die dritte die Beziehung der Materie, die den Körper seiner Tierheit ausmacht. Er kennt in sich diese drei verschiedenen Beziehungen, und deshalb ordnet sich alles, was er in der Welt sieht, vor ihm stets in der Perspektive dreier voneinander getrennter Felder: 1. die vernünftigen Wesen, 2. die Tiere und Pflanzen und 3. die leblose Materie.

Der Mensch sieht stets diese drei Kategorien von Gegenständen in der Welt, weil er selbst diese drei Gegenstände der Erkenntnis in sich schließt. Er kennt sich 1. als ein vernünftiges Bewußtsein, das sich das Tier unterwirft, 2. als ein Tier, das dem vernünftigen Bewußtsein unterworfen ist und 3. als die Materie, die dem Tiere unterworfen ist.

Nicht aus der Erkenntnis der Gesetze der Materie, wie man glaubt, können wir das Gesetz der Organismen erkennen, und nicht aus dem Erkennen des Gesetzes der Organismen können wir uns selbst als vernünftige Wesen erkennen, sondern umgekehrt. Vor allem können und sollen wir uns selbst, d. h. dasjenige Gesetz der Vernunft erkennen, dem um unseres Wohles willen unsere Persönlichkeit unterworfen sein muß, und dann erst können und sollen wir auch das Gesetz unserer tierischen Persönlichkeit und ihr ähnlicher Persönlichkeiten und in noch weiterer Entfernung von uns die Gesetze der Materie erkennen.

Wir sollen nur uns selbst kennen, und wir kennen nur uns selbst. Die Tierwelt ist für uns schon ein Widerschein dessen, was wir in uns selbst kennen. Die materielle Welt ist schon gleichsam der Widerschein vom Widerschein.

Uns erscheinen die Gesetze der Materie nur deshalb besonders klar, weil sie für uns einförmig sind, weil sie dem von uns anerkannten Gesetze unseres Lebens besonders ferne stehen.

Die Gesetze der Organismen scheinen uns einfacher als das

Gesetz unseres Lebens auch nur durch ihre Entfernung von uns. Aber auch in ihnen beobachten wir bloß die Gesetze, kennen sie jedoch nicht, wie wir das Gesetz unseres vernünftigen Bewußtseins kennen, das wir unvermeidlich vollziehen. Weder die eine noch die andere Existenz kennen wir, wir sehen sie bloß, wir beobachten sie außer uns. Nur das Gesetz unseres vernünftigen Bewußtseins kennen wir unzweifelhaft, weil wir seiner zu unserem Wohle bedürfen, weil wir durch dieses Bewußtsein leben; wir sehen es jedoch deshalb nicht, weil wir nicht den höheren Punkt haben, von dem aus wir es beobachten könnten.

Nur wenn es höhere Wesen gäbe, die sich unser vernünftiges Bewußtsein ebenso unterwerfen würden, wie sich unser vernünftiges Bewußtsein unsere tierische Persönlichkeit unterwirft und wie die tierische Persönlichkeit (der Organismus) sich die Materie unterwirft, könnten diese höheren Wesen unser vernünftiges Leben so sehen, wie wir unsere tierische Existenz und die Existenz der Materie sehen.

Das menschliche Leben erscheint als untrennbar verbunden mit zwei Formen der Existenz, die es in sich einschließt: die Existenz der Tiere und Pflanzen (Organismen) und die Existenz der Materie.

Sein wahres Leben schafft der Mensch selbst, er durchlebt es selbst; an jenen zwei Formen der Existenz aber, die mit seinem Leben verknüpft sind, kann der Mensch nicht teilnehmen. Der Körper und die Materie, die ihn bildet, existieren durch sich selbst.

Diese Formen der Existenz erscheinen dem Menschen gleichsam als vorausgegangene durchlebte Leben, die in sein Leben mit eingeschlossen sind, gleichsam als Erinnerungen an vergangene Leben.

In dem wahren Leben des Menschen bilden diese zwei Formen der Existenz für ihn das Werkzeug und das Material seiner Arbeit, nicht aber seine Arbeit selbst.

Es ist dem Menschen nützlich, das Material und das Werkzeug seiner Arbeit kennen zu lernen. Je besser er sie erkennt, um so besser wird er imstande sein zu arbeiten. Die Erlernung dieser in sein Leben mit eingeschlossenen Formen der Existenz seines Tieres und der Materie, die das Tier bildet, – zeigt dem Menschen im Wiederscheine das allgemeine Gesetz alles Existierenden – die Unterwerfung unter das Gesetz der Vernunft – und bestärkt ihn dadurch in der Notwendigkeit der Unterwerfung seiner Tierheit unter ihr Gesetz; der Mensch aber darf und soll das Material und das Werkzeug seiner Arbeit nicht mit seiner Arbeit selbst verwechseln.

Wieviel der Mensch auch das sichtbare greifbare Leben, das er in sich und anderen beobachtet, erforschen mag, – das Leben, das ohne seine Bemühungen sich vollzieht, dieses Leben wird für ihn stets ein Geheimnis bleiben; er wird nie infolge dieser Beobachtungen dieses ihm nicht bewußte Leben verstehen und wird durch die Beobachtung dieses geheimnisvollen Lebens, das sich vor ihm stets in der Unendlichkeit des Raumes und der Zeit verbirgt, auf keine Weise sein wahres Leben erleuchten, das ihm in seinem Bewußtsein offenbart ist und das in der Unterwerfung seiner ganz besonderen und ihm selbst genau bekannten tierischen Persönlichkeit unter ein ganz besonderes und ihm ganz genau bekanntes Gesetz der Vernunft zur Erreichung seines ganz besonderen und ihm ganz genau bekannten Wohles besteht.

––––––

XIV.
DAS WAHRE LEBEN DES MENSCHEN IST NICHT DAS,
WAS IM RAUME UND IN DER ZEIT VOR SICH GEHT.

Das Leben kennt der Mensch in sich als das Streben nach dem Wohle, das durch die Unterwerfung seiner tierischen Persönlichkeit unter das Gesetz der Vernunft erreicht werden kann.

Ein anderes menschliches Leben kennt er nicht und kann er nicht kennen. Der Mensch erkennt ja das Tier nur dann als lebend an, wenn die Materie, aus der es besteht, nicht nur ihren Gesetzen, sondern auch dem höheren Gesetze des Organismus unterworfen ist.

Ist in einer gewissen Verbindung der Materie eine Unterwerfung unter das höhere Gesetz des Organismus, – so erkennen wir in dieser Verbindung der Materie Leben an; ist sie nicht, hat diese Unterwerfung noch nicht begonnen oder hat sie bereits aufgehört, so fehlt auch das, was diese Materie von der ganzen übrigen Materie, in der die alleinigen mechanischen, chemischen und physischen Gesetze wirken, scheidet, und wir erkennen in ihr das tierische Leben nicht an.

Ebenso erkennen wir Menschen, die uns ähnlich sind und uns selbst nur dann als lebend an, wenn unsere tierische Persönlichkeit, außer der Unterwerfung unter das Gesetz des Organismus, auch noch dem höheren Gesetze des vernünftigen Bewußtseins unterworfen ist.

Sobald diese Unterwerfung der Persönlichkeit unter das Gesetz der Vernunft fehlt, sobald in dem Menschen bloß das Gesetz der Persönlichkeit thätig ist, das die Materie, aus der sie gebildet ist, sich unterwirft, kennen und sehen wir auch kein menschliches Leben, weder in anderen noch in uns, wie wir auch kein tierisches Leben in der Materie sehen, die sich bloß ihren eigenen Gesetzen unterwirft.

Wie heftig und rasch die Bewegungen der Materie im Fieber, im Wahnsinn oder in der Agonie, in der Trunkenheit, selbst im Ausbruche der Leidenschaft sein mögen, – wir erkennen den Menschen nicht als lebend an, wir verhalten uns zu ihm nicht wie zu einem lebenden Menschen und erkennen in ihm bloß die Möglichkeit des Lebens an. Wie schwach und unbeweglich dagegen auch ein Mensch sein mag – wenn wir sehen, daß seine tierische Persönlichkeit der Vernunft unterworfen ist, so erkennen wir ihn als lebend an und verhalten uns zu ihm in diesem Sinne.

Das menschliche Leben können wir nicht anders verstehen, denn als die Unterwerfung der tierischen Persönlichkeit unter das Gesetz der Vernunft.

Dieses Leben äußert sich in der Zeit und im Raume, es wird aber nicht durch zeitliche und räumliche Bedingungen bestimmt, sondern nur durch den Grad der Unterwerfung der tierischen Persönlichkeit unter die Vernunft. Das Leben durch zeitliche und räumliche Bedingungen bestimmen wäre dasselbe wie die Höhe eines Gegenstandes durch seine Länge und Breite bestimmen.

Die Aufwärtsbewegung eines Gegenstandes, der sich zugleich auf ebener Erde bewegt, wird das genaue Abbild des Verhältnisses des wahren menschlichen Lebens zum Leben der tierischen Persönlichkeit sein, oder des wahren Lebens zum zeitlichen und räumlichen Leben. Die Aufwärtsbewegung eines Gegenstandes hängt nicht von seiner Bewegung auf ebener Fläche ab und kann durch diese Bewegung in der Ebene weder vermehrt noch vermindert werden. Ähnlich ist es mit der Bestimmung des menschlichen Lebens. Das wahre Leben offenbart sich immer in der Persönlichkeit, es hängt jedoch durchaus nicht von dieser oder jener Existenz der Persönlichkeit ab und kann durch diese weder vermehrt noch verringert werden.

Die zeitlichen und räumlichen Bedingungen, unter denen die tierische Persönlichkeit des Menschen steht, können nicht auf das wahre Leben einwirken, das in der Unterwerfung der tierischen Persönlichkeit unter das vernünftige Bewußtsein besteht.

Es liegt außerhalb der Macht des Menschen, der zu leben wünscht, die räumliche und zeitliche Bewegung seiner Existenz zu vernichten, sie zu hemmen; aber sein wahres Leben ist die Erringung des Wohles durch die Unterwerfung unter die Vernunft, unabhängig von diesen sichtbaren räumlichen und zeitlichen Bewegungen. Nur in diesem immer größeren und größeren Erringen des Wohles durch die Unterwerfung unter die Vernunft besteht eben das, was das menschliche Leben ausmacht. Fehlt dieses Zunehmen der Unterwerfung, – so zieht sich das menschliche Leben in den zwei sichtbaren Richtungen des Raumes und der Zeit hin und ist ein bloßes Dasein. Ist die Aufwärtsbewegung da, diese immer mehr und mehr zunehmende Unterwerfung unter die Vernunft, so entsteht ein Verhältnis zwischen zwei

Kräften und einer, und es vollzieht sich eine größere oder geringere Bewegung in der Resultante, die die Existenz des Menschen in den Bereich des Lebens emporhebt.

Die räumlichen und zeitlichen Kräfte sind bestimmte, endliche, mit dem Begriffe des Lebens unvereinbare Kräfte; die Kraft des Strebens nach dem Wohle durch die Unterwerfung unter die Vernunft aber ist eine Kraft, die aufwärts hebt, – ist die Lebenskraft selbst, für die es weder zeitliche noch räumliche Grenzen giebt.

Dem Menschen dünkt, als ob sein Leben gehemmt werde und sich teile, aber diese Hemmungen und Schwankungen sind bloß Täuschungen des Bewußtseins (ähnlich den Täuschungen äußerer Empfindungen). Es giebt keine Hemmungen und Schwankungen des wahren Lebens und kann keine geben: wir glauben nur, sie zu sehen bei einer falschen Ansicht des Lebens.

Der Mensch beginnt das wahre Leben zu leben, d. h. er erhebt sich auf eine gewisse Höhe über das tierische Leben und erblickt von dieser Höhe her das Trügerische seiner tierischen Existenz, die unvermeidlich mit dem Tode endet; er sieht, daß seine Existenz auf der ebenen Fläche von allen Seiten durch Abgründe abgeschnitten wird, und da er nicht erkennt, daß dieses Aufwärtsschwingen das Leben selbst ist, erschrickt er vor dem, was er von der Höhe herab erblickt. Anstatt in der ihm offenbarten Richtung vorwärts zu gehen, nachdem er die Kraft, die ihn in die Höhe erhebt, als sein Leben erkannt hat, erschrickt er vor dem, was sich ihm von der Höhe herab aufthut, steigt absichtlich hernieder und duckt sich möglichst tief, um die Abgründe nicht zu sehen, die sich vor ihm aufthun. Aber die Kraft des vernünftigen Bewußtseins hebt ihn abermals aufwärts; wieder schaut er, wieder erschrickt er, und um nicht zu sehen, wirft er sich wieder zur Erde nieder. Und dies dauert solange, bis er zuletzt einsieht, daß er, um sich von der Furcht vor der ihn fortreißenden Bewegung des untergehenden Lebens zu befreien, begreifen muß, daß seine Bewegung auf ebener Fläche – seine räumliche und zeitliche Existenz – nicht sein Leben ist, sondern daß sein Leben nur in der Bewegung aufwärts besteht, daß nur in der Unterwerfung seiner

Persönlichkeit unter das Gesetz der Vernunft die Möglichkeit des Wohles und des Lebens enthalten ist. Er muß begreifen, daß er Flügel hat, die ihn über den Abgrund erheben, daß er, wenn diese Flügel nicht wären, sich nie in die Höhe erheben und nie die Abgründe sehen würde. Er muß an seine Flügel glauben und dorthin fliegen, wohin sie ihn tragen.

Nur aus diesem Mangel an Glauben entstehen auch jene ihm anfangs sonderbar vorkommenden Erscheinungen der Schwankungen des wahren Lebens, seiner Hemmung und des Zwiespalts des Bewußtseins.

Nur der Mensch, der sein Leben in der tierischen, durch Raum und Zeit bestimmten Existenz begreift, glaubt, daß das vernünftige Bewußtsein sich zeitweise in der tierischen Existenz offenbart habe. Und wenn er so die Offenbarung des vernünftigen Bewußtseins in sich betrachtet, fragt sich der Mensch, wann und unter welchen Bedingungen sein vernünftiges Bewußtsein sich in ihm offenbart habe. Wie sehr aber der Mensch auch seine Vergangenheit durchforschen mag, er wird nie die Zeiten dieser Offenbarungen des vernünftigen Bewußtseins finden; es kommt ihm stets so vor, als sei es entweder nie oder immer dagewesen. Wenn er das Gefühl hat, daß es Unterbrechungen des vernünftigen Bewußtseins gegeben habe, so ist das bloß deshalb, weil er das Leben des vernünftigen Bewußtseins nicht als das Leben anerkennt. Indem er sein Leben bloß als die tierische Existenz versteht, die durch räumliche und zeitliche Bedingungen bestimmt wird, will der Mensch das Erwachen und die Thätigkeit des vernünftigen Bewußtseins mit demselben Maße messen: er fragt sich: wann, wie lange, unter welchen Bedingungen habe ich mich im Besitze des vernünftigen Bewußtseins befunden? Die Unterbrechungen aber in der Thätigkeit des vernünftigen Bewußtseins existieren nur für den Menschen, der sein Leben als das Leben der tierischen Persönlichkeit versteht. Für den Menschen jedoch, der sein Leben in dem erkennt, worin es wirklich besteht, – in der Thätigkeit des vernünftigen Bewußtseins – kann es Unterbrechungen nicht geben.

Das vernünftige Leben ist. Nur dieses ist. Unterbrechungen

von einer Minute oder 50.000 Jahren sind ihm vollkommen gleichgültig, weil es keine Zeit kennt. Das wahre Leben des Menschen, – das, aus dem er sich den Begriff über jedes andere Leben bildet, – ist das Streben nach dem Wohle, das durch die Unterwerfung seiner Persönlichkeit unter das Gesetz der Vernunft erreicht wird. Weder die Vernunft, noch der Grad der Unterwerfung unter diese werden durch den Raum oder durch die Zeit bestimmt. Das wahre Leben des Menschen vollzieht sich außerhalb des Raumes und der Zeit.

––––––

XV.
DEM WOHLE DER TIERISCHEN PERSÖNLICHKEIT ENTSAGEN – IST DAS GESETZ DES MENSCHLICHEN LEBENS.

Das Leben ist das Streben nach dem Wohle. Das Streben nach dem Wohle ist das Leben. So haben alle Menschen das Leben aufgefaßt, so fassen sie es auf und so werden sie es immer auffassen. Und darum ist das Leben des Menschen das Streben nach dem menschlichen Wohle, und das Streben nach dem menschlichen Wohle ist eben das menschliche Leben. Die Menge der nicht denkenden Menschen sieht das Wohl des Menschen in dem Wohle seiner tierischen Persönlichkeit.

Die falsche Wissenschaft sieht das Leben in der tierischen Existenz, indem sie den Begriff des Wohles aus der Bestimmung des Lebens ausschließt, sie erkennt deshalb das Wohl des Lebens nur in dem tierischen Wohle und stimmt mit dem Irrtume der Menge überein.

In dem einen wie in dem anderen Falle entsteht der Irrtum aus der Verwechslung der Persönlichkeit, der Individualität, wie die Wissenschaft es nennt, mit dem vernünftigen Bewußtsein. Die Persönlichkeit aber schließt das vernünftige Bewußtsein nicht in sich ein. Die Persönlichkeit ist eine Eigenschaft des Tieres und des Menschen als eines Tieres. Das vernünftige Bewußtsein ist die Eigenschaft des Menschen allein.

Das Tier kann einzig für seinen Körper leben – nichts hindert es, so zu leben; es befriedigt seine Persönlichkeit und dient unbewußt seiner Gattung und weiß nichts davon, daß es eine Persönlichkeit ist; der vernünftige Mensch aber kann nicht bloß für seinen Körper leben. Er kann nicht so leben, weil er weiß, daß er eine Persönlichkeit ist, und darum weiß er, daß auch andere Wesen ebensolche Persönlichkeiten sind, wie er, und weiß, was sich aus den Beziehungen dieser Persönlichkeiten ergeben muß.

Wenn der Mensch nur nach dem Wohle seiner Persönlichkeit streben, nur sich selbst, seine Persönlichkeit, lieben würde, so würde er nicht wissen, daß andere Wesen sich auch lieben, wie es auch die Tiere nicht wissen; wenn der Mensch aber weiß, daß er eine Persönlichkeit ist, die danach strebt, wonach auch alle ihn umgebenden Persönlichkeiten streben, so kann er nicht mehr nach jenem Wohle streben, das sein vernünftiges Bewußtsein als Übel erkennt, dann kann sein Leben nicht mehr in dem Streben nach dem Wohle der Persönlichkeit bestehen. Nur glaubt der Mensch manchmal, sein Streben nach dem Wohle habe die Befriedigung der Bedürfnisse seiner tierischen Persönlichkeit zum Zwecke. Diese Täuschung kommt daher, daß der Mensch das, was er in seiner Tierheit vorgehen sieht, für den Zweck der Thätigkeit seines vernünftigen Bewußtseins ansieht. Der Vorgang gleicht der Handlung eines Menschen, der im wachen Zustande sich durch das leiten ließe, was er im Traume sieht.

Und wird diese Täuschung durch falsche Lehren unterstützt, dann findet in dem Menschen die Verwechslung der Persönlichkeit mit dem vernünftigen Bewußtsein statt.

Aber das vernünftige Bewußtsein zeigt dem Menschen stets, daß die Befriedigung der Bedürfnisse seiner tierischen Persönlichkeit nicht sein Wohl und darum nicht sein Leben sein kann, und zieht ihn unaufhaltsam zu jenem Wohle und darum zu jenem Leben hin, das ihm eigen ist und das nicht seiner tierischen Persönlichkeit innewohnt.

Man denkt und sagt gewöhnlich, dem Wohle der Persönlichkeit zu entsagen ist eine Heldenthat, ein Verdienst des Menschen. Dem Wohle der Persönlichkeit zu entsagen ist kein Verdienst, keine Heldenthat, sondern eine notwendige Bedingung des Lebens des Menschen. Sobald der Mensch sich als eine von der ganzen Welt abgesonderte Persönlichkeit anerkennt, erkennt er zu gleicher Zeit auch die anderen Persönlichkeiten als von der ganzen Welt abgesondert, erkennt ihre Zusammengehörigkeit und das Trügerische des Wohles seiner Persönlichkeit, und als einziges wirkliches Wohl nur das, was sein vernünftiges Bewußtsein zu befriedigen vermag.

Für das Tier ist eine Thätigkeit, die nicht das Wohl der Persönlichkeit zum Zwecke hat, sondern diesem Zwecke gerade entgegengesetzt ist, eine Verleugnung des Lebens, für den Menschen aber ist es gerade umgekehrt. Die Thätigkeit des Menschen, die nur auf die Erreichung des Wohles der Persönlichkeit gerichtet ist, ist eine vollständige Verleugnung des menschlichen Lebens.

Für das Tier, das kein vernünftiges Bewußtsein besitzt, das ihm die Armseligkeit und Endlichkeit seiner Existenz zeigt, ist das Wohl der Persönlichkeit und die aus ihm hervorgehende Fortpflanzung der Gattung der Persönlichkeit der höchste Zweck des Lebens. Für den Menschen dagegen ist die Persönlichkeit jene Stufe der Existenz, von der aus sich ihm das wahre Wohl seines Lebens offenbart, das nicht mit dem Wohle seiner Persönlichkeit zusammenfällt.

Das Bewußtsein der Persönlichkeit ist für den Menschen nicht das Leben, sondern die Grenze, an der sein Leben beginnt, das in einem immer größeren und größeren Erringen des ihm eigenen Wohles besteht, das von dem Wohle der tierischen Persönlichkeit unabhängig ist.

Nach der allgemein gültigen Ansicht über das Leben ist das menschliche Leben ein Zeitabschnitt von der Geburt bis zum Tode seiner Tierheit. Das ist aber nicht das menschliche Leben; das ist nur die Existenz des Menschen als einer tierischen Persönlichkeit. Das menschliche Leben aber ist etwas, das nur in der tierischen Existenz zur Erscheinung kommt, ebenso wie das organische Leben etwas ist, was nur in der Existenz der Materie zur Erscheinung kommt.

Dem Menschen stellen sich vor allem die sichtbaren Ziele seiner Persönlichkeit als die Ziele seines Lebens dar. Diese Ziele sind sichtbar, und darum erscheinen sie begreiflich.

Die Ziele dagegen, auf die ihn sein vernünftiges Bewußtsein hinweist, erscheinen unbegreiflich, weil sie unsichtbar sind. Und der Mensch scheut sich anfangs, auf das Sichtbare zu verzichten und sich dem Unsichtbaren hinzugeben.

Dem durch die falschen Lehren der Welt irregeführten Menschen scheinen die tierischen Forderungen, die sich von selbst vollziehen und die ihm an sich und an anderen sichtbar sind, einfach und klar, die neuen unsichtbaren Forderungen des vernünftigen Bewußtseins dagegen stellen sich ihm als jenen entgegengesetzt dar; ihre Befriedigung, die nicht von selbst geschieht, die er vielmehr selbst vollziehen muß, erscheint als etwas Kompliziertes und Unklares. Beängstigend und bedrückend ist es, der sichtbaren Vorstellung vom Leben zu entsagen und sich seinem unsichtbaren Bewußtsein hinzugeben, wie es dem Kinde beängstigend und bedrückend wäre, geboren zu werden, wenn es seine Geburt fühlen könnte, – da hilft aber nichts, da es doch einleuchtet, daß die sichtbare Vorstellung zum Tode führt, das unsichtbare Bewußtsein dagegen allein das Leben giebt.

———

XVI.
DIE TIERISCHE PERSÖNLICHKEIT IST EIN WERKZEUG DES LEBENS.

Keinerlei Betrachtungen können dem Menschen jene augenscheinliche unzweifelhafte Wahrheit verhüllen, daß seine persönliche Existenz etwas ununterbrochen Vergehendes, dem Tode Zustrebendes ist und daß deshalb in seiner tierischen Persönlichkeit Leben nicht enthalten sein kann.

Der Mensch kann nicht umhin, zu sehen, daß die Existenz seiner Persönlichkeit von seiner Geburt und Kindheit an bis zum Alter und dem Tode nichts anderes ist als ein fortwährender Verbrauch und eine fortwährende Verminderung dieser tierischen Persönlichkeit, die mit dem unvermeidlichen Tode endigt; und darum muß das Bewußtsein seines Lebens in der Persönlichkeit, das den Wunsch nach der Vergrößerung und der Unzerstörbarkeit seiner Persönlichkeit in sich schließt, ein unaufhörlicher Widerspruch sein und der Verbrauch der Kräfte muß ein Übel sein, da der einzige Sinn seines Lebens das Streben nach dem Wohle ist.

Worin auch das wahre Wohl des Menschen bestehen mag, der Verzicht auf das Wohl seiner tierischen Persönlichkeit ist für ihn unvermeidlich.

Der Verzicht auf das Wohl der tierischen Persönlichkeit ist das Gesetz des menschlichen Lebens. Wenn es nicht frei erfüllt wird, indem es sich in der Unterwerfung unter das vernünftige Bewußtsein äußert, so vollzieht es sich in jedem Menschen mit Gewalt bei dem Tode seiner Tierheit, wenn er unter der Wucht der Leiden nur eines wünscht: sich von dem qualvollen Bewußtsein der vergehenden Persönlichkeit zu befreien und in eine andere Form des Daseins überzugehen.

Der Eintritt des Menschen in das Leben und sein Leben selbst ist dem Schicksal eines Pferdes ähnlich, das sein Herr aus dem Stalle führt und anspannt. Das Pferd, das aus dem Stalle herauskommt und das Licht erblickt und die Freiheit wittert, meint, in dieser Freiheit bestehe das Leben; nun wird es aber eingespannt und angetrieben. Es fühlt die Last hinter sich, und wenn es denkt, daß sein Leben darin besteht, frei herumzulaufen, beginnt es um sich zu schlagen, fällt hin und schlägt sich manchmal auch tot. Schlägt es sich aber nicht tot, so bleiben ihm nur zwei Auswege: entweder wird es sich in Bewegung setzen und die Last fahren und wird sehen, daß die Last nicht schwer und das Fahren keine Qual, sondern eine Freude ist, oder es wird nicht gehorchen, und dann wird sein Herr es zu dem umgestürzten Rade führen, wird es mit dem Fangriemen an die Mauer binden, das Rad wird sich unter ihm zu drehen beginnen, und es wird im Dunkeln im Kreise umhergehen; es wird dabei leiden, aber seine Kräfte werden nicht nutzlos verschwendet werden; das Pferd wird seine unfreiwillige Arbeit vollbringen und das Gesetz wird sich auch an ihm erfüllen. Der einzige Unterschied wird der sein, daß das eine Pferd mit Freuden, das andere widerwillig und unter Qualen arbeiten wird.

„Wozu aber diese Persönlichkeit, deren Wohle ich, der Mensch, entsagen muß, um das Leben zu erhalten", – sagen die Leute, die ihre tierische Existenz als das Leben anerkennen. Wozu ward dem Menschen dieses Bewußtsein der Persönlichkeit, die der Offenbarung seines wahren Lebens widerstrebt?

Diese Frage läßt sich mit einer ähnlichen Frage beantworten, die das Tier stellen könnte, das nach seinem Ziele, der Erhaltung seines Lebens und seiner Gattung, strebt.

Wozu, würde es fragen, diese Materie und ihre Gesetze, mechanische, physische, chemische und andere, mit denen ich den Kampf führen muß, um zu meinen Zielen zu gelangen? „Wenn meine Bestimmung", würde das Tier sagen, „die Verwirklichung des Lebens des Tieres ist, wozu dann alle diese Hindernisse, die ich überwinden muß?"

Es ist uns klar, daß die ganze Materie und ihre Gesetze, gegen die das Tier ankämpft und die es sich unterwirft, für die Existenz der Persönlichkeit des Tieres nicht Hindernisse, sondern Mittel zur Erreichung seiner Ziele sind. Nur durch die Verarbeitung der Materie und vermittels ihrer Gesetze lebt das Tier. Genau so ist es mit dem Leben des Menschen. Die tierische Persönlichkeit, in der der Mensch sich antrifft und die er seinem vernünftigen Bewußtsein zu unterwerfen berufen ist, ist kein Hindernis, sondern ein Mittel, durch das er die Ziele seines Strebens erreicht: die tierische Persönlichkeit ist für den Menschen das Werkzeug, mit dem er arbeitet. Die tierische Persönlichkeit ist für den Menschen der Spaten, der dem vernünftigen Wesen gegeben ist, damit er mit ihm grabe, ihn beim Graben stumpf mache und wieder schärfe, den er verbrauchen, nicht aber abputzen und aufbewahren soll. Das ist das Talent, das ihm ward, daß er es vermehre, nicht daß er es aufbewahre. „Wer aber sein Leben erhalten will, der wird es verlieren. Wer aber sein Leben verliert um meinetwillen, der wird es erlangen." In diesen Worten ist gesagt, daß man nicht aufbewahren kann, was vergehen muß und unaufhörlich vergeht, und daß wir nur durch den Verzicht auf das, was vergehen wird und vergehen muß, auf unsere tierische Persönlichkeit, unser wahres Leben erhalten, das nicht vergeht und nicht vergehen kann. Es ist gesagt, daß unser wahres Leben erst dann beginnt, wenn wir aufhören, das als Leben zu betrachten, was für uns nicht das Leben sein kann – unsere tierische Existenz. Es ist gesagt, daß der Mensch, der den Spaten aufbewahren wird, den er hat, um sich die Nahrung zu verschaffen, die sein Leben erhält, dadurch, daß er den Spaten aufbewahrt, Nahrung und Leben verlieren wird.

XVII.
DIE GEBURT DURCH DEN GEIST

„Ihr müsset von neuem geboren werden" hat Christus gesagt. Nicht, daß jemand dem Menschen befohlen hätte, geboren zu werden, sondern der Mensch ist notwendigerweise dazu gebracht worden. Um das Leben zu haben, muß er in diesem Dasein von neuem geboren werden – durch das vernünftige Bewußtsein.

Dem Menschen ist das vernünftige Bewußtsein gegeben, damit er das Leben sehe in dem Wohle, das sich ihm durch sein vernünftiges Bewußtsein offenbart. Wer in diesem Wohle das Leben sieht, der besitzt das Leben; wer dagegen das Leben nicht in diesem Wohle sieht, sondern in dem Wohle der tierischen Persönlichkeit, der bringt sich eben dadurch um das Leben. Darin besteht die Erklärung, die Christus vom Leben gegeben hat.

Die Menschen, die ihr Streben nach dem Wohle der Persönlichkeit als das Leben anerkennen, hören diese Worte, glauben aber nicht an sie, nein, sie verstehen sie gar nicht, sie können sie nicht verstehen. Ihnen erscheinen diese Worte entweder als nichtssagende oder als sehr wenig sagende, als Worte, die eine gewisse gemachte sentimentale und mystische Stimmung bezeichnen, wie sie sich gern ausdrücken. Sie können die Bedeutung dieser Worte, die die Bezeichnung eines ihnen unerreichbaren Zustandes ausdrücken, nicht begreifen, ebensowenig wie ein trockener nicht keimender Same den Zustand eines durchfeuchteten und bereits keimenden Samens begreifen kann. Für den trockenen Kern ist die Sonne, die aus diesen Worten auf den zum Leben erstehenden Samen scheint, bloß eine nichtssagende Zufälligkeit, bloß etwas mehr Wärme und etwas mehr Licht; für den keimenden Samen ist sie die Ursache seiner Geburt zum Leben. Ebenso ist auch für die Menschen, die noch nicht bis zu dem inneren Widerspruche der tierischen Persönlichkeit mit dem vernünftigen Bewußtsein gelangt sind, das Licht der Sonne der Vernunft nur eine nichtssagende Zufälligkeit, sentimentale, mystische Worte. Die Sonne ruft nur die ins Leben, in denen schon ein Keim des Lebens ruht.

Darüber aber, wie, weshalb, wann, wo es entsteht, nicht nur im Menschen, sondern auch im Tier und in der Pflanze, darüber hat nie jemand etwas erfahren. Über seine Entstehung im Menschen hat Christus gesagt, niemand wisse es und niemand könne es wissen.

Und in der That: was kann der Mensch davon wissen, wie das Leben in ihm entsteht? Das Leben ist das Licht der Menschen, das Leben ist das Leben – der Anfang aller Dinge; wie kann also der Mensch wissen, wie es entsteht? Für den Menschen entsteht und vergeht, was nicht lebt, das, was in Raum und Zeit sich offenbart. Das wahre Leben aber ist, und darum kann es für den Menschen weder entstehen noch vergehen.

———

XVIII.

WAS DAS VERNÜNFTIGE BEWUßTSEIN FORDERT

Ja, das vernünftige Bewußtsein sagt dem Menschen unzweifelhaft, unwiderleglich, daß es bei der Einrichtung der Welt, die er aus seiner Persönlichkeit heraus sieht, für ihn, für seine Persönlichkeit, ein Wohl nicht geben kann. Sein Leben ist der Wunsch nach seinem, gerade nach seinem Wohle, und er sieht, daß dieses Wohl unmöglich ist. Aber eigentümlich: trotzdem er unzweifelhaft sieht, daß dieses Wohl für ihn nicht möglich ist, lebt er dennoch nur durch den Wunsch nach diesem unmöglichen Wohle – dem Wohle für sich allein.

Der Mensch, in dem das vernünftige Bewußtsein erwacht, eben erwacht ist, sich aber die tierische Persönlichkeit noch nicht unterworfen hat, lebt, wenn er sich nicht tötet, bloß, um dieses unmögliche Wohl zu verwirklichen; der Mensch lebt und handelt nur, damit er das Wohl für sich allein erringe, damit alle Menschen und sogar alle Wesen nur darum leben und handeln, daß es ihm allein wohlergehe, daß er Genuß habe, daß es für ihn keine Leiden und keinen Tod gebe.

Merkwürdig: trotzdem die eigne Erfahrung und die eigne Beobachtung des Lebens aller ihn Umgebenden und die Vernunft jedem Menschen unzweifelhaft die Unerreichbarkeit dessen beweisen, obwohl sie ihm zeigen, daß es unmöglich ist, die anderen lebenden Wesen dazu zu zwingen, daß sie aufhören, sich selbst zu lieben, um nur ihn allein zu lieben, – trotzdem besteht das Leben eines jeden Menschen nur darin, andere Wesen durch Reichtum, Macht, Ehre, Ruhm, Schmeichelei, Betrug oder sonstwie zu zwingen, nicht für sich, sondern für ihn allein zu leben – alle Wesen zu zwingen, nicht sich selbst, sondern ihn allein zu lieben.

Die Menschen haben alles gethan und thun alles, was sie können, um diesen Zweck zu erreichen, und sehen zu gleicher Zeit, daß sie das Unmögliche thun. „Mein Leben ist das Streben nach dem Wohle", sagt sich der Mensch. „Das Wohl ist für mich nur möglich, wenn alle mich mehr lieben als sich selbst; alle Wesen aber lieben nur sich, folglich ist alles, was ich thue, um sie zu zwingen, mich zu lieben, nutzlos. Es ist nutzlos; und doch kann ich etwas anderes nicht thun."

Jahrhunderte vergehen: die Menschen erkennen die Entfernung der Gestirne, bestimmen ihr Gewicht, erkennen die Beschaffenheit der Sonne und der Sterne, aber die Frage danach, wie die Forderungen des persönlichen Wohles mit dem Leben der Welt, das die Möglichkeit dieses Wohles ausschließt, in Einklang zu bringen seien, bleibt für die Mehrzahl der Menschen eine ebenso unentschiedene Frage, wie sie es für die Menschen vor 5000 Jahren war.

Das vernünftige Bewußtsein sagt jedem Menschen: ja, du kannst das Wohl besitzen, aber nur dann, wenn alle dich mehr lieben werden als sich selbst. Und dasselbe vernünftige Bewußtsein zeigt dem Menschen, daß dies nicht sein kann, weil alle nur sich selbst lieben. Und darum wird das einzige Wohl, welches sich dem Menschen durch das vernünftige Bewußtsein eröffnet, durch dieses selbst wieder vor ihm verschlossen.

Jahrhunderte vergehen, und das Rätsel vom Wohle des menschlichen Lebens bleibt für die Mehrzahl der Menschen ein unlösbares Rätsel. Und dabei ist das Rätsel längst, längst gelöst. Und allen denen, die die Lösung erfahren, erscheint es immer merkwürdig, daß sie es nicht selbst erraten haben, – es kommt ihnen vor, als hätten sie es längst gewußt, und hätten es nur vergessen; so einfach, so von selbst drängt sich die Lösung des Rätsels auf, das so schwierig erschienen war inmitten der falschen Lehren unserer Welt.

Du willst, daß alle für dich leben, daß alle dich mehr lieben als sich selbst? Es giebt nur einen Zustand, bei dem dein Wunsch erfüllt werden kann. Das ist ein Zustand, in dem alle Wesen für das Wohl der anderen leben und die anderen mehr lieben würden als sich selbst. Nur dann würdest du und würden alle Wesen von allen geliebt werden, dann würden alle und du mit ihnen eben das Wohl erlangen, das du wünschest. Wenn aber das Wohl für dich nur dann möglich ist, wenn alle Wesen die anderen mehr lieben als sich, so mußt auch du, lebendes Wesen, die anderen Wesen mehr lieben als dich selbst.

Nur unter dieser Bedingung ist das Wohl und das Leben des Menschen möglich und nur unter dieser Bedingung wird auch das zu nichte gemacht, was das Leben des Menschen vergiftet hat, – der Kampf der Wesen, die Qual der Leiden und die Furcht vor dem Tode.

In der That: was macht das Wohl der persönlichen Existenz unmöglich? Erstens der Kampf, den die Wesen, die ihr persönliches Wohl suchen, untereinander führen. Zweitens die Täuschung des Genusses, der zur Abnützung des Lebens, zur Übersättigung, zum Leiden führt, und drittens – der Tod. Man braucht aber nur in Gedanken zuzugeben, daß der Mensch an die Stelle des Strebens nach dem Wohle seiner Persönlichkeit das Streben nach dem Wohle der anderen Wesen setzen kann, und die Unmöglichkeit des Wohles schwindet, und das Wohl erscheint dem Menschen erreichbar. Da der Mensch die Welt von seiner Vorstellung über das Leben aus betrachtete – als das Streben nach dem persönlichen Wohle, sah er in der Welt den unvernünftigen Kampf einander vernichtender Wesen. Der Mensch braucht jedoch nur sein Leben in dem Streben nach dem Wohle anderer zu erkennen, um in der Welt etwas ganz anderes zu erblicken, um neben den zufälligen Erscheinungen des Kampfes der Wesen das fortwährende Einander-Dienen dieser Wesen zu erblicken, – ein Dienen, ohne das die Existenz der Welt undenkbar ist.

Man braucht nur dies zuzugeben, und die ganze frühere unverständige, auf das unerreichbare Wohl der Persönlichkeit gerichtete Thätigkeit wandelt sich in eine andere mit dem Gesetze der Welt übereinstimmende und auf Erringung des größtmöglichen Wohles des eignen Ichs und der ganzen Welt gerichtete Thätigkeit.

Eine andere Ursache der Armseligkeit des persönlichen Lebens und der Unmöglichkeit des Wohles für den Menschen war: das Trügerische der Genüsse der Persönlichkeit, die das Leben verbraucht und zur Übersättigung und zu Leiden geführt haben.

Der Mensch braucht nur sein Leben in dem Streben nach dem Wohle anderer zu erkennen, und der trügerische Durst nach Genüssen verschwindet; die müßige und quälende, auf das Füllen des bodenlosen Fasses der tierischen Persönlichkeit gerichtete Thätigkeit wandelt sich in die mit den Gesetzen der Vernunft übereinstimmende Thätigkeit der Erhaltung des für sein Wohl notwendigen Lebens anderer Wesen, und an Stelle der die Thätigkeit des Lebens vernichtenden Qual des persönlichen Leidens tritt das Gefühl des Mitleids mit anderen, das unzweifelhaft eine fruchtbare und im höchsten Grade freudige Thätigkeit hervorbringt.

Die dritte Ursache der Armseligkeit des persönlichen Lebens war die Furcht vor dem Tode. Der Mensch braucht nur sein Leben nicht in dem Wohle seiner tierischen Persönlichkeit zu erkennen, sondern in dem Wohle anderer Wesen, und das Schreckbild des Todes verschwindet auf immer vor seinen Augen.

Die Furcht vor dem Tode entsteht ja nur aus der Furcht, das Wohl des Lebens durch dessen leiblichen Tod zu verlieren. Vermöchte der Mensch aber sein Wohl in dem Wohle anderer Wesen zu sehen, d. h. vermöchte er sie mehr zu lieben als sich selbst, so würde ihm der Tod nicht als das Aufhören des Wohles und des Lebens erscheinen, als welches er dem nur für sein Ich lebenden Menschen erscheint. Der Tod könnte dem für andere lebenden Menschen nicht als die Vernichtung des Wohles und des Lebens erscheinen, weil Wohl und Leben anderer Wesen nicht nur nicht vernichtet werden durch den Tod des ihnen dienenden Menschen, sondern sehr oft durch das Opfer seines Lebens sogar erhöht und verstärkt werden.

XIX.

Die Bestätigung der Forderungen
des vernünftigen Bewußtseins

„Das ist aber nicht Leben", entgegnet das empörte verirrte menschliche Bewußtsein. – „Das ist Verleugnung des Lebens, Selbstmord." „Von alledem weiß ich nichts", erwidert das vernünftige Bewußtsein, – „ich weiß, daß das Leben des Menschen ein solches ist, und daß es kein anderes giebt noch geben kann. Ich weiß mehr als das, – ich weiß, daß ein solches Leben das Leben und das Wohl ist sowohl für den Menschen, wie für die ganze Welt. Ich weiß, daß bei der früheren Anschauung von der Welt mein Leben wie das Leben alles Existierenden ein Übel und eine Sinnlosigkeit war, bei dieser Anschauung aber erscheint es als die Verwirklichung des Gesetzes der Vernunft, das dem Menschen eingepflanzt ist. Ich weiß, daß das allergrößte Wohl des Lebens eines jeden Wesens, das bis zur Unendlichkeit gesteigert werden kann, nur durch dieses Gesetz erreicht werden kann, nach dem jeder allen und darum alle jedem dienen."

„Wenn dies auch vielleicht ein Gesetz sein kann in unserer Vorstellung, so ist es doch nicht ein Gesetz der Wirklichkeit", entgegnet das empörte verirrte Bewußtsein des Menschen. „Jetzt lieben mich die anderen nicht mehr als sich selbst, und deshalb kann auch ich sie nicht mehr lieben als mich selbst, und um ihretwillen den Genüssen entsagen und mich den Leiden preisgeben. Mich geht das Gesetz der Vernunft nichts an; ich will für mich Genüsse, ich will für mich Befreiung von Leiden. Jetzt aber besteht ein Kampf der Wesen untereinander, und wenn ich allein nicht kämpfen werde, so werden mich die anderen erdrücken. Mir ist es gleichgültig, auf welche Weise in der Vorstellung die höchste Glückseligkeit erlangt wird, – ich brauche jetzt mein allerhöchstes wirkliches Wohl", spricht das falsche Bewußtsein.

„Davon weiß ich nichts", erwidert das vernünftige Bewußtsein. „Ich weiß nur, daß das, was du deine Genüsse nennst, nur dann ein Wohl für dich sein wird, wenn du sie nicht selbst nehmen, sondern wenn andere sie dir geben werden, und daß nur dann deine Genüsse zu Übersättigung und zu Leiden führen werden, wie sie es jetzt thun, wenn du selbst sie an dich reißen wirst. Nur dann wirst du dich auch von wirklichen Leiden befreien, wenn andere dich von ihnen befreien werden und nicht du selbst, – wie jetzt, wo du aus Furcht vor eingebildeten Leiden dich des Lebens selbst entäußerst."

„Ich weiß, daß das Leben der Persönlichkeit, ein Leben, bei dem es notwendig ist, daß alle mich allein lieben und ich mich allein liebe, bei dem ich möglichst viel Genüsse erringen und mich von Leiden und Tod befreien könnte, ein ungeheueres und unaufhörliches Leiden ist. Je mehr ich mich selbst lieben und gegen die anderen kämpfen werde, um so mehr wird man mich hassen und um so erbitterter wird man gegen mich kämpfen; je mehr ich mich vor den Leiden schützen werde, um so quälender werden sie sein; je mehr ich mich vor dem Tode schützen werde, um so schrecklicher wird er sein.

Ich weiß, daß der Mensch – er mag thun, was er will, – das Wohl nicht eher erlangen wird, als bis er übereinstimmend mit dem Gesetze seines Lebens leben wird. Das Gesetz seines Lebens aber ist nicht der Kampf, sondern im Gegenteil das Einander-Dienen der Wesen.

Ich kenne aber das Leben nur in meiner Persönlichkeit. Mir ist es unmöglich, mein Leben in dem Wohle anderer Wesen zu erkennen."

„Ich weiß davon nichts", sagt das vernünftige Bewußtsein, „ich weiß nur, daß mein Leben und das Leben der Welt, das mir anfangs als ein boshafter Unsinn erschien, mir jetzt als ein vernünftiges Ganzes erscheint, das lebt und durch die Unterwerfung unter das gleiche Gesetz der Vernunft, das ich in mir kenne, nach einem und demselben Wohle strebt."

„Mir aber ist dies unmöglich!" sagt das verirrte Bewußtsein. Und dabei giebt es auch keinen Menschen, der nicht eben dies Unmögliche thäte, der in eben diesem Unmöglichen nicht irgend einmal das beste Wohl seines Lebens sähe.

„Es ist unmöglich, sein Wohl in dem Wohle anderer Wesen zu sehen!" – und dennoch giebt es keinen Menschen, dem nicht ein Zustand bekannt wäre, in dem das Wohl der Wesen außerhalb seines Ichs sein Wohl ausmachte. „Es ist unmöglich, das Wohl in Mühen und Leiden für einen anderen zu sehen!" – und der Mensch braucht nur sich diesem Gefühle des Mitleids hinzugeben, und die Genüsse der Persönlichkeit verlieren ihren Reiz für ihn, und die Kraft seines Lebens geht über in die Mühen und Leiden für das Wohl anderer, und die Leiden und Mühen werden zum Wohle für ihn. „Es ist unmöglich, sein Leben dem Wohle anderer zu opfern!" – und der Mensch braucht nur dies Gefühl kennen zu lernen, so hört der Tod für ihn nicht nur auf, sichtbar und schrecklich zu sein, sondern er erscheint ihm als das höchste ihm erreichbare Wohl.

Der vernünftige Mensch kann nicht umhin, zu sehen, daß, wenn man in der Vorstellung die Möglichkeit zugiebt, an die Stelle des Strebens nach dem eigenen Wohle das Streben nach dem Wohle anderer Wesen zu setzen, sein Leben, statt wie früher ein unvernünftiges und armseliges zu sein, zu einem vernünftigen und glücklichen wird. Er kann auch nicht umhin, zu sehen, daß, wenn man dieselbe Auffassung des Lebens in anderen Menschen und Wesen zugiebt, das Leben der ganzen Welt anstatt des früher sich kundgebenden Unverstands und der Grausamkeit zu dem höchsten vernünftigen Wohle wird, das der Mensch nur ersehnen mag, und anstatt der früheren Sinn- und Zwecklosigkeit für ihn einen vernünftigen Sinn erhält: als Zweck des Lebens der Welt erscheint einem solchen Menschen die unendliche Erleuchtung und Einigung der Wesen der Welt, zu der das Leben führt und in der er anfänglich die Menschen, später aber auch alle Wesen, sich mehr und mehr dem Gesetze der Vernunft unterwerfend, begreifen werden (was zu begreifen jetzt dem Menschen allein gegeben ist), daß das Wohl des Lebens nicht durch das Streben eines jeden Wesens nach seinem persönlichen Wohle erreicht wird, sondern durch das mit dem Gesetze der Vernunft übereinstimmende Streben eines jeden Wesens nach dem Wohle aller anderen.

Doch damit nicht genug: wenn der Mensch nur die Möglichkeit der Ersetzung des Strebens nach seinem Wohle durch das

Streben nach dem Wohle anderer Wesen zugegeben hat, kann er nicht umhin, auch zu sehen, daß diese allmähliche mehr und mehr zunehmende Verleugnung seiner Persönlichkeit und die Übertragung des Zweckes seiner Thätigkeit von sich auf andere Wesen eben der ganze Fortschritt der Menschheit ist und der lebenden Wesen, die dem Menschen am nächsten sind. Der Mensch kann nicht umhin, in der Geschichte zu sehen, daß das Fortschreiten des allgemeinen Lebens nicht in der wachsenden Stärke und Zunahme des Kampfes der Wesen untereinander besteht, sondern, im Gegenteil, in der Verminderung der Uneinigkeit und in der Abnahme des Kampfes; daß das Fortschreiten des Lebens nur darin besteht, daß die Welt aus Feindschaft und Uneinigkeit durch die Unterwerfung unter die Vernunft immer mehr zur Eintracht und Einheit gelangt. Wenn der Mensch dies zugegeben hat, kann er nicht umhin, zu sehen, daß die sich untereinander auffressenden Menschen aufhören einander aufzufressen; daß diejenigen, die ihre Gefangenen und ihre eigenen Kinder getötet haben, sie nicht mehr töten; daß die Soldaten, die sich des Mordes gerühmt haben, aufhören, sich dessen zu rühmen; daß die Begründer der Sklaverei diese aufheben; daß Menschen, die Tiere getötet haben, anfangen, sie zu zähmen und weniger zu töten; daß sie anfangen, statt von dem Körper der Tiere sich von ihren Eiern und ihrer Milch zu nähren; daß sie auch im Pflanzenreiche anfangen die Vernichtung der Pflanzen zu vermindern. Der Mensch sieht, daß die besten Menschen es tadeln, den Genüssen nachzujagen, und die Menschen zur Enthaltsamkeit aufrufen, die allerbesten von der Nachwelt gepriesenen Menschen aber Beispiele der Aufopferung ihrer Existenz für das Wohl anderer zeigen. Der Mensch sieht, daß eben das, was er bloß nach den Forderungen der Vernunft zugestanden hat, sich in der Welt wirklich vollzieht und durch das vergangene Leben der Menschheit bestätigt wird.

Doch auch damit nicht genug: noch stärker und überzeugender als durch Vernunft und Geschichte, gleichsam aus einer ganz anderen Quelle her, wird der Mensch auf eben dies hingewiesen durch das Streben seines Herzens, das ihn als zu dem unmittelbaren Wohle zu eben der Thätigkeit hinzieht, auf die ihn seine Vernunft hinweist und die sich in seinem Herzen als Liebe offenbart.

———

XX

DIE FORDERUNG DER PERSÖNLICHKEIT ERSCHEINT UNVEREINBAR MIT DER FORDERUNG DES VERNÜNFTIGEN BEWUßTSEINS.

Die Vernunft, das Denken, die Geschichte, das innere Gefühl, alles, so scheint es, überzeugt den Menschen von der Richtigkeit einer solchen Auffassung des Lebens; trotzdem meint der Mensch, der in den Lehren der Welt auferzogen ist, die Befriedigung der Bedürfnisse seines vernünftigen Bewußtseins und seines Gefühls könne nicht das Gesetz seines Lebens sein.

„Nicht mit anderen kämpfen um das eigene persönliche Wohl, nicht nach Genüssen streben, nicht Leiden abwenden und nicht den Tod fürchten! Das ist ja unmöglich, das ist ja eine Verleugnung des ganzen Lebens! Und wie soll ich die Persönlichkeit verleugnen, wenn ich doch die Forderungen meiner Persönlichkeit empfinde und durch die Vernunft die Gesetzmäßigkeit dieser Forderungen erkenne" – sagen aus vollster Überzeugung die gebildeten Menschen unserer Welt.

Eine merkwürdige Erscheinung: die arbeitende Klasse, die einfachen Leute, die ihre Denkkraft wenig üben, verteidigen fast nie die Forderungen der Persönlichkeit und fühlen stets Forderungen in sich, die den Forderungen der Persönlichkeit entgegengesetzt sind; der vollständigen Verleugnung der Forderungen des vernünftigen Bewußtseins und namentlich der Widerlegung der Berechtigung dieser Forderungen und der Verteidigung der Rechte der Persönlichkeit begegnet man nur bei den reichen verfeinerten Menschen mit entwickeltem Denkvermögen.

Der entwickelte, verweichlichte, müßige Mensch wird stets

zu beweisen suchen, daß die Persönlichkeit ihre unantastbaren Rechte habe. Der hungernde Mensch aber wird nicht beweisen wollen, daß der Mensch essen muß, – er weiß, daß alle das wissen und daß man das weder beweisen noch widerlegen kann: er wird bloß essen.

Das kommt daher, daß der einfache, der sogenannte ungebildete Mensch, der sein ganzes Leben hindurch mit dem Körper gearbeitet hat, seine Vernunft nicht verunstaltet, sondern sie in ihrer ganzen Reinheit und Kraft erhalten hat.

Der Mensch dagegen, der sein ganzes Leben hindurch nicht nur über nichtssagende kleinliche Dinge, sondern auch über Gegenstände nachgedacht hat, über die zu denken dem Menschen gar nicht eigen ist, hat seine Vernunft verunstaltet: seine Vernunft ist nicht mehr frei. Die Vernunft ist mit einer ihm nicht eigentümlichen Sache, mit dem Nachdenken über die Bedürfnisse der Persönlichkeit beschäftigt, mit der Entwicklung und der Steigerung dieser Bedürfnisse und mit dem Ersinnen von Mitteln zu ihrer Befriedigung.

„Ich fühle aber die Forderungen meiner Persönlichkeit, und darum sind diese Forderungen auch berechtigt", sagen die sogenannten gebildeten, in den Lehren der Welt auferzogenen Menschen.

Und sie können nicht anders, als die Forderungen ihrer Persönlichkeit zu fühlen. Das ganze Leben dieser Menschen ist auf die vermeintliche Vergrößerung des Wohles der Persönlichkeit gerichtet. Das Wohl der Persönlichkeit aber sehen sie in der Befriedigung der Bedürfnisse. Bedürfnisse nennen sie alle die Bedingungen des Daseins der Persönlichkeit, auf die sie ihre Vernunft gerichtet haben. Die bewußten Bedürfnisse aber – solche, auf die die Vernunft gerichtet ist, – vermehren sich infolge dieses Bewußtseins stets bis ins Unendliche. Und die Befriedigung dieser vermehrten Bedürfnisse verbirgt ihnen die Forderungen ihres wahren Lebens.

Die sogenannte Gesellschaftswissenschaft stellt als Grundlage ihrer Forschungen die Lehre von den Bedürfnissen des Menschen auf und vergißt dabei den für diese Lehre unbequemen Umstand, daß der Mensch entweder gar keine Bedürfnisse hat, wie ein Mensch, der sich tötet oder dem Hunger preisgiebt, oder buchstäblich eine zahllose Menge.

Bedürfnisse der tierischen Existenz des Menschen giebt es ebenso viele, als diese Existenz Seiten hat; Seiten aber hat sie ebensoviele wie die Kugel Durchmesser. Bedürfnisse des Essens, des Trinkens, des Atmens, der Übung aller Muskeln und Nerven; Bedürfnisse der Arbeit, der Erholung, des Vergnügens, des Familienlebens; Bedürfnisse der Wissenschaft, der Kunst, der Religion; in allen diesen Richtungen Bedürfnisse des Kindes, des Jünglings, des Mannes, des Greises, des Mädchens, der Frau, der Greisin; Bedürfnisse des Chinesen, des Parisers, des Russen, des Lappländers. Bedürfnisse, die den Gewohnheiten der Völker entsprechen, Bedürfnisse der Krankheiten …

Man kann sie bis ans Ende aller Tage aufzählen, ohne all die Bedürfnisse herzuzählen, die die persönliche Existenz des Menschen ausmachen. Alle Bedingungen des Daseins können Bedürfnisse sein – und Bedingungen des Daseins giebt es eine unzählige Menge.

Bedürfnisse nennt man aber nur die Bedingungen, deren man sich bewußt wird. Die bewußten Bedingungen jedoch verlieren, sobald man sich ihrer bewußt wird, ihre wahre Bedeutung und nehmen die ganze übertriebene Bedeutung an, die ihnen die auf sie gerichtete Vernunft beilegt, und verhüllen das wirkliche Leben.

Das, was man Bedürfnisse nennt, d. h. die Bedingungen der tierischen Existenz des Menschen, kann man mit zahllosen ausdehnbaren Kügelchen vergleichen, aus denen man sich einen Körper zusammengesetzt denken könnte. Alle die Kügelchen sind einander gleich und haben alle Platz und sind nicht beengt, solange sie sich nicht ausdehnen, – auch alle Bedürfnisse sind sich gleich und haben Platz und werden nicht schmerzhaft empfunden, solange man sich ihrer nicht bewußt ist.

Fängt man aber an, ein Kügelchen aufzublasen, so läßt es sich bald so aufblasen, daß es mehr Platz einnimmt als alle übrigen, daß es alle beengt und selbst beengt wird. Dasselbe gilt von den

Bedürfnissen: man braucht nur auf eines das vernünftige Bewußtsein hinzulenken, gleich nimmt dieses bewußtgewordene Bedürfnis das ganze Leben ein und macht, daß das ganze Wesen des Menschen leidet.

XXI.
NICHT DIE VERLEUGNUNG DER PERSÖNLICHKEIT WIRD GEFORDERT, SONDERN IHRE UNTERWERFUNG UNTER DAS VERNÜNFTIGE BEWUßTSEIN.

Ja, die Behauptung, daß der Mensch die Forderungen seines vernünftigen Bewußtseins nicht fühlt, und daß er bloß die Bedürfnisse der Persönlichkeit fühlt, ist nichts anderes als die Behauptung, daß unsere tierischen Gelüste, auf deren Steigerung wir unsere ganze Vernunft verwendet haben, uns beherrschen und uns unser wahres menschliches Leben vor uns verborgen haben. Das Unkraut der wuchernden Laster hat die Keime des wahren Lebens erstickt.

Und wie sollte das in unserer Welt auch anders sein, wenn von denen, die als die Lehrer der Menschen gelten, geradezu anerkannt wurde und wird, daß die höchste Vollkommenheit des Menschen in der allseitigen Entwicklung der verfeinerten Bedürfnisse seiner Persönlichkeit besteht, daß das Wohl der Menschen darin liegt, daß sie viele Bedürfnisse haben und sie zu befriedigen vermögen, daß das Wohl der Menschen in der Befriedigung ihrer Bedürfnisse besteht.

Wie sollten denn Menschen, die in einer solchen Lehre auferzogen sind, nicht behaupten, daß sie die Forderungen des vernünftigen Bewußtseins nicht fühlen, daß sie eben bloß die Bedürfnisse der Persönlichkeit empfinden? –

Wie sollten sie die Forderungen der Vernunft fühlen, wenn ihre ganze Vernunft in der Steigerung ihrer Gelüste aufgegangen ist, und wie sollten sie die Forderungen ihrer Gelüste verleugnen, wenn diese Gelüste ihr ganzes Leben verschlungen haben? „Die Verleugnung der Persönlichkeit ist unmöglich", sagen diese Menschen gewöhnlich und bemühen sich absichtlich, die Frage zu verdrehen und an Stelle des Begriffes der Unterwerfung der Persönlichkeit unter das Gesetz der Vernunft den Begriff ihrer Verleugnung unterzuschieben.

„Das ist widernatürlich", sagen sie, „und darum unmöglich." Aber es spricht ja gar niemand von der Verleugnung der Persönlichkeit. Die Persönlichkeit ist für den vernünftigen Menschen das, was das Atmen, der Blutumlauf für die tierische Persönlichkeit ist. Wie sollte die tierische Persönlichkeit den Blutumlauf verleugnen? Davon kann man gar nicht reden. Ebensowenig kann der vernünftige Mensch auch von einer Verleugnung der Persönlichkeit sprechen. Die Persönlichkeit ist für den vernünftigen Menschen eine ebenso notwendige Bedingung seines Lebens, wie der Blutumlauf eine Bedingung der Existenz seiner tierischen Persönlichkeit ist.

Die Persönlichkeit als tierische Persönlichkeit kann gar keine Forderungen aufstellen und stellt keine auf. Diese Forderungen werden von der falsch geleiteten Vernunft aufgestellt, – der Vernunft, die nicht gerichtet ist auf die Anleitung des Lebens, nicht auf seine Erleuchtung, sondern auf das Aufblasen der Gelüste der Persönlichkeit.

Die Forderungen der tierischen Persönlichkeit können immer befriedigt werden. Der Mensch braucht nicht zu sagen: was werde ich essen oder worein werde ich mich kleiden? Alle diese Bedürfnisse sind dem Menschen ebenso gesichert wie dem Vogel und der Blume, wenn er das vernünftige Leben lebt. Und welcher denkende Mensch kann in Wirklichkeit glauben, daß er die Armseligkeit seiner Existenz durch die Sicherstellung seiner Persönlichkeit vermindern könnte?

Die Armseligkeit der Existenz des Menschen kommt nicht daher, daß er eine Persönlichkeit ist, sondern daher, daß er die Existenz seiner Persönlichkeit als das Leben und als das Wohl anerkennt. Nur da entstehen der Widerspruch, der Zwiespalt, das Leiden des Menschen.

Die Leiden des Menschen beginnen erst dann, wenn er die Kraft seiner Vernunft auf die Verstärkung und Vergrößerung der bis ins Unendliche wachsenden Bedürfnisse der Persönlichkeit verwendet, um dadurch die Forderungen der Vernunft vor sich selbst zu verbergen.

Man kann und man soll die Persönlichkeit nicht verleugnen, ebensowenig wie man allen den Bedingungen entsagen soll, in denen der Mensch existiert; man kann und man soll aber diese Bedingungen nicht als das Leben selbst anerkennen. Man kann und soll die gegebenen Bedingungen des Lebens benutzen, man kann und soll aber diese Bedingungen nicht als den Zweck des Lebens ansehen. Nicht der Persönlichkeit, sondern dem Wohle der Persönlichkeit entsagen und aufhören die Persönlichkeit als das Leben anzuerkennen: das ist es, was der Mensch thun muß, damit er zur Einheit zurückkehre, und damit das Wohl, dessen Erstreben sein Leben ausmacht, ihm erreichbar sei.

Von den ältesten Zeiten her ist von den großen Lehrern der Menschheit die Lehre verkündigt worden, daß die Gleichsetzung des Lebens mit der Persönlichkeit die Vernichtung des Lebens, und die Verleugnung des Wohles der Persönlichkeit der Weg zur Erlangung des Lebens sei.

„Ja, was ist das aber? Ist das Buddhismus?" pflegen darauf die Menschen unserer Zeit zu sagen. – „Ist das Nirwana? Ist das Säulenheiligkeit?"

Und wenn sie das gesagt haben, glauben die Menschen unserer Zeit, daß sie mit dem größten Erfolge widerlegt haben, was alle sehr gut wissen und was vor niemand verborgen werden kann: daß das persönliche Leben armselig ist und gar keinen Sinn hat.

„Das ist Buddhismus, Nirwana", sagen sie, und meinen, sie hätten mit diesen Worten alles widerlegt, was von Milliarden von Menschen anerkannt wird und was jeder von uns sehr gut weiß in der Tiefe seiner Seele – daß nämlich das Leben für die Ziele der Persönlichkeit verderblich und sinnlos ist und daß, wenn es irgend einen Ausweg aus dieser Verderblichkeit und Sinnlosigkeit giebt, dieser Ausweg unzweifelhaft durch die

Verleugnung des Wohles der Persönlichkeit führt.

Daß die größere Hälfte der Menschheit das Leben in diesem Sinne aufgefaßt hat und auffaßt, daß die größten Geister das Leben ebenso aufgefaßt haben, daß man es überhaupt gar nicht anders auffassen kann, das beirrt sie durchaus nicht. Sie sind so überzeugt davon, daß alle Fragen des Lebens, wenn sie nicht auf die allerbefriedigendste Weise gelöst werden können, durch das Telephon, die Operette, die Bakteriologie, das elektrische Licht, das Roburit u. dergl. beseitigt werden, daß der Gedanke an einen Verzicht auf das Wohl des persönlichen Lebens ihnen nur als ein Widerhall der Unwissenheit vergangener Zeiten erscheint.

Und diese Unglücklichen ahnen gar nicht, daß der roheste Indier, der Jahre hindurch auf einem Fuße steht, bloß um der Verleugnung des Wohles der Persönlichkeit willen, um Nirwanas willen, ein unvergleichlich lebendigerer Mensch ist als sie, die vertierten Menschen unserer gegenwärtigen europäischen Gesellschaft, die den Erdball auf Eisenbahnen durchfliegen und ihren viehischen Zustand der ganzen Welt bei elektrischem Lichte zeigen. Dieser Indier hat begriffen, daß zwischen dem Leben der Persönlichkeit und dem Leben der Vernunft ein Widerspruch besteht, und löst diesen Widerspruch, wie er es versteht; die Menschen unserer gebildeten Welt dagegen haben diesen Widerspruch nicht nur nicht begriffen, sie glauben gar nicht einmal, daß er da ist. Die These, das menschliche Leben ist nicht die Existenz der Persönlichkeit des Menschen, die Errungenschaft einer tausendjährigen geistigen Arbeit der gesamten Menschheit, – diese These ist für den Menschen (nicht den tierischen) in der sittlichen Welt nicht nur zu einer ebenso sicheren, sondern zu einer viel zweifelloseren und unumstößlicheren Wahrheit geworden, als die Bewegung der Erde und die Gesetze der Schwerkraft. Jeder denkende Mensch, der Gelehrte, der Ungebildete, der Greis, das Kind, begreift und weiß das; verborgen ist es nur den allerwildesten Menschen in Afrika und in Australien und den verwilderten, in ihrem Besitz gesicherten Menschen in den Städten und Residenzen Europas. Diese Wahrheit ist das Erbe der Menschheit geworden, und wenn die Menschheit in ihren

Nebenwissenschaften, der Mechanik, der Algebra, der Astronomie, nicht zurückgeht, kann sie umsoweniger in der Grund- und Hauptwissenschaft der Erklärung ihres Lebens rückwärtsgehen. Das zu vergessen und aus dem Bewußtsein der Menschheit zu verwischen, was sie in ihrem viele Jahrtausende langen Leben errungen hat, die Aufklärung über die Nichtigkeit, Sinnlosigkeit und Armseligkeit des persönlichen Lebens, ist unmöglich. Die Versuche der Wiederherstellung der vorsintflutlichen rohen Ansicht vom Leben als einer persönlichen Existenz, mit denen die sogenannte Wissenschaft unserer europäischen Welt beschäftigt ist, zeigen nur noch deutlicher das Wachstum des vernünftigen Bewußtseins der Menschheit, zeigen bis zur Augenscheinlichkeit, wie sehr die Menschheit bereits ihrem Kinderkleide entwachsen ist. Und die philosophischen Theorieen der Selbstverleugnung und die Praxis der in entsetzlichem Verhältnis sich vermehrenden Selbstmorde zeigen die Unmöglichkeit der Rückkehr der Menschheit zu einer längst überlebten Stufe der Erkenntnis.

Das Leben als persönliche Existenz hat die Menschheit durchlebt; zu ihm zurückzukehren ist unmöglich, und zu vergessen, daß die persönliche Existenz des Menschen keinen Sinn hat, unmöglich. Was wir auch schreiben und sagen und entdecken mögen, wie sehr wir unser persönliches Leben auch vervollkommnen mögen, – die Verneinung der Möglichkeit des Wohles der Persönlichkeit bleibt eine unerschütterliche Wahrheit für jeden vernünftigen Menschen unserer Zeit.

„Und sie bewegt sich doch!" Nicht darum handelt es sich, die Thesen des Galilei oder des Kopernikus zu widerlegen und neue Ptolemäische Kreise zu erfinden – die kann man nicht mehr erfinden –, es handelt sich darum, daß man weiter geht, daß man weitere Schlüsse zieht aus dem Satze, der bereits in das allgemeine Bewußtsein der Menschheit übergegangen ist. Dasselbe gilt auch von dem Satze über die Unmöglichkeit des Wohles der Persönlichkeit, den bereits die Brahmanen und Buddha und Laotse und Salomon und die Stoiker und alle wahren Denker der Menschheit ausgesprochen haben. Nicht vor sich verbergen muß man diesen Grundsatz, nicht ihn mit allen Mitteln umgehen, sondern ihn frei und offen anerkennen und die weiteren Schlüsse aus ihm ziehen.

––––

XXII.
DAS GEFÜHL DER LIEBE IST DIE OFFENBARUNG DER THÄTIGKEIT DER DEM VERNÜNFTIGEN BEWUßTSEIN UNTERWORFENEN PERSÖNLICHKEIT.

Für die Ziele der Persönlichkeit zu leben, ist einem vernünftigen Wesen unmöglich. Unmöglich, weil alle Wege ihm verboten, alle Ziele, nach denen die tierische Persönlichkeit des Menschen strebt, – alle – ihm augenscheinlich unerreichbar sind. Das vernünftige Bewußtsein weist auf andere Ziele hin, und diese Ziele sind nicht nur erreichbar, sondern geben auch dem vernünftigen Bewußtsein des Menschen volle Befriedigung; anfangs aber glaubt der Mensch unter dem Einflüsse der falschen Lehre der Welt, diese Ziele stünden im Widerspruch mit seiner Persönlichkeit.

Wie sehr auch der in unserer Welt auferzogene Mensch mit den entwickelten gesteigerten Gelüsten der Persönlichkeit sich bemühen mag, sich in seinem vernünftigen Ich zu erkennen, er fühlt in diesem Ich nicht das Streben nach dem Leben, das er in seiner tierischen Persönlichkeit empfindet. Das vernünftige Ich betrachtet gewissermaßen das Leben, lebt aber nicht selbst und hat nicht den Trieb zum Leben. Das vernünftige Ich fühlt keinen Drang nach dem Leben, das tierische Ich aber muß leiden, und darum bleibt nichts anderes übrig, als – sich vom Leben zu befreien.

So gewissenlos lösen diese Frage die verneinenden Philosophen unserer Zeit (Schopenhauer, Hartmann), die das Leben verneinen und es doch behalten und von der Möglichkeit, es zu verlassen, keinen Gebrauch machen. Und so gewissenhaft lösen diese Frage die Selbstmörder, die ein Leben verlassen, das ihnen nichts als Übel bietet. Der Selbstmord erscheint ihnen als der einzige Ausweg aus der Unvernunft des menschlichen Lebens unserer Zeit.

Der Gedankengang der pessimistischen Philosophen und der allergewöhnlichsten Selbstmörder ist der: es giebt ein tierisches Ich, in dem der Trieb zum Leben ist. Dieses Ich mit seinem Triebe kann nicht befriedigt werden; es giebt ein anderes Ich, das vernünftige, in dem gar kein Trieb zum Leben liegt, das die ganze falsche Lebensfreudigkeit und Leidenschaftlichkeit des tierischen Ichs nur kritisch betrachtet und sie vollständig leugnet.

Ergebe ich mich dem ersten, so sehe ich, daß ich sinnlos lebe und dem Unheil entgegengehe und immer mehr und mehr in ihm versinke. Ergebe ich mich dem zweiten, dem vernünftigen Ich, – so bleibt in mir kein Trieb zum Leben. Ich sehe, daß das Leben um des einen willen, um deswillen ich leben möchte, – um des Wohles der Persönlichkeit willen – abgeschmackt und unmöglich ist. Um des vernünftigen Bewußtseins willen dagegen könnte man leben, es hätte aber keinen Zweck, und ich möchte es nicht. Jenem Anfange dienen, von dem ich ausgegangen bin, Gott? Wozu? Gott, wenn er ist, wird auch ohne mich Diener finden. Wozu sollte ich es thun? Man kann diesem ganzen Spiel des Lebens zusehen, so lange es nicht langweilt. Wird es aber langweilig, – so kann man davongehen, sich töten. Und das thue ich auch.

Dies ist die widerspruchsvolle Vorstellung vom Leben, die die Menschheit bereits vor Salomon, vor Buddha erlangt hatte und zu der die falschen Lehrer unserer Zeit sie zurückführen wollen.

Die Forderungen der Persönlichkeit sind bis zu den äußersten Grenzen der Unvernunft gelangt. Die erwachte Vernunft verleugnet sie. Die Forderungen der Persönlichkeit aber haben sich so vermehrt, haben das Bewußtsein des Menschen so verrammelt, daß er meint, die Vernunft verleugne das ganze Leben. Er meint, wenn man aus seinem Bewußtsein des Lebens alles ausscheiden würde, was seine Vernunft leugnet, würde nichts übrig bleiben. Er sieht das, was übrig bleibt, gar nicht mehr. Der Rest, – der Rest, in dem eben das Leben ist, erscheint ihm als ein Nichts.

Das Licht aber leuchtet in der Finsternis, und die Finsternis kann [es] nicht umfangen.

Die Lehre der Wahrheit kennt dies Dilemma – entweder eine sinnlose Existenz oder Verzicht auf Sein – und löst es.

Die Lehre, die auch stets die Lehre vom Wohle genannt worden ist, die Lehre der Wahrheit, hat den Menschen gezeigt, daß anstatt jenes trügerischen Wohles, das sie für die tierische Persönlichkeit suchen, sie ein ihnen unentreißbares und stets zugängliches wahres Wohl haben könnten, nicht irgendwann, nicht irgendwo, sondern immer, hier und sofort.

Dieses Wohl ist nicht bloß etwas, das sie aus ihren Betrachtungen gefolgert hätten; es ist nicht etwas, was irgendwo aufgesucht werden müßte; es ist nicht ein irgendwo, irgendwann verheißenes Wohl, es ist vielmehr jenes dem Menschen allerbekannteste Wohl, nach dem jede unverdorbene menschliche Seele unmittelbar strebt.

Alle Menschen wissen von frühester Kindheit an, daß es außer dem Wohle der tierischen Persönlichkeit noch ein anderes besseres Wohl des Lebens giebt, das nicht nur unabhängig ist von der Befriedigung der Gelüste der tierischen Persönlichkeit, sondern auch um so größer zu sein pflegt, je größer die Verleugnung des Wohles der tierischen Persönlichkeit ist.

Dieses Gefühl, das alle Widersprüche des menschlichen Lebens löst und dem Menschen das größte Wohl giebt, ist allen Menschen bekannt. Dieses Gefühl ist die Liebe.

Das Leben ist die Thätigkeit der tierischen, dem Gesetze der Vernunft unterworfenen Persönlichkeit. Die Vernunft ist dasjenige Gesetz, dem die tierische Persönlichkeit des Menschen um seines Wohles willen unterworfen sein muß. Die Liebe ist die einzige vernünftige Thätigkeit des Menschen.

Die tierische Persönlichkeit strebt nach dem Wohle; die Vernunft zeigt dem Menschen das Trügerische des persönlichen

Wohles und duldet nur einen Weg. Die Thätigkeit auf diesem Wege ist die Liebe.

Die tierische Persönlichkeit des Menschen verlangt nach dem Wohle; das vernünftige Bewußtsein zeigt dem Menschen die Armseligkeit aller einander bekämpfenden Wesen, es zeigt ihm, daß es für seine tierische Persönlichkeit kein Wohl geben kann, zeigt ihm, daß das einzige für ihn mögliche Wohl ein solches wäre, bei dem es weder einen Kampf mit anderen Wesen, noch ein Aufhören des Wohles, noch Übersättigung gäbe, bei dem es keine Voraussicht und keine Schrecken des Todes gäbe. Und siehe da! Wie einen Schlüssel, der eigens zu diesem Schlosse gemacht zu sein scheint, findet der Mensch in seiner Seele ein Gefühl, das ihm dasjenige Wohl giebt, auf das ihn seine Vernunft als auf das einzig mögliche hinweist. Und dieses Gefühl löst nicht nur den früheren Widerspruch des Lebens, es findet gleichsam gerade in diesem Widerspruche die Möglichkeit seiner Offenbarung.

Die tierischen Persönlichkeiten wollen zu ihren Zwecken sich der Persönlichkeit des Menschen bedienen. Aber das Gefühl der Liebe treibt ihn dazu, seine Existenz dem Nutzen anderer Wesen zu weihen.

Die tierische Persönlichkeit leidet. Und eben diese Leiden und deren Linderung bilden den Hauptgegenstand der Thätigkeit der Liebe. Die tierische Persönlichkeit eilt, indem sie nach dem Wohle strebt, mit jedem Atemzuge dem höchsten Übel zu, – dem Tode, dessen Voraussicht jedes Wohl der Persönlichkeit gestört hat. Das Gefühl der Liebe aber vernichtet nicht bloß diese Furcht, sondern treibt auch den Menschen zu dem letzten Opfer, zu dem Opfer seiner leiblichen Existenz für das Wohl anderer.

XXIII.

DAS GEFÜHL DER LIEBE KANN SICH UNMÖGLICH MENSCHEN OFFENBAREN, DIE DEN SINN DES LEBENS NICHT VERSTEHEN.

Jeder Mensch weiß, daß in dem Gefühl der Liebe etwas Besonderes liegt, das alle Widersprüche des Lebens zu lösen und dem Menschen jenes vollkommene Wohl zu geben vermag, in dessen Erstrebung sein Leben besteht.

„Das ist doch aber ein Gefühl, das nur selten kommt, nicht lange dauert und dessen Folgen noch schlimmere Leiden sind", sagen die Menschen, die das Leben nicht verstehen.

Diesen Menschen erscheint die Liebe nicht als die einzige gesetzmäßige Offenbarung des Lebens, als welche sie dem vernünftigen Bewußtsein erscheint, sondern bloß als eine von den Tausenden verschiedener Zufälligkeiten, wie sie im Leben vorkommen, – sie erscheint ihnen als eine jener tausend verschiedenartigen Stimmungen, in denen der Mensch sich während seiner Existenz befindet: es kommt vor, daß der Mensch den Elegant spielt, es kommt vor, daß er sich der Wissenschaft oder der Kunst widmet, es kommt vor, daß er vom Dienst, vom Ehrgeiz, vom Erwerb begeistert ist, es kommt vor, daß er jemand liebt. Die Stimmung der Liebe erscheint den Menschen, die das Leben nicht verstehen, – nicht als das Wesentliche des menschlichen Lebens, sondern als eine zufällige Stimmung, die ebenso unabhängig vom Willen ist wie alle anderen Stimmungen auch, denen der Mensch während seines Lebens ausgesetzt ist. Man kann sogar oft Urteile hören und lesen darüber, daß die Liebe eine gewisse anormale, den regelmäßigen Gang des Lebens störende – quälende Stimmung ist, der Stimmung ähnlich, die die Eule beschleicht, wenn die Sonne aufgeht.

Allerdings fühlen auch diese Menschen, daß in dem Zustande der Liebe etwas Besonderes, etwas Bedeutsameres liegt, als in allen anderen Stimmungen. Da sie aber das Leben nicht verstehen, können diese Menschen auch die Liebe nicht begreifen, und der Zustand der Liebe erscheint ihnen ebenso armselig und ebenso trügerisch wie alle anderen Zustände.

„Lieben … wen lieben?
Nicht lohnt es der Mühe für Tage und Stunden.
Und ewige Liebe ward niemals gefunden. "

Diese Worte drücken genau das unbestimmte Bewußtsein der
Menschen aus, daß in der Liebe die Rettung aus den Armseligkeiten des Lebens und das alleinige gewisse Etwas liegt, das dem
wahren Wohle ähnlich sieht, zugleich aber auch das Eingeständnis, daß für Menschen, die das Leben nicht verstehen, die Liebe
kein Rettungsanker sein kann. Es fehlt der, den man lieben
könnte, und jede Liebe vergeht. Und deshalb könnte die Liebe
nur dann ein Wohl sein, wenn jemand da wäre, den man lieben
könnte, und wenn der da wäre, den man ewig lieben könnte. Da
aber kein solcher da ist, so ist auch in der Liebe keine Rettung,
und die Liebe ist eine ebensolche Täuschung und ein ebensolches
Leiden wie alles Übrige.

Und so und nicht anders können die Menschen die Liebe
verstehen, die da lehren und selbst gelernt haben, daß das Leben
nichts anderes ist, als ein tierisches Dasein.

Für solche Menschen entspricht die Liebe sogar nicht dem Begriffe, den wir unwillkürlich mit dem Worte Liebe verbinden. Sie
ist nicht eine gute den Liebenden sowie den Geliebten beglü-
ckende Thätigkeit. Die Liebe ist sehr oft in der Vorstellung der
Menschen, die das Leben in der tierischen Existenz anerkennen,
dasselbe Gefühl, infolgedessen die eine Mutter für das Wohl ihres Kindes einem anderen hungernden Kinde die Milch seiner
Mutter entzieht und unter der Unruhe um den Erfolg der Ernährung leidet; dasselbe Gefühl, in dem der qualvoll sich mühende
Vater hungernden Menschen das letzte Stück Brot entreißt, um
seine Kinder vor Hunger zu schützen; es ist das Gefühl, durch
das der, der ein Weib liebt, unter dieser Liebe leidet und sie leiden macht, indem er sie verführt oder sich und sie aus Eifersucht
zu Grunde richtet; das Gefühl, infolgedessen es sogar vorkommt,
daß der Mensch aus Liebe einem Weibe Gewalt anthut; es ist das
Gefühl, unter dessen Einfluß die Menschen einer Gemeinschaft
denen einer anderen Schaden zufügen, um für die Ihrigen einzu-

stehen; es ist das Gefühl, um deswillen der Mensch sich über seiner Lieblingsbeschäftigung abquält und durch eben diese Beschäftigung den ihn umgebenden Menschen Kummer und Leiden verursacht; es ist das Gefühl, um deswillen die Menschen keine Kränkung des geliebten Vaterlandes ertragen können und die Felder mit Toten und Verwundeten, eigenen und fremden, bedecken.

Doch damit nicht genug, bietet die Thätigkeit der Liebe für die Menschen, die das Leben in dem Wohle der tierischen Persönlichkeit erkennen, derartige Beschwerlichkeiten, daß ihre Kundgebungen nicht nur quälen, sondern oft sogar unerträglich werden. „Wir sollen über die Liebe keine Betrachtungen anstellen" – sagen gewöhnlich die Menschen, die das Leben nicht verstehen, – „wir sollen uns vielmehr jenem unmittelbaren Gefühle der Bevorzugung, der Zuneigung, die wir für die Menschen empfinden, hingeben, und das gerade ist die wahre Liebe."

Sie haben darin recht, daß man über die Liebe keine Betrachtungen anstellen soll, daß jede Betrachtung über die Liebe die Liebe zerstört. Die Sache ist aber die, daß nur die Menschen es vermögen, keine Betrachtungen über die Liebe anzustellen, die ihre Vernunft bereits dazu angewandt haben, das Leben zu begreifen, und die dem Wohle des persönlichen Lebens entsagt haben; die Menschen dagegen, die das Leben nicht begriffen haben und für das Wohl der tierischen Persönlichkeit leben, können es nicht vermeiden, Betrachtungen anzustellen. Sie müssen das thun, um sich dem Gefühle hinzugeben, das sie Liebe nennen. Jede Äußerung dieses Gefühls ist für sie unmöglich ohne Betrachtungen, – ohne die Lösung unlösbarer Fragen.

In der That, die Menschen geben ihrem Säugling, ihren Freunden, ihrem Weibe, ihren Kindern, ihrem Vaterlande den Vorzug vor allen anderen Kindern, Weibern, Freunden, Ländern – und nennen dieses Gefühl Liebe.

Lieben im allgemeinen heißt das Gute thun. So verstehen wir alle die Liebe und können sie nicht anders verstehen. Und nun liebe ich mein Kind, mein Weib, mein Vaterland, d. h. ich wünsche meinem Kinde, meinem Weibe, meinem Vaterlande mehr

Gutes als anderen Kindern, anderen Weibern und anderen Ländern. Es kommt nie vor und kann nie vorkommen, daß ich nur mein Kind oder nur mein Weib oder nur mein Vaterland liebe. Jeder Mensch liebt zugleich sein Kind, sein Weib und sein Vaterland und die Menschen im allgemeinen. Die Bedingungen des Wohles indessen, das er, seiner Liebe nach, den verschiedenen geliebten Wesen wünscht, sind so miteinander verbunden, daß jede Liebesthätigkeit des Menschen für das eine der geliebten Wesen seine Thätigkeit für die anderen nicht nur stört, sondern diesen sogar zum Nachteile gereicht.

Und nun tauchen die Fragen auf, – zu Gunsten welcher Liebe und wie soll man handeln? Zu Gunsten welcher Liebe soll man die andere Liebe opfern? wen soll man mehr lieben und wem mehr Gutes thun – dem Weibe oder den Kindern, dem Weibe und den Kindern oder den Freunden? Wie soll man dem geliebten Vaterlande dienen, ohne die Liebe zum Weibe, zu den Kindern und zu den Freunden zu verletzen?

Wie schließlich soll ich die Fragen entscheiden, inwieweit ich meine Persönlichkeit, deren ich zum Dienste anderer bedarf, opfern darf, in welchem Grade ich für mich selbst sorgen darf, um liebend anderen zu dienen? Alle diese Fragen erscheinen den Menschen höchst einfach, die nie versucht haben, sich von dem Gefühle Rechenschaft abzulegen, das sie Liebe nennen; sie sind jedoch nicht bloß nicht einfach, sie sind sogar vollkommen unlösbar.

Und nicht umsonst hat der Schriftgelehrte an Christus dieselbe Frage gestellt: wer ist mein Nächster? Die Beantwortung dieser Frage erscheint nur den Menschen sehr leicht, die die wirklichen Bedingungen des menschlichen Lebens übersehen.

Nur wenn die Menschen Götter wären, wie wir sie uns vorstellen, nur dann könnten sie bloß auserwählte Menschen lieben; dann auch allein könnte der Vorzug der einen vor den anderen die wahre Liebe sein. Die Menschen sind aber keine Götter, sondern stehen unter denselben Daseinsbedingungen, unter denen alle lebenden Wesen stets – die einen durch die anderen – leben, eines das andere auffressend, im einfachen wie im bildlichen

Sinne; und der Mensch als ein vernünftiges Wesen muß dies wissen und sehen. Er muß wissen, daß jedes leibliche Wohl von dem einen Wesen nur erlangt wird durch den Nachteil eines anderen.

Wie sehr auch religiöser und wissenschaftlicher Aberglaube den Menschen von einem zukünftigen goldenen Zeitalter überzeugen möchte, in dem alle alles zur Genüge besitzen würden, der vernünftige Mensch weiß und sieht doch, daß das Gesetz seines zeitlichen und räumlichen Daseins ein Kampf gegen jeden ist, Kampf eines jeden gegen jeden und gegen alle.

In diesem Drang und Kampf der tierischen Interessen, die das Leben der Welt ausmachen, ist es dem Menschen nicht möglich, Auserwählte zu lieben, wie die Menschen sich einbilden, die das Leben nicht verstehen. Der Mensch, wenn er auch Auserwählte liebt, liebt doch nie nur einen Einzigen. Jeder Mensch liebt seine Mutter, sein Weib, sein Kind, seine Freunde, sein Vaterland und sogar alle Menschen. Und die Liebe ist kein bloßes Wort (und das ist die Meinung aller), sondern eine auf das Wohl anderer gerichtete Thätigkeit. Diese Thätigkeit aber vollzieht sich nicht in einer bestimmten Ordnung, so daß sich erst dem Menschen die Forderungen seiner allerheftigsten Liebe offenbaren würden, dann die der weniger heftigen u.s.w. Die Forderungen der Liebe offenbaren sich fortwährend alle zusammen ohne jegliche Ordnung. Soeben kommt ein hungriger Greis, den ich ein wenig liebe, und bittet um das Essen, das ich zum Abendbrote meiner vielgeliebten Kinder aufbewahre; wie soll ich die Forderungen der augenblicklichen weniger heftigen Liebe gegen die zukünftigen Forderungen der stärkeren Liebe abwägen?

Diese Fragen eben wurden von dem Schriftgelehrten an Christus gestellt mit den Worten: „Wer ist denn mein Nächster?" In der That, wie soll man entscheiden, wem und in welchem Maße man dienen soll? ob den Menschen oder dem Vaterlande? dem Vaterlande oder seinen Freunden? seinen Freunden oder seinem Weibe? seinem Weibe oder seinem Vater? seinem Vater oder seinen Kindern, seinen Kindern oder sich selbst (um im stande zu sein, wenn nötig, anderen zu dienen)?

Das sind doch alles Forderungen der Liebe, und sie alle sind miteinander verflochten, so daß die Befriedigung der einen dem Menschen die Möglichkeit benimmt, den anderen zu genügen.

Wenn ich aber zugebe, daß es möglich ist, ein frierendes Kind nicht zu bekleiden, weil meine Kinder einmal die Kleidung, um die man mich bittet, brauchen könnten, so kann ich auch im Namen meiner zukünftigen Kinder mich anderen Forderungen der Liebe entziehen. Dasselbe gilt auch von der Liebe zum Vaterlande, zu der gewählten Beschäftigung und zu anderen Menschen. Wenn der Mensch die Forderung der allergeringsten Liebe der Gegenwart zu Gunsten der Forderung der allergrößten Liebe der Zukunft abschlagen kann, ist es dann nicht klar, daß ein solcher Mensch, wenn er es auch aus allen Kräften wünschen sollte, nie im stande sein wird abzuwägen, inwieweit er die Forderungen der Gegenwart zu Gunsten der Zukunft abschlagen darf, und daß er darum, außer stande eine solche Frage zu entscheiden, stets diejenige Kundgebung der Liebe wählen wird, die ihm angenehm ist? Und das bedeutet: er wird nicht zu Gunsten der Liebe handeln, sondern zu Gunsten seiner Persönlichkeit. Wenn der Mensch feststellt, daß es für ihn besser ist, sich den Forderungen der geringeren Liebe der Gegenwart um einer anderen zukünftigen Kundgebung einer größeren Liebe willen zu entziehen, so täuscht er entweder sich selbst oder andere und liebt niemand außer sich selbst.

Eine Liebe in der Zukunft giebt es nicht; die Liebe ist immer eine Thätigkeit in der Gegenwart. Der Mensch aber, der keine Liebe in der Gegenwart kundgiebt, besitzt keine Liebe.

Es ist der gleiche Vorgang wie bei der Vorstellung von dem Leben der Menschen, die kein Leben besitzen. Wenn die Menschen Tiere wären und keine Vernunft besäßen, würden sie auch wie Tiere existieren und über das Leben nicht nachdenken; und ihre tierische Existenz würde eine rechtmäßige und glückliche sein. Ebenso ist es mit der Liebe; wenn die Menschen Tiere wären ohne Vernunft, so würden sie diejenigen lieben, die diese lieben: ihre Jungen, ihre Herden, – und würden nicht wissen, daß sie ihre Jungen und ihre Herden lieben, und würden auch nicht wissen, daß andere Tiere ihre Jungen und andere Herden die Gefährten ihrer Herden lieben, und ihre Liebe würde die Liebe und das Leben sein, wie es auf der Stufe des Bewußtseins, auf der sie sich befinden, möglich wäre.

Die Menschen sind aber vernünftige Wesen und können nicht umhin, zu sehen, daß andere Wesen die gleiche Liebe zu den Ihrigen besitzen wie sie, und daß deshalb diese Gefühle der Liebe aufeinander stoßen und nicht etwas Gutes, sondern etwas dem Begriffe der Liebe ganz Entgegengesetztes hervorbringen müssen.

Wenn aber die Menschen ihre Vernunft dazu verwenden, um jenes tierische ungute Gefühl, das sie Liebe nennen, zu rechtfertigen und zu verstärken, indem sie diesem Gefühle unförmliche Dimensionen verleihen, so hört dieses Gefühl nicht nur auf, ein gutes zu sein, sondern es macht den Menschen – dies ist eine längst bekannte Wahrheit – zum allerboshaftesten und allerschrecklichsten Tiere. Es geschieht das, was im Evangelium gesagt ist: „Wenn das Licht, das in dir ist, Finsternis ist, wie ist dann die Finsternis?" Wenn in dem Menschen nichts wäre, als die Liebe zu sich und zu seinen Kindern, so existierten 99 Prozent jenes Bösen nicht, das jetzt unter den Menschen herrscht. 99 Prozent Böses unter den Menschen entstehen aus jenem falschen Gefühle, das sie verherrlichend Liebe nennen, und das der Liebe ebenso ähnlich ist wie das Leben des Tieres dem Leben des Menschen.

Das, was die Menschen, die das Leben nicht verstehen, Liebe nennen, sind nur gewisse Bevorzugungen der einen Bedingungen des Wohles ihrer Persönlichkeit vor den anderen. Wenn der Mensch, der das Leben nicht versteht, sagt, daß er sein Weib oder sein Kind oder seinen Freund liebt, so sagt er damit nur, daß seines Weibes, Kindes oder Freundes Anwesenheit in seinem Leben das Wohl seines persönlichen Lebens erhöht.

Diese Bevorzugungen stehen zu der Liebe in demselben Verhältnisse wie das Dasein zum Leben. Und wie von den Menschen, die das Leben nicht verstehen, das Dasein Leben genannt wird, so wird auch von eben diesen Menschen die Bevorzugung der einen Bedingungen des persönlichen Daseins vor den andern Liebe genannt. Diese Gefühle – die Vorliebe für gewisse Wesen, wie z. B. für die eigenen Kinder, oder selbst für gewisse Beschäftigungen, wie z. B. für die Wissenschaft, für die Künste – nennen wir auch Liebe; aber solche Gefühle der Vorliebe, die unendlich verschiedenartig sind, bilden die ganze Kompliziertheit des sichtbaren greifbaren tierischen Lebens des Menschen und können nicht Liebe genannt werden, weil ihnen das Hauptmerkmal der Liebe fehlt – die Thätigkeit, die das Wohl zum Zwecke und zur Folge hat. Die Leidenschaftlichkeit der Kundgebungen dieser Bevorzugungen zeigt bloß die Energie der tierischen Persönlichkeit. Die Leidenschaftlichkeit der Bevorzugung des einen Menschen vor den anderen, die man fälschlich Liebe nennt, ist nur ein Wildling, auf den die wahre Liebe gepfropft werden und auf dem sie ihre Früchte tragen kann. Wie aber der Wildling kein Apfelbaum ist und keine Früchte oder nur bittere anstatt süßer trägt, so ist auch die Vorliebe keine Liebe und thut den Menschen nichts Gutes oder bringt noch größere Übel hervor. Und deshalb entsteht auch das größte Übel für die Welt aus der so viel gepriesenen Liebe zum Weibe, zu den Kindern, zu den Freunden, gar nicht zu reden von der Liebe zur Wissenschaft, zur Kunst, zum Vaterlande, die nichts anderes ist, als eine zeitweilige Bevorzugung gewisser Bedingungen des tierischen Lebens vor anderen.

———

XXIV.

DIE WAHRE LIEBE IST
DIE FOLGE DER VERLEUGNUNG
DES WOHLES DER PERSÖNLICHKEIT.

Die wahre Liebe wird nur dann möglich, wenn man dem Wohle seiner tierischen Persönlichkeit entsagt.

Die Möglichkeit der wahren Liebe beginnt erst dann, wenn der Mensch begriffen hat, daß es kein Wohl seiner tierischen Persönlichkeit für ihn giebt. Erst dann gehen alle Säfte seines Lebens über in das eine veredelte Pfropfreis der wahren Liebe, das sich dann schon mit allen Kräften des wilden Stammes ausbreitet. Die Lehre Christi ist eben das Pfropfreis dieser Liebe, wie er selbst es auch gesagt hat. Er hat gesagt, daß er, seine Liebe, eben der eine Weinstock ist, der Früchte tragen kann, und daß jeder Zweig, der keine Frucht trägt, abgehauen wird.

Nur derjenige, der nicht nur begriffen, sondern durch das Leben erfahren hat, daß „wer sein Leben erhalten will, der wird es verlieren; wer aber sein Leben verlieret um meinetwillen, der wird es finden" – nur wer begriffen hat, daß derjenige, der seine Seele liebt, sie verlieren, wer aber seine Seele in dieser Welt haßt, sie bewahren wird im ewigen Leben, nur der allein wird die wahre Liebe kennen lernen.

„Wer Vater oder Mutter mehr liebet denn mich, der ist meiner nicht wert. Und wer Sohn oder Tochter mehr liebet denn mich, der ist meiner nicht wert. Wenn ihr die liebet, die euch lieben, so ist das keine Liebe. Liebet eure Feinde, liebet die euch hassen."

Nicht infolge der Liebe zum Vater, zum Sohne, zum Weibe, zu Freunden, zu guten und lieben Menschen, wie man es gewöhnlich annimmt, entsagen die Menschen ihrer Persönlichkeit, sondern nur infolge der Erkenntnis der Nichtigkeit des Daseins der Persönlichkeit, der Erkenntnis der Unmöglichkeit ihres Wohles, und darum lernt der Mensch durch die Verleugnung des Lebens der Persönlichkeit die wahre Liebe kennen und kann den Vater, den Sohn, das Weib, die Kinder und die Freunde wahrhaft lieben.

Die Liebe ist die Bevorzugung anderer Wesen vor sich selbst – vor seiner tierischen Persönlichkeit.

Das Vergessen der allernächsten Interessen der Persönlichkeit zur Erreichung der entfernten Ziele eben dieser Persönlichkeit, wie es bei der sogenannten Liebe zu sein pflegt, die nicht aus der Selbstverleugnung hervorgewachsen ist, ist nur die Bevorzugung der einen Wesen vor den andern um des persönlichen Wohles willen. Die wahre Liebe muß, bevor sie zu einem thätigen Gefühle wird, ein gewisser Zustand sein. Der Beginn der Liebe, ihre Wurzel, ist nicht ein Ausbruch des Gefühls, der die Vernunft verfinstert, wie sich's die Menschen vorzustellen pflegen, sondern ein im höchsten Grade vernünftiger, lichter und darum ruhiger und freudiger Zustand, wie er Kindern und vernünftigen Menschen eigen ist.

Dieser Zustand ist ein Zustand des Wohlwollens gegen alle Menschen, wie er Kindern eigen zu sein pflegt, im erwachsenen Menschen aber nur durch die Entsagung hervorgebracht wird und sich nur je nach dem Grade der Verleugnung des Wohles der Persönlichkeit verstärkt. Wie oft kann man die Worte hören „mir ist es ja gleichgültig, ich brauche nichts", und aus diesen Worten die feindselige Beziehung zu den Menschen ersehen. Möge jedoch jeder Mensch, wenn auch nur ein einziges Mal, in einem Augenblicke der Mißgunst gegen die Menschen, aufrichtig, von Herzen sich sagen: „mir ist es gleichgültig, ich brauche nichts" und wenn auch nur eine Zeitlang nichts für sich wünschen – und jeder Mensch wird durch diesen einfachen inneren Versuch erfahren, wie sofort, je nach dem Grade der Aufrichtigkeit seiner Entsagung, jegliche Mißgunst schwinden und ein bis dahin verschlossenes Wohlwollen gegen alle Menschen seinem Herzen entströmen wird.

In der That, die Liebe ist die Bevorzugung anderer Wesen vor uns selbst – wir alle fassen die Liebe so auf und können sie gar nicht anders auffassen. Die Größe der Liebe ist die Größe des Bruches, dessen Zähler – meine Leidenschaften, meine Sympathieen für andere – nicht in meiner Gewalt ist; der Nenner dagegen, meine Liebe zu mir selbst, kann von mir bis ins Unendliche vergrößert oder verkleinert werden je nach dem Grade der Bedeutung, die ich meiner tierischen Persönlichkeit beilegen werde. Die Urteile unserer Welt aber über die Liebe, über ihre Grade – sind Urteile über die Größe der Brüche nach den bloßen Zählern ohne Berücksichtigung ihrer Nenner.

Die wahre Liebe hat stets zur Grundlage die Verleugnung des Wohles der Persönlichkeit und das aus ihr entstehende Wohlwollen gegen alle Menschen. Nur auf diesem allgemeinen Wohlwollen kann die wahre Liebe zu gewissen Menschen – zu eignen und fremden – aufwachsen. Und nur eine solche Liebe giebt das wahre Wohl des Lebens und löst den scheinbaren Widerspruch zwischen dem tierischen und dem vernünftigen Bewußtsein.

Die Liebe, deren Grundlage nicht die Verleugnung der Persönlichkeit ist, und die infolgedessen nicht das Wohlwollen gegen alle Menschen umfaßt, ermöglicht bloß ein tierisches Leben, das den gleichen, ja noch größeren Armseligkeiten und noch größerer Unvernunft unterworfen ist, als ein Leben ohne diese vermeintliche Liebe. Das Gefühl der Bevorzugung, die man Liebe nennt, beseitigt keineswegs den Kampf des Daseins, befreit nicht die Persönlichkeit von dem Drange nach Genüssen und rettet nicht vor dem Tode, sondern verfinstert das Leben noch mehr, erbittert den Kampf, verstärkt die Gier nach Genüssen für sich und für den andern und vergrößert die Furcht vor dem Tode um seiner und um des andern willen.

Der Mensch, der sein Leben in der Existenz der tierischen Persönlichkeit sieht, kann nicht lieben, weil die Liebe ihm als eine seinem Leben direkt entgegengesetzte Thätigkeit vorkommen muß. Das Leben eines solchen Menschen besteht nur in dem Wohle der tierischen Existenz, die Liebe aber fordert vor allem andern das Opfer dieses Wohles. Wenn selbst der Mensch, der das Leben nicht begreift, sich auch aufrichtig der Thätigkeit der Liebe hingeben wollte, so wird er doch nicht imstande sein, dies zu thun, solange er nicht das Leben begriffen und seine ganze Beziehung zu ihm verändert haben wird. Der Mensch, der sein Leben in dem Wohle der tierischen Persönlichkeit erblickt, vergrößert sein ganzes Leben lang die Mittel zu seinem tierischen

Wohle, indem er Reichtümer erwirbt und aufbewahrt, andere veranlaßt, seinem tierischen Wohle zu dienen und diese Güter unter diejenigen Personen verteilt, die für das Wohl seiner Persönlichkeit am notwendigsten sind. Wie soll er sein Leben hingeben, wenn sein Leben nicht durch ihn allein, sondern durch andere Menschen aufrecht erhalten wird? Und noch schwieriger ist es für ihn, zu wählen, wem von den von ihm bevorzugten Menschen er die von ihm gesammelten Güter übergeben und wem er dienen soll.

Um imstande zu sein, sein Leben hinzugeben, muß er zuerst jenen Überfluß, den er andern für das Wohl seines Lebens fortnimmt, abgeben und dann noch das Unmögliche zu thun: er muß entscheiden, wem vor allen Menschen er mit seinem Leben dienen soll. Bevor er imstande sein wird zu lieben, d. h. sich selbst opfernd das Gute zu thun, muß er aufhören zu hassen, d. h. Böses zu thun, und aufhören die einen Menschen vor den andern um des Wohles seiner Persönlichkeit willen zu bevorzugen.

Nur für einen Menschen, der das Wohl nicht in dem persönlichen Leben erblickt und darum sich um dieses falsche Wohl nicht kümmert und der dadurch das dem Menschen eigene Wohlwollen gegen alle Menschen in sich frei gemacht hat, ist die Thätigkeit der Liebe möglich, die ihn und andere immer befriedigt. Das Wohl des Lebens eines solchen Menschen ist in der Liebe wie das Wohl der Pflanze im Lichte – und deshalb, wie die durch nichts verdeckte Pflanze nicht fragen kann und nicht fragt, nach welcher Seite hin sie wachsen soll und ob das Licht gut ist oder ob sie auf ein anderes, besseres warten soll, sondern das einzige Licht nimmt, das in der Welt ist, und nach ihm hinstrebt, denkt auch der Mensch, der dem Wohle der Persönlichkeit entsagt hat, nicht darüber nach, was er von dem, was er anderen fortgenommen hat, abgeben und welchen geliebten Wesen er es abgeben soll, und ob es nicht noch eine bessere Liebe giebt als die, die Forderungen stellt, – sondern er giebt sich, er giebt sein Dasein der Liebe hin, die ihm zugänglich ist und die vor ihm steht. Nur eine solche Liebe giebt der vernünftigen Natur des Menschen volle Befriedigung.

XXV.
DIE LIEBE IST DIE ALLEINIGE UND VOLLE THÄTIGKEIT DES WAHREN LEBENS.

Und es giebt keine andere Liebe als die, daß man sein Leben hingiebt für seine Freunde. Die Liebe ist nur dann Liebe, wenn sie das Opfer unseres Selbst ist. Nur wenn der Mensch dem anderen nicht nur seine Zeit und seine Kräfte hingiebt, sondern wenn er seinen Leib für den geliebten Gegenstand verbraucht, ihm sein Leben hingiebt – nur das allein erkennen wir alle als Liebe an, und nur in einer solchen Liebe finden wir alle das Wohl, den Lohn der Liebe. Und dadurch allein, daß es eine solche Liebe in den Menschen giebt, dadurch allein besteht die Welt. Die Mutter, die ihren Säugling stillt, giebt geradezu sich, ihren Leib ihren Kindern zur Nahrung, die sonst nicht leben [am Leben] blieben. Und das ist Liebe. Ebenso giebt jeder Arbeiter sich selbst, seinen Leib, andern zur Nahrung, indem er seinen Leib abnutzt in der Arbeit und sich dem Tode näher bringt. Und eine solche Liebe ist nur möglich für den Menschen, bei dem die Möglichkeit der Aufopferung seiner selbst für die Wesen, die er liebt, keinerlei Schranke kennt. Die Mutter, die ihr Kind der Amme abgiebt, kann nicht lieben; der Mensch, der Geld erwirbt und es aufbewahrt, kann nicht lieben.

„Wer da sagt, er sei im Licht, und hasset seinen Bruder, der ist noch in Finsternis. Wer seinen Bruder liebet, der bleibet im Licht und ist kein Ärgernis bei ihm. Wer aber seinen Bruder hasset, der ist in Finsternis und wandelt in Finsternis und weiß nicht, wo er hingehet; denn die Finsternis hat seine Augen verblendet. ... Lasset uns nicht lieben mit Worten noch mit der Zunge; sondern mit der That und mit der Wahrheit. Daran erkennen wir, daß wir aus der Wahrheit sind, und können unser Herz vor ihm stillen ... – Darin ist die Liebe völlig bei uns, auf daß wir eine Freudigkeit haben am Tage des Gerichts; denn gleichwie er ist, so sind auch wir in dieser Welt. Furcht ist nicht in der Liebe, sondern die völlige Liebe treibet die Furcht aus; denn die Furcht hat Pein. Wer sich aber fürchtet, der ist nicht völlig in der Liebe." – Nur eine solche Liebe giebt den Menschen das wahre Leben.

„Du sollst lieben Gott deinen Herrn von ganzem Herzen, von ganzer Seele und von ganzem Gemüte; dies ist das vornehmste und größeste Gebot."

Das andere aber ist dem gleich: „Du sollst deinen Nächsten lieben als dich selbst", sprach der Schriftgelehrte zu Christus. Und darauf entgegnete Jesus: „Du hast recht geantwortet; thue das (d. h. liebe Gott und deinen Nächsten), so wirst du leben."

Die wahre Liebe ist das Leben selbst.

„Wir wissen, daß wir vom Tode zum Leben eingegangen sind, weil wir unsere Brüder lieben", sagt ein Jünger Christi.

„Wer seinen Bruder nicht liebt, verbleibt im Tode."

Nur der lebt, der da liebt.

Die Liebe nach der Lehre Christi ist das Leben selbst; aber nicht ein unvernünftiges, qualvolles und vergängliches, sondern ein glückseliges und unendliches Leben. Und wir alle wissen das. Die Liebe ist nicht eine Folgerung der Vernunft, ist nicht die Folge einer gewissen Thätigkeit; sie ist selbst eine freudige Thätigkeit des Lebens, die uns von allen Seiten umringt und die wir alle in uns selbst kennen, von den allerfrühesten Erinnerungen der Kindheit an bis zu der Zeit, wo die falschen Lehren der Welt sie in unserer Seele verschüttet und uns die Möglichkeit benommen haben, sie zu empfinden.

Die Liebe ist nicht eine Vorliebe für etwas, was das zeitliche Wohl der Persönlichkeit des Menschen vergrößert, wie die Liebe zu bevorzugten Personen oder Gegenständen, sondern sie ist das Streben nach dem Wohle, das außerhalb des Menschen liegt, das Streben, das in dem Menschen nach der Verleugnung des Wohles der tierischen Persönlichkeit verbleibt.

Welcher lebende Mensch kennt nicht jenes, wenn auch nur einmal und meistens nur in der allerfrühesten Kindheit empfundene glückselige Gefühl, wenn die Seele noch nicht verschüttet ist durch all die Lüge, die das Leben in uns erstickt, jenes glückselige Gefühl der Rührung, wo man alle lieben möchte: die Nebenmenschen und den Vater und die Mutter und die Brüder und die bösen Menschen und die Feinde und den Hund und das Pferd und den Grashalm; da möchte man nur eins: daß alle es gut haben, daß alle glücklich seien; und noch mehr möchte man, daß man selbst es machen könnte, daß alle es gut haben; man möchte sich selbst, man möchte sein ganzes Leben hingeben, damit alle es immer gut haben und sich freuen. Das gerade ist, und das allein ist jene Liebe, in der das Leben des Menschen besteht.

Diese Liebe, in der allein das Leben besteht, erwacht in der Seele des Menschen wie ein kaum bemerkbarer zarter Keim inmitten ihm ähnlicher grober Keime des Unkrauts, der verschiedenen Gelüste des Menschen, die wir Liebe nennen. Anfangs scheint es den Leuten und dem Menschen selbst, daß dieser Keim, der Keim, dem der Baum entsprießen soll, der den Vögeln Schutz gewähren wird, allen anderen Keimen gleich ist. Die Menschen bevorzugen sogar häufig die Keime des Unkrauts, die rascher wachsen, und der einzige Keim des Lebens erstickt und stirbt ab; noch schlimmer aber ist das, was noch öfter vorkommt: die Menschen haben gehört, daß unter diesen Keimen ein echter, ein Lebenskeim ist, den man Liebe nennt, und sie beginnen selbst ihn niederzutreten und statt seiner einen andern Keim des Unkrauts großzuziehen und nennen ihn Liebe. Was aber noch schlimmer ist: die Menschen erfassen mit rohen Händen den Keim selbst und schreien: „da ist er, wir haben ihn gefunden, wir kennen ihn jetzt, wir werden ihn großziehen; die Liebe, die Liebe! das höchste Gefühl, da ist es!" – Und die Menschen beginnen ihn umzupflanzen, ihn zu verbessern und betasten und zertreten ihn derart, daß der Keim stirbt ohne aufzublühen, und diese oder andere Menschen sagen: das alles ist Unsinn, dummes Zeug, Sentimentalität! Der Keim der Liebe ist bei seinem Erscheinen zart und leidet keine Berührung und ist mächtig nur in seinem Wachstum. Alles, was die Menschen mit ihm aufstellen werden, wird für ihn nur nachteilig sein. Er braucht nur eines – daß nichts vor ihm die Sonne der Vernunft verhülle, die allein ihn großziehen wird.

XXVI.

DIE BEMÜHUNGEN DER MENSCHEN, DIE AUF DIE UNMÖGLICHE VERBESSERUNG IHRER EXISTENZ GERICHTET SIND, RAUBEN IHNEN DIE MÖGLICHKEIT DES ALLEINIGEN WAHREN LEBENS.

Nur durch die Erkenntnis der Schattenhaftigkeit und des Scheinwerts der tierischen Existenz und durch die Befreiung des einzig wahren Lebens der Liebe in sich selbst erlangt der Mensch das Wohl. Und was thun die Menschen zur Erlangung dieses Wohles? Die Menschen, deren Existenz in der langsamen Vernichtung der Persönlichkeit und der Annäherung an den unvermeidlichen Tod dieser Persönlichkeit besteht und die das doch sicher wissen, bemühen sich während der ganzen Zeit ihrer Existenz auf jede Weise – ja, sie sind nur damit beschäftigt – diese vergängliche Persönlichkeit aufrecht zu erhalten, ihre Gelüste zu befriedigen und sich dadurch der Möglichkeit des einzigen Wohles des Lebens – der Liebe – zu berauben.

Die Thätigkeit der Menschen, die das Leben nicht begreifen, ist während der ganzen Zeit ihrer Existenz auf den Kampf um ihre Existenz, auf die Erlangung von Genüssen, auf die Befreiung von Leiden und auf die Fernhaltung des unvermeidlichen Todes gerichtet.

Die Vermehrung der Genüsse jedoch vergrößert auch die Intensität des Kampfes, die Empfindlichkeit für Leiden, und bringt den Tod näher. Um das Heranrücken des Todes vor sich zu verbergen – giebt es ein Mittel: die Genüsse noch mehr zu vergrößern. Aber die Vergrößerung der Genüsse hat ihre Grenze, über die hinaus die Genüsse nicht vergrößert werden können und in Leiden übergehen; es bleibt nichts übrig als die Empfindlichkeit für die Leiden und die Schrecken des nur unter Leiden immer näher und näher heranrückenden Todes. Und so entsteht ein circulus vitiosus: das eine wird zur Ursache des andern und eins verstärkt das andere. Der Hauptschrecken im Leben der Menschen, die das Leben nicht begreifen, liegt darin, daß das, was sie als Genüsse ansehen (alle Genüsse des reichen Lebens), – da sie derartig sind, daß sie nicht gleichartig unter allen Menschen verteilt sein können, – andern durch Gewalt und Bosheit entrissen werden müssen, wodurch die Möglichkeit des Wohlwollens für die Menschen, aus welchem die Liebe entspringt, vernichtet wird. Die Genüsse sind daher stets der Liebe gerade entgegengesetzt und um so schroffer entgegengesetzt, je größer sie sind. Je größer, je angestrengter darum die Thätigkeit zur Erlangung der Genüsse ist, um so unmöglicher wird das allein dem Menschen zugängliche Wohl – die Liebe.

Das Leben wird nicht so verstanden, wie es von dem vernünftigen Bewußtsein erkannt wird, – als eine unsichtbare, jedoch unzweifelhafte, in jedem Augenblick zu vollziehende Unterwerfung unserer gegenwärtigen Tierheit unter das Gesetz der Vernunft, die das uns innewohnende Wohlwollen gegen alle Menschen und die diesem entströmende Thätigkeit der Liebe frei macht, sondern bloß als ein leibliches Dasein im Verlaufe eines gewissen Zeitraumes unter bestimmten und von uns aufgestellten, die Möglichkeit des Wohlwollens gegen alle Menschen ausschließenden Bedingungen.

Die Leute der weltlichen Lehre, die ihre Vernunft auf die Feststellung bestimmter Bedingungen der Existenz gerichtet haben, meinen, das Wachsen des Wohles des Lebens hänge von der besseren äußeren Einrichtung ihrer Existenz ab. Die bessere äußere Einrichtung ihrer Existenz aber hängt von der größeren der Liebe gerade entgegengesetzten Gewaltthätigkeit gegen die Menschen ab. Je besser deshalb ihre Einrichtung wird, um so geringer wird für sie die Möglichkeit der Liebe, die Möglichkeit des Lebens.

Nachdem sie ihre Vernunft darauf verwandt haben, das für alle Menschen gleich Null zu veranschlagende Wohl der tierischen Existenz zu begreifen, haben sie diese Null als eine Größe erkannt, die vergrößert und verkleinert werden kann, und auf diese eingebildete Vergrößerung, die Multiplikation der Null, verwenden sie alles, was ihnen von ihrer Vernunft übriggeblieben ist.

Die Menschen sehen nicht, daß das Nichts, die Null, womit sie auch multipliziert werden mag, dieselbe, jeder andern gleiche, Null bleibt, sie sehen nicht, daß die tierische Existenz der Persönlichkeit eines jeden Menschen gleich armselig ist und durch keinerlei äußere Bedingungen zu einer glücklichen gemacht werden kann. Die Menschen wollen nicht sehen, daß eine Existenz als leibliche Existenz nicht glücklicher sein kann als eine andere, daß dies dasselbe Gesetz ist, nach dem man nirgends auf der Oberfläche eines Sees das Wasser über die Höhe des gegebenen allgemeinen Wasserstandes hinausheben kann. Die Menschen, deren Vernunft verkehrt worden ist, sehen das nicht und verwenden ihre verkehrte Vernunft auf diese Unmöglichkeit, und in diesem unmöglichen Heben des Wassers an verschiedenen Stellen der Oberfläche des Sees – ähnlich dem, was badende Kinder thun, wenn sie „Bier brauen", wie sie es nennen – geht ihre ganze Existenz hin.

Sie meinen, daß es verschiedene – bessere und schlechtere und glückliche – Existenzen der Menschen giebt; die Existenz eines armen Arbeiters oder eines kranken Menschen, sagen sie, ist eine schlechte, unglückliche; die Existenz eines reichen Mannes oder eines gesunden Menschen ist eine gute, glückliche, und sie strengen alle Kräfte ihrer Vernunft an, um einer schlechten, unglücklichen, armen und krankhaften Existenz zu entgehen und sich eine gute, reiche, gesunde und glückliche Existenz zu schaffen.

Es entwickeln sich durch Generationen gewisse Formen der Einrichtung und Aufrechterhaltung dieser verschiedenen, glücklichsten Leben, und die Programme dieser vermeintlichen allerbesten Leben, wie sie ihr tierisches Dasein nennen, werden durch Vererbung weitergegeben. Die Menschen bemühen sich um die Wette, das glückliche Leben, das ihre Eltern gegründet und ihnen hinterlassen haben, möglichst gut zu erhalten oder sich ein neues, noch glücklicheres Leben zu schaffen. Die Menschen glauben, daß sie durch Aufrechterhaltung der ererbten Einrichtungen ihrer Existenz oder durch Schaffung einer neuen, ihrer Meinung nach besseren, wirklich etwas thun.

Und indem sie sich gegenseitig in dieser Täuschung erhalten, sind die Menschen oft dermaßen aufrichtig davon überzeugt, daß das Leben eben in diesem sinnlosen Stampfen des Wassers besteht, dessen Sinnlosigkeit ihnen selbst einleuchtet – sie sind so davon überzeugt, daß sie sich mit Verachtung von dem Aufrufe zum wirklichen Leben abwenden, den sie unaufhörlich vernehmen: in der Lehre der Wahrheit, im Beispiele des Lebens lebender Menschen und in ihrem abgestumpften Herzen, in dem die Stimme der Vernunft und der Liebe nie vollkommen verstummt.

Etwas Merkwürdiges vollzieht sich. Menschen, die ungeheure Mehrzahl der Menschen, die die Möglichkeit eines vernünftigen liebenden Lebens besitzen, befinden sich in der Lage jener Schafe, die man aus einem brennenden Hause herausschleppt, die aber, in dem Glauben, man wolle sie ins Feuer werfen, alle ihre Kräfte anwenden, um sich denen zu widersetzen, die sie retten wollen.

Aus Furcht vor dem Tode wollen die Menschen nicht aus ihm heraus, aus Furcht vor den Leiden quälen sich die Menschen selbst und berauben sich des für sie allein möglichen Wohles und Lebens.

———

XXVII.
DIE FURCHT VOR DEM TODE IST NUR DAS BEWUßTSEIN DES UNGELÖSTEN WIDERSPRUCHS DES LEBENS.

„Es giebt keinen Tod", sagt dem Menschen die Stimme der Wahrheit. „Ich bin die Auferstehung und das Leben. Wer an mich glaubt, der wird leben, ob er gleich stürbe. Und wer da lebet und glaubet an mich, der wird nimmermehr sterben. Glaubst du das?"

„Es giebt keinen Tod", haben alle großen Lehrer der Welt gesagt; und dasselbe sagen und bezeugen durch ihr Leben Millionen von Menschen, die den Sinn des Lebens begriffen haben. Und dasselbe fühlt in seiner Seele in dem Augenblicke der Offenbarung des Bewußtseins jeder lebende Mensch. Die Menschen jedoch, die das Leben nicht begreifen, können nicht umhin den Tod zu fürchten. Sie sehen ihn und sie glauben an ihn. „Wie? es giebt keinen Tod?" rufen diese Menschen mit Entrüstung, ja mit Zorn aus. „Das ist ein Sophisma! Der Tod steht vor uns; er hat Millionen fortgemäht und wird auch uns fortmähen. Und wieviel ihr auch sagen möget, er ist nicht da, er wird dennoch bleiben. Da, da ist er!" Und sie sehen das, wovon sie sprechen, wie der geisteskranke Mensch die Erscheinung sieht, die ihn erschreckt. Er kann diese Erscheinung nicht betasten, sie hat ihn noch nie berührt; er weiß nichts über ihre Absicht, er hat aber eine solche Angst und leidet so sehr durch diese eingebildete Erscheinung, daß er die Möglichkeit des Lebens einbüßt. Ganz ebenso verhält es sich mit dem Tode. Der Mensch kennt seinen Tod nicht und kann ihn nie kennen lernen, der Tod hat ihn noch nie berührt, er weiß nichts über seine Absicht. Wovor fürchtet er sich also?

„Er hat mich noch nie ergriffen, er wird mich aber ergreifen, ich weiß es bestimmt, – er wird mich ergreifen und wird mich vernichten. Und das ist entsetzlich!" sagen die Menschen, die das Leben nicht begreifen.

Wenn die Menschen, die eine falsche Vorstellung vom Leben haben, ruhig überlegen könnten und richtig denken würden auf Grundlage der Vorstellung, die sie vom Leben haben, würden sie zu dem Schlusse gelangen müssen, daß darin, daß in meinem leiblichen Dasein jene Veränderung eintreten wird, die, wie ich sehe, unaufhörlich in allen Wesen vorgeht und die ich Tod nenne, – nichts Unangenehmes und nichts Schreckliches liegt.

Ich werde sterben. Was ist dabei Schreckliches? Wie viele verschiedene Veränderungen sind bereits in meiner leiblichen Existenz vorgegangen und gehen noch vor und – ich habe mich nicht vor ihnen gefürchtet! Warum denn fürchte ich mich vor dieser Veränderung, die noch gar nicht eingetreten ist und in der nicht nur nichts meiner Vernunft und meiner Erfahrung Widersprechendes liegt, sondern die so begreiflich für mich, so bekannt und so natürlich ist, daß ich im Verlaufe meines Lebens fortwährend Betrachtungen angestellt habe und anstelle, in denen der Tod – der Tiere sowohl wie der Menschen – von mir als eine unvermeidliche und oft angenehme Lebensbedingung angesehen worden ist. Was ist also furchtbar?

Es giebt ja nur zwei streng logische Auffassungen vom Leben: die eine, falsche, ist die, die das Leben als jene äußeren Erscheinungen betrachtet, die in meinem Körper von der Geburt an bis zum Tode vorgehen; die andere, wahre, ist die, die das Leben als jenes unsichtbare Bewußtsein des Seins betrachtet, das ich in mir trage. Die eine Ansicht ist falsch, die andere ist wahr, beide aber sind logisch; und die Menschen können die eine sowohl wie die andere besitzen – aber bei der einen sowohl wie bei der anderen ist die Furcht vor dem Tode unmöglich.

Die erste falsche Auffassung, die das Leben als die sichtbaren Erscheinungen im Körper von der Geburt an bis zum Tode auffaßt, ist so alt wie die Welt. Dies ist nicht, wie viele glauben, eine durch die materialistische Wissenschaft und Philosophie unserer Zeit entwickelte Auffassung; die Wissenschaft und Philosophie unserer Zeit haben diese Anschauung bloß bis zu ihren äußersten Grenzen verfolgt, bei denen es deutlicher geworden ist als früher, daß diese Ansicht den Grundforderungen der menschlichen Natur nicht entspricht; dies ist vielmehr die uralte ursprüngliche Anschauung der auf der niedersten Stufe der Entwickelung stehenden Menschen: sie ist bei den Chinesen, den Buddhisten, den Juden, im Buche Hiob und in dem Ausspruche „du bist Erde und sollst zur Erde werden" zum Ausdruck gelangt.

Diese Anschauung lautet in ihrem jetzigen Ausdruck folgendermaßen: das Leben ist ein zufälliges Spiel der Kräfte in der Materie, das in Raum und Zeit in die Erscheinung tritt. Das aber, was wir unser Bewußtsein nennen, ist nicht das Leben, sondern eine gewisse Täuschung der Gefühle, bei der es scheint, als bestände das Leben in diesem Bewußtsein. Das Bewußtsein ist ein Funke, der aus der Materie aufblitzt, wenn sie sich in einem gewissen Zustande befindet. Dieser Funke blitzt auf, entflammt sich, fällt wieder zusammen und erlischt schließlich vollständig. Dieser Funke, d. h. das Bewußtsein, das von der Materie im Verlaufe eines gewissen Zeitraums zwischen zwei zeitlichen Unendlichkeiten empfunden wird, ist ein Nichts. Und ungeachtet dessen, daß das Bewußtsein sich selbst und die ganze unendliche Welt beurteilt und das ganze Spiel der Zufälligkeiten dieser Welt sieht und namentlich – im Gegensatze zu etwas Nichtzufälligem – dieses Spiel ein zufälliges nennt, ist das Bewußtsein an und für sich nur das Produkt der toten Materie, ein Trugbild, das ohne Spur und ohne jeglichen Sinn auftaucht und verschwindet. Alles ist das Produkt der sich unendlich verändernden Materie und das, was man Leben nennt, ist nur ein gewisser Zustand der toten Materie. Das ist die eine Anschauung vom Leben. Diese Anschauung ist vollkommen logisch. Dieser Anschauung nach ist das vernünftige Bewußtsein des Menschen eine bloße Zufälligkeit, die Begleiterscheinung eines gewissen Zustands der Materie; und darum ist das, was wir in unserem Bewußtsein Leben nennen, ein Trugbild. Das Tote nur existiert. Das, was wir Leben nennen, ist ein Spiel des Todes. Bei einer solchen Anschauung vom Leben sollte nicht nur der Tod nicht schrecklich sein, da sollte das Leben schrecklich sein – als etwas Unnatürliches und Unvernünftiges –, wie es auch bei den Buddhisten und bei den neuen Pessimisten, Schopenhauer und Hartmann, der Fall ist.

Die andere Anschauung vom Leben aber ist folgende: das Leben ist bloß das, dessen ich mir bewußt werde. Ich werde mir aber stets meines Lebens bewußt – nicht in dem Sinne, daß ich war oder sein werde (so denke ich über mein Leben), sondern ich werde mir meines Lebens bewußt in dem Sinne, daß ich bin, – daß ich nie und nirgends anfange und nie und nirgends aufhöre. Mit dem Bewußtsein meines Lebens ist der Begriff von Raum und Zeit unvereinbar. Mein Leben erscheint in der Zeit und im Raume, das ist aber bloß seine Erscheinungsform. Das Leben selbst aber, dessen ich mir bewußt werde, wird mir außerhalb der Zeit und des Raumes bewußt. Aus dieser Anschauung ergiebt sich das Gegenteil: nicht das Bewußtsein des Lebens ist eine Täuschung, sondern alles Räumliche und Zeitliche ist schattenhaft. Und darum hat das zeitliche und räumliche Aufhören der leiblichen Existenz bei dieser Anschauung nichts Wirkliches und kann mein wahres Leben nicht nur nicht aufhören machen, sondern auch nicht stören. Und bei dieser Anschauung giebt es keinen Tod.

Weder bei der einen noch bei der anderen Anschauung vom Leben könnte die Furcht vor dem Tode bestehen, wenn die Menschen sich strenge an die eine oder an die andere halten würden. Weder als Tier noch als vernünftiges Wesen kann der Mensch den Tod fürchten: das Tier sieht, da es kein Bewußtsein besitzt, den Tod nicht, das vernünftige Wesen aber kann, da es das Bewußtsein des Lebens besitzt, in dem leiblichen Tode nichts anderes sehen, als eine natürliche und nie aufhörende Bewegung der Materie. Wenn aber der Mensch dennoch Furcht hat, so hat er nicht Furcht vor dem Tode, den er nicht kennt, sondern vor dem Leben, das allein sein tierisches oder vernünftiges Wesen kennt. Jenes Gefühl, das sich in den Menschen als Furcht vor dem Tode äußert, ist nur das Bewußtsein von dem inneren Widerspruche des Lebens; ebenso wie die Furcht vor Gespenstern bloß das Bewußtsein eines krankhaften Seelenzustandes ist.

„Ich werde aufhören zu sein – ich werde sterben, sterben wird alles, worin ich mein Leben sehe", spricht in dem Menschen die eine Stimme; „ich bin" spricht eine andere Stimme, „Und kann und soll nicht sterben; ich soll nicht sterben – und ich sterbe." Nicht in dem Tode, sondern in diesem Widerspruche liegt die Ursache jener Furcht, die den Menschen bei dem Gedanken an den leiblichen Tod umfängt; der Schrecken des Todes liegt nicht darin, daß der Mensch das Aufhören der Existenz seiner Tierheit fürchtet, sondern darin, daß dasjenige stirbt, was nicht sterben kann und nicht sterben soll. Der Gedanke an den zukünftigen Tod ist nur ein Übertragen des in der Gegenwart sich vollziehenden Todes auf die Zukunft. Das auftauchende Gespenst des zukünftigen leiblichen Todes ist nicht ein Erwachen des Gedankens an den Tod, sondern im Gegenteil – das Erwachen des Gedankens an das Leben, das der Mensch besitzen soll und nicht besitzt. Dieses Gefühl ist ähnlich dem, das ein Mensch empfinden muß, der im Sarge unter der Erde zum Leben erwacht. Es giebt ein Leben und ich bin im Tode, und da ist er, der Tod! Es ist, als ob das, was ist und sein muß, vernichtet werde. Und der menschliche Verstand gerät außer sich und entsetzt sich. Der beste Beweis dafür, daß die Furcht vor dem Tode keine Furcht vor dem Tode ist, sondern Furcht vor dem unwahren Leben, liegt darin, daß oft Menschen aus Furcht vor dem Tode sich selbst töten.

Nicht deshalb entsetzen sich die Menschen vor dem Gedanken an den leiblichen Tod, weil sie fürchten, daß mit ihm ihr Leben zu Ende geht, sondern deshalb, weil der leibliche Tod ihnen augenscheinlich die Notwendigkeit des wahren Lebens zeigt, das sie nicht besitzen. Und deshalb werden die Menschen, die das Leben nicht begreifen, nicht gern an den Tod erinnert. An den Tod denken ist für sie dasselbe wie eingestehen, daß sie nicht so leben, wie es ihr vernünftiges Bewußtsein von ihnen verlangt.

Menschen, die den Tod fürchten, fürchten ihn deshalb, weil er ihnen als Leere und Finsternis erscheint; die Leere und die Finsternis aber sehen sie, weil sie das Leben nicht sehen.

————

XXVIII.
DER LEIBLICHE TOD VERNICHTET DEN RÄUMLICHEN LEIB UND DAS ZEITLICHE BEWUßTSEIN, VERMAG ABER NICHT DAS ZU VERNICHTEN, WAS DIE GRUNDLAGE DES LEBENS BILDET: DAS BESONDERE VERHÄLTNIS EINES JEDEN WESENS ZU DER WELT.

Aber auch die Menschen, die das Leben nicht sehen, würden, wenn sie nur jenen Gespenstern näher träten, die ihnen Furcht einflößen, und sie betasteten, sehen, daß auch für sie ein Gespenst nur ein Gespenst und nichts Wirkliches ist.

Die Furcht vor dem Tode kommt bei den Menschen stets daher, daß sie im leiblichen Tode ihr besonderes Ich zu verlieren fürchten, das – wie sie fühlen – ihr Leben ausmacht. Ich werde sterben, mein Körper wird sich auflösen und mein Ich wird vernichtet werden. Dieses mein Ich aber ist das, was in meinem Körper so und so viele Jahre gelebt hat.

Die Menschen legen großen Wert auf dieses ihr Ich, und aus der Voraussetzung, daß dieses Ich mit ihrem leiblichen Leben zusammenfällt, folgern sie, daß es mit der Vernichtung ihres leiblichen Lebens zugleich vernichtet werden muß.

Diese Folgerung ist allgemein üblich, und selten kommt es jemand in den Sinn, an ihr zu zweifeln, – und dennoch ist diese Folgerung eine vollkommen willkürliche. Die Menschen – sowohl die, die sich für Materialisten halten, wie die, die sich für Spiritualisten halten – sind dermaßen an die Vorstellung gewöhnt, daß ihr Ich dasjenige Bewußtsein ihrer Körperlichkeit ist, das so und so viele Jahre gelebt hat, daß es ihnen gar nicht in den Sinn kommt, die Richtigkeit einer solchen Behauptung zu prüfen.

Ich habe 59 Jahre gelebt und diese ganze Zeit hindurch bin ich meiner in meinem Körper bewußt gewesen, und dieses Bewußtsein meiner selbst, so scheint mir, ist eben mein Leben gewesen. Das scheint aber bloß so. Ich habe weder 59 Jahre noch 59.000 Jahre noch 59 Sekunden gelebt. Weder mein Körper noch die Zeit seiner Existenz bestimmen im geringsten das Leben meines Ichs. Wenn ich in einem beliebigen Augenblick des Lebens mich in meinem Bewußtsein frage: was bin ich? so werde ich antworten: ein etwas, das denkt und fühlt, d. h. das sich auf seine ganz besondere Weise zu der Welt verhält. Nur das allein erkenne ich als mein Ich an und weiter nichts. Wann und wo ich geboren bin, wann und wo ich angefangen habe, so zu fühlen und zu denken, wie ich jetzt denke und fühle, dessen bin ich mir nicht im mindesten bewußt. Mein Bewußtsein sagt mir bloß: ich bin, ich bin mit jenem meinem Verhältnis zur Welt, in dem ich mich jetzt befinde. Meiner Geburt, meiner Kindheit, vieler Perioden meiner Jugend, meiner mittleren Jahre, der jüngstvergangenen Zeit kann ich mich oft gar nicht erinnern. Wenn ich aber auch an irgend etwas zurückdenke oder man mir irgend etwas aus meiner Vergangenheit in Erinnerung bringt, so gedenke und erinnere ich mich dessen fast ebenso wie dessen, was man mir von anderen erzählt. Worauf kann ich also meine Behauptung stützen, daß ich während der ganzen Zeit meines Daseins stets das eine Ich gewesen bin? Mein Körper allein hat ja nie existiert und existiert nicht: mein ganzer Körper war und ist Materie, die durch etwas Immaterielles und Unsichtbares fortwährend hindurchströmt, daß diesen hindurchströmenden Körper als den seinen anerkennt. Mein ganzer Körper hat sich viele zehnmal verändert; von dem alten ist nichts übrig geblieben: die Muskeln, die inneren Teile, die Knochen, das Gehirn – alles hat sich verändert.

Mein Körper ist bloß deshalb eins, weil etwas Immaterielles da ist, das diesen sich verändernden Körper als Eins und als den seinen anerkennt. Dieses Immaterielle nennen wir das Bewußtsein: dieses allein hält den ganzen Körper zusammen und erkennt ihn als Eins und als den seinen an. Ohne dieses Bewußtsein meiner als eines von allem übrigen Besonderen würde ich weder über mein Leben noch über das der anderen etwas wissen. Und darum scheint es beim ersten Nachdenken, als müßte die Grundlage von allem – das Bewußtsein – etwas Beständiges sein. Doch auch dies ist nicht richtig: auch das Bewußtsein ist nicht beständig. Im Laufe des ganzen Lebens und auch jetzt wiederholt sich die Erscheinung des Schlafes, die uns deshalb sehr einfach erscheint, weil wir alle jeden Tag schlafen, die aber entschieden unbegreiflich ist, wenn man zugiebt, was man nicht umhin kann zuzugeben, daß während der Zeit des Schlafes das Bewußtsein mitunter vollständig aufhört.

Jeden Tag – in der Zeit des vollen Schlafes – hört das Bewußtsein vollständig auf und erwacht nachher von neuem. Dennoch ist eben dieses Bewußtsein das einzige Band, das den ganzen Körper zusammenhält und ihn als den seinigen anerkennt. Es scheint, als ob bei dem Aufhören des Bewußtseins auch der Körper auseinanderfallen und seine Besonderheit verlieren müßte; dies ist jedoch nicht der Fall, weder im natürlichen noch im künstlichen Schlafe.

Nicht genug aber, daß das Bewußtsein, das den ganzen Körper zusammenhält, periodisch aufhört, ohne daß der Körper auseinanderfällt, – dieses Bewußtsein verändert sich außerdem ebenso wie der Körper. Wie es nichts Gemeinsames giebt zwischen der Materie eines Körpers, wie er vor zehn Jahren gewesen ist, und der, wie er jetzt ist, wie es nie allein einen Körper gegeben hat, so hat es auch nie allein ein Bewußtsein in mir gegeben und so giebt es nichts Gemeinsames zwischen meinem Bewußtsein von einst und dem von jetzt. Mein Bewußtsein als das eines dreijährigen Kindes und mein jetziges Bewußtsein sind ebenso verschieden wie die Materie meines Körpers jetzt und vor dreißig Jahren. Es giebt nicht ein Bewußtsein, es giebt eine Reihe aufeinanderfolgender Bewußtsein[szustände], die man bis ins Unendliche zerlegen kann.

Dasjenige Bewußtsein also, das den ganzen Körper zusammenhält und ihn als den seinigen anerkennt, ist nicht ein Ganzes, sondern etwas Unterbrochenes und Veränderliches. Ein Bewußtsein, ein Bewußtsein seiner selbst, wie wir es uns gewöhnlich vorstellen, giebt es in dem Menschen nicht, ebensowenig wie es einen Körper giebt. Es giebt in dem Menschen weder ein und denselben Körper noch ein und dasselbe, was diesen Körper von allem andern absondert – es giebt nicht ein und dasselbe Bewußtsein während des ganzen Lebens eines Menschen, sondern es giebt nur eine Reihe aufeinanderfolgender Bewußtsein[szustände], die miteinander im Zusammenhange stehen, und dennoch fühlt sich der Mensch als er selbst.

Unser Körper ist nicht eins, und das, was diesen sich verändernden Körper als eins und als den unseren anerkennt, ist nicht etwas in der Zeit Unveränderliches, sondern ist bloß eine Reihe wechselnder Bewußtsein, und wir haben schon sehr viele Male sowohl unsern Körper wie dieses Bewußtsein verloren; unsern Körper verlieren wir fortwährend, und unser Bewußtsein verlieren wir jeden Tag, sobald wir einschlafen; und jeden Tag und jede Stunde fühlen wir in uns die Veränderungen dieses Bewußtseins und fürchten sie nicht im geringsten. Folglich, wenn es irgend ein unwandelbares Ich für uns giebt, das wir bei dem Tode zu verlieren fürchten, so muß dieses Ich nicht in dem Körper sein, den wir unser nennen, und nicht in dem Bewußtsein, das wir in einer gewissen Zeit das unsere nennen, sondern in etwas anderem, das den Zusammenhang der ganzen Reihe der aufeinanderfolgenden Bewußtsein[szustände] herstellt. Was ist dieses Etwas, das all die zeitlich aufeinanderfolgenden Bewußtsein[szustände] verbindet? Was ist dieses mein allerursprünglichstes und besonderes Ich, nicht das, welches aus der Existenz meines Körpers und des in mir vorhandenen sich verändernden Bewußtseins zusammengesetzt wird, – sondern jenes ursprüngliche Ich, auf das sich wie auf einen Wurzelstock das Bewußtsein und dessen verschiedene in der Zeit aufeinander folgende Kundgebungen aufreihen? Die Frage erscheint sehr tiefsinnig und sehr weise – und dennoch giebt es nicht ein einziges Kind, das nicht eine Antwort darauf wüßte und diese Antwort zwanzigmal am Tage ausspräche. „Und ich liebe dieses und liebe nicht jenes." Diese Worte sind sehr einfach, und dennoch liegt gerade in ihnen die Lösung der Frage, worin dieses besondere Ich besteht, das all die Bewußtsein[szustände] zu einem Ganzen vereint. Das ist das Ich, das dieses liebt und jenes nicht liebt. Weshalb einer dieses liebt und jenes nicht liebt, das weiß niemand, und dennoch ist dieses gerade das, was den Grundstein des Lebens jedes Menschen bildet, ist gerade das, was alle der Zeit nach verschiedenen Zustände des Bewußtseins jedes besonderen Menschen in eins vereinigt. Die äußere Welt wirkt auf alle Menschen gleich, aber die Eindrücke der vollkommen gleichen Bedingungen unterstellten Menschen sind bis zur Unendlichkeit verschiedenartig sowohl der Zahl wie der Stärke nach. Aus diesen Eindrücken bildet sich ein gewisser folgerichtiger Zusammenhang des Bewußtseinsinhalts eines jeden Menschen. Dieser ganze folgerichtige Zusammenhang des Bewußtseinsinhalts aber ist nur deshalb möglich, [weil] auch in der Gegenwart die einen Eindrücke auf das Bewußtsein des Menschen wirken und die anderen nicht. Gewisse Eindrücke aber wirken oder wirken nicht auf den Menschen, weil er dieses mehr oder weniger liebt und jenes nicht liebt.

Nur infolge dieses höheren oder geringeren Grades der Liebe bildet sich in dem Menschen ein gewisser folgerichtiger Zusam-

menhang des gerade so und nicht anders empfundenen Bewußt-
seinsinhaltes. Also besteht eben in der Eigentümlichkeit, das eine
mehr oder weniger und das andere gar nicht zu lieben – dieses
besondere und ursprüngliche Ich des Menschen, in welchem
sich die verstreuten und zusammenhangslosen Bestandteile des
Bewußtseinsinhalts in eins vereinigen. Diese Eigentümlichkeit
aber, obgleich sie sich in unserem Leben auch weiter entwickelt,
bringen wir bereits fertig aus irgend einer unsichtbaren und uns
nicht bewußten Vergangenheit in dieses Leben mit.

Diese besondere Eigenschaft des Menschen, in einem höheren oder geringeren Grade das eine zu lieben und das andere
nicht zu lieben, nennt man gewöhnlich Charakter. Und unter
diesem Worte versteht man oft eine Besonderheit der Eigenschaften eines jeden Menschen, die sich infolge gewisser Bedingungen von Ort und Zeit gebildet haben. Dies ist jedoch nicht
richtig. Die ursprüngliche Eigenschaft des Menschen, das eine
mehr oder weniger zu lieben und das andere nicht zu lieben, entsteht nicht aus räumlichen oder zeitlichen Bedingungen, sondern
im Gegenteil, die räumlichen und zeitlichen Bedingungen wirken oder wirken nicht auf den Menschen bloß deshalb, weil der
Mensch bei seinem Eintritt in die Welt bereits die sehr ausge-
sprochene Eigenschaft besitzt, das eine zu lieben und das andere
nicht zu lieben. Und daher kommt es auch, daß Menschen, die
in vollkommen gleichen räumlichen und zeitlichen Bedingungen geboren und auferzogen worden sind, oft die schärfsten Ge-
gensätze hinsichtlich ihres inneren Ichs darstellen.

Das, was die verstreuten Bestandteile des Bewußtseinsinhalts
in eins zusammenfaßt, ist etwas außerordentlich Bestimmtes, obwohl von räumlichen und zeitlichen Bedingungen Unabhängiges, und wird von uns aus außerräumlichen und außerzeitlichen
Regionen in die Welt hineingebracht; das ist jenes gewisse Etwas,
das in meinem gewissen ausschließlichen Verhältnis zu der
Welt besteht, und das ist mein wahres und wirkliches Ich.
Mich selbst verstehe ich als diese Grundbeziehung, und die andern Menschen, wenn ich sie kenne, kenne ich bloß als bestimmte, besondere Verhältnisse zur Welt. Wenn wir in ernste

Seelengemeinschaft mit den Menschen treten, so läßt sich doch keiner von uns durch ihre äußeren Kennzeichen leiten, sondern jeder von uns bemüht sich, in ihr Wesen einzudringen, d. h. zu erkennen, welcher Art ihr Verhältnis zur Welt ist, was und in welchem Maße sie es lieben oder nicht lieben.

Jedes einzelne Tier – das Pferd, den Hund, die Kuh – wenn ich sie kenne und mit ihnen eine ernste Seelengemeinschaft besitze, kenne ich nicht nur nach seinen äußeren Kennzeichen, sondern nach jenem besonderen Verhältnis, in dem jedes von ihnen zur Welt steht, – nach dem, was jedes von ihnen und in welchem Maße es dieses liebt oder nicht liebt. Wenn ich die besonderen verschiedenen Arten der Tiere kenne, so kenne ich sie – genau ausgedrückt – nicht sowohl ihren äußeren Kennzeichen nach, als danach, daß jedes von ihnen – der Löwe, der Fisch, die Spinne – ein besonderes Verhältnis zur Welt darbietet. Alle Löwen lieben allgemein eins, alle Fische ein anderes und alle Spinnen ein drittes; nur deshalb, weil sie Verschiedenes lieben, scheiden sie sich auch in meiner Vorstellung in verschiedenartige lebende Wesen.

Daß ich aber bei jedem dieser Wesen noch nicht sein besonderes Verhältnis zur Welt unterscheide, beweist nicht, daß ein solches nicht da ist, sondern nur, daß jenes besondere Verhältnis zur Welt, das das Leben einer einzelnen Spinne bildet, von demjenigen Verhältnis zur Welt entfernt ist, in dem ich mich befinde, und daß ich sie deshalb noch nicht begriffen habe, wie Silvio Pellico seine einzelne Spinne begriffen hatte.

Die Grundlage alles dessen, was ich über mich und über die ganze Welt weiß, ist jenes besondere Verhältnis, in dem ich mich befinde und infolge dessen ich die andern Wesen sehe, die sich wiederum in ihren besonderen Verhältnissen zu der Welt befinden. Meine besondere Beziehung aber zu der Welt ist nicht in diesem Leben festgestellt worden und hat nicht mit meinem Körper und nicht mit meinem in der Zeit entstandenen Bewußtsein begonnen.

Und darum kann mein mit meinem zeitlichen Bewußtsein in eins verbundener Körper vernichtet werden; nicht vernichtet werden aber kann jenes mein besonderes Verhältnis zur Welt, das mein besonderes Ich ausmacht, aus welchem heraus für mich alles erschaffen worden ist, was ist. Es kann nicht vernichtet werden, weil es allein wirklich ist. Wenn es nicht wäre, würde ich einen folgerichtigen Zusammenhang des Inhalts meines Bewußtseins nicht kennen, würde meinen Körper nicht kennen, würde nicht mein Leben und würde kein anderes Leben kennen. Und deshalb kann die Vernichtung des Körpers und des Bewußtseins nicht zum Kennzeichen der Vernichtung meines besonderen Verhältnisses zur Welt dienen, das nicht mit diesem Leben begonnen hat und nicht in diesem Leben entstanden ist.

XXIX.

DIE FURCHT VOR DEM TODE KOMMT DAHER, DAß DIE MENSCHEN FÜR DAS LEBEN HALTEN, WAS NUR EIN KLEINER EBEN DURCH IHRE FALSCHE VORSTELLUNG BEGRENZTER TEIL DAVON IST.

Wir fürchten, bei dem leiblichen Tode unser besonderes Ich zu verlieren, das unsern Körper und unser zeitlich auftretendes Bewußtsein in eins verbindet; doch eben dieses mein besonderes Ich hat nicht mit meiner Geburt begonnen, und deshalb kann das Aufhören eines gewissen zeitlichen Bewußtseins nicht das vernichten, was alles zeitlich Bewußte in eins vereint.

Der leibliche Tod vernichtet in Wirklichkeit das, was den Körper zusammenhält, – das Bewußtsein des zeitlichen Lebens. Aber das geschieht mit uns doch fortwährend und jeden Tag, wenn wir einschlafen. Die Frage ist die, ob der leibliche Tod das vernichtet, was die aufeinanderfolgenden Bewußtsein zu einem Ganzen verbindet, d. h. mein besonderes Verhältnis zu der Welt. Um aber dies zu behaupten, muß man vor allem beweisen, daß eben dies besondere Verhältnis zu der Welt, das die aufeinanderfolgenden Bewußtsein[szustände] verbindet, mit meinem leiblichen Dasein geboren ist und deshalb auch mit ihm sterben muß. Das ist aber nicht der Fall.

Wenn ich auf Grund meines Bewußtseins nachdenke, sehe ich, daß das, was die aufeinanderfolgenden Bewußtsein[szustände] in mir verbindet, eine gewisse Empfänglichkeit für das eine und Kälte gegen das andere ist, infolgedessen das eine in mir bleibt und das andere schwindet, der Grad meiner Liebe zum Guten und meines Hasses gegen das Böse, – daß dies mein besonderes Verhältnis zu der Welt, das gerade mich, mich besonders, bildet, nicht das Erzeugnis einer beliebigen äußeren Ursache, sondern die Grundursache aller übrigen Erscheinungen meines Lebens ist.

Wenn ich aber auf Grund der Erfahrung nachdenke, scheint mir's anfangs, als lägen die Ursachen der Besonderheit meines Ichs in den Besonderheiten meiner Eltern und der Beziehungen, die auf mich und auf sie eingewirkt haben; aber wenn ich auf diesem Wege weiter nachdenke, kann ich nicht umhin zu sehen, daß, wenn mein besonderes Ich in der Besonderheit meiner Eltern und der Beziehungen, die auf sie eingewirkt haben, liegt, es auch in den Besonderheiten aller meiner Vorfahren und den Beziehungen ihrer Existenz liegt – bis in die Unendlichkeit, d. h. außerhalb der Zeit und außerhalb des Raumes, so daß mein besonderes Ich, d. h. eben das, dessen ich mir bewußt bin, – außerhalb des Raumes und außerhalb der Zeit entstanden ist.

In dieser und nur in dieser außerzeitlichen und außerräumlichen Grundlage meiner besonderen Beziehung zu der Welt, welche den ganzen mir erinnerlichen und meiner Erinnerung vorangehenden Inhalt meines Bewußtseins in eins vereinigt (wie Plato es ausspricht und wir alle es in uns fühlen), – in ihr, eben in dieser Grundlage, in meiner besonderen Beziehung zu der Welt ist dieses besondere Ich, von dem wir fürchten, daß es durch den leiblichen Tod vernichtet wird.

Man braucht ja doch nur zu begreifen, daß das, was das ganze Bewußtsein in eins vereinigt, das, was eben das besondere Ich des Menschen ist, sich außerhalb der Zeit befindet, immer war und ist, und daß das, was unterbrochen werden kann, bloß das Bewußtsein einer gewissen Zeit ist, – damit es klar werde, daß die Vernichtung des, der Zeit nach, letzten Bewußtseins bei dem leiblichen Tode ebenso wenig das wahre menschliche Leben vernichten kann wie das tägliche Einschlafen. Kein Mensch fürchtet sich doch einzuschlafen, obgleich beim Einschlafen dasselbe vorgeht wie beim Tode, nämlich das Bewußtsein in der Zeit aufhört. Der Mensch fürchtet sich nicht einzuschlafen, obgleich die Vernichtung des Bewußtseins vollkommen dieselbe ist wie bei dem Tode, – nicht etwa, weil er erwogen hat, daß er oft eingeschlafen war und wieder aufgewacht ist und also wieder aufwachen wird (diese Erwägung wäre falsch; er ist tausendmal aufgewacht und kann zum tausendundersten Male nicht aufwachen), – niemand bedenkt je dergleichen, und diese Erwägung würde keine Beruhigung gewähren; aber der Mensch weiß, daß sein wahres Ich außerhalb der Zeit lebt, und daß deshalb das Aufhören seines Bewußtseins, das für ihn in der Zeit in die Erscheinung tritt, sein Leben nicht zerstören kann.

Würde der Mensch auf tausend Jahre einschlafen wie im Märchen, dann würde er ebenso ruhig einschlafen wie auf zwei Stunden. Für das Bewußtsein nicht des zeitlichen, sondern des wahren Lebens sind eine Million Jahre der Unterbrechung in der Zeit oder acht Stunden – ganz gleich, weil es für ein solches Leben keine Zeit giebt.

Vernichtet wird der Körper, – vernichtet wird das Bewußtsein des heutigen Tages.

Doch an die Veränderung seines Körpers und die Ersetzung des bloß zeitlichen Bewußtseins durch ein anderes sollte der Mensch sich bereits gewöhnt haben. Diese Veränderungen haben ja von der Zeit an begonnen, da der Mensch sich seiner selbst erinnert, und sind unaufhörlich vor sich gegangen. Der Mensch fürchtet keine Veränderungen in seinem Körper und hat nicht nur keine Angst vor ihnen, sondern wünscht vielmehr sehr oft eine Beschleunigung dieser Veränderungen, er wünscht zu wachsen, wünscht zum Manne, wünscht geheilt zu werden. Der Mensch ist ein Stück rotes Fleisch gewesen und sein ganzes Bewußtsein bestand in Forderungen des Magens; jetzt ist er ein bärtiger vernünftiger Mann oder eine Frau, die ihre erwachsenen Kinder liebt. Alles ist anders geworden im Körper wie im Bewußtsein, und der Mensch hat keine Furcht gehabt vor jenen Veränderungen, die ihn zu seinem jetzigen Zustande geführt haben, sondern hat sie willkommen geheißen. Was ist denn Furchtbares in der bevorstehenden Veränderung? Die Vernichtung? Das, worin das Bewußtsein des wahren Lebens besteht, – die besondere Beziehung zu der Welt – hat doch nicht mit der Geburt des Körpers begonnen, sondern außerhalb des Körpers und außerhalb der Zeit. Wie also kann eine wie immer beschaffene zeitliche und räumliche Veränderung das vernichten, was außerhalb ihrer liegt? Der Mensch richtet seinen Blick auf ein kleines unmerkliches Teilchen seines Lebens, will das ganze nicht sehen und zittert davor, daß dieses unmerkliche von ihm auserwählte Teilchen seinen Blicken entschwinden könnte. Dies erinnert an die Anekdote von jenem Wahnsinnigen, der sich einbildete, er sei von Glas: als man ihn umwarf, sagte er: „kling!" und war tot. Damit der Mensch das Leben habe, muß er das ganze nehmen, und nicht den kleinen Teil davon, der im Raume und in der Zeit auftaucht. Dem, der das ganze Leben nehmen wird, wird noch mehr gegeben werden, dem aber, der einen Teil nehmen wird, wird auch das genommen werden, was er hat.

XXX.
DAS LEBEN IST DAS VERHÄLTNIS ZUR WELT.
DAS FORTSCHREITEN DES LEBENS IST DIE FESTSTELLUNG EINES NEUEN HÖHEREN VERHÄLTNISSES, UND DARUM IST DER TOD DER EINTRITT IN EIN NEUES VERHÄLTNIS.

Das Leben können wir nicht anders verstehen, denn als ein gewisses Verhältnis zur Welt: so verstehen wir das Leben in uns selbst, und ebenso verstehen wir es in anderen Wesen.

In uns aber verstehen wir das Leben nicht nur als ein einmal existierendes Verhältnis, sondern auch als Anknüpfung eines neuen Verhältnisses zur Welt durch eine immer mehr und mehr zunehmende Unterwerfung der tierischen Persönlichkeit unter die Vernunft und die Offenbarung eines höheren Grades der Liebe. Die unvermeidliche Vernichtung der leiblichen Existenz, die wir an uns sehen, zeigt uns, daß das Verhältnis, in dem wir zur Welt stehen, kein beständiges ist, sondern daß wir genötigt sind, ein anderes zu gewinnen. Die Gewinnung dieses neuen Verhältnisses, d. h. die Bewegung des Lebens, vernichtet eben die ganze Vorstellung des Todes. Der Tod steht nur dem Menschen vor Augen, der sein Leben nicht in der Herstellung eines vernünftigen Verhältnisses zur Welt und seiner Äußerung in immer größerer und größerer Liebe erkannt hat, sondern bei dem Verhältniß geblieben ist, d. h. bei der Art der Liebe zu dem einen und der Nichtliebe zu dem anderen, mit der er in das Dasein eingetreten ist.

Das Leben ist eine unaufhörliche Bewegung, und indem der Mensch in demselben Verhältnis zur Welt, in demselben Grade der Liebe bleibt, mit denen er in das Leben eingetreten ist, fühlt er, daß es stille steht – und der Tod tritt vor ihn hin.

Nur einem solchen Menschen ist der Tod sichtbar und schrecklich. Das ganze Dasein eines solchen Menschen ist ein unaufhörlicher Tod. Der Tod ist ihm sichtbar und schrecklich nicht nur in der Zukunft, sondern auch in der Gegenwart, bei allen Anzeichen der Verminderung des tierischen Lebens, von der Kindheit bis zum Alter, denn das Fortschreiten des Daseins von der Kindheit bis zum Mannesalter scheint bloß eine zeitliche Zunahme der Kräfte, ist aber in Wirklichkeit die gleiche von der Geburt bis zum Tode nicht aufhörende Vergröberung der Glieder, Verminderung der Schmiegsamkeit und der Lebensfähigkeit. Ein solcher Mensch sieht den Tod fortwährend vor sich, und nichts kann ihn vor ihm retten. Mit jedem Tage, jeder Stunde verschlimmert sich die Lage eines solchen Menschen, und nichts kann sie verbessern. Sein besonderes Verhältnis zu der Welt, die Liebe zu dem einen und die Nichtliebe zu dem anderen, erscheint einem solchen Menschen bloß als eine der Bedingungen seines Daseins; und die einzige That des Lebens, die Herstellung eines neuen Verhältnisses zur Welt, die Vergrößerung der Liebe, erscheint ihm als eine unnütze. Sein ganzes Leben vergeht in dem Unmöglichen: sich von der unvermeidlichen Verminderung des Lebens, seiner Vergröberung, seiner Entkräftung, von dem Altwerden und dem Tode zu befreien. Anders ist es mit dem Menschen, der das Leben begreift. Ein solcher Mensch weiß, daß er sein besonderes Verhältnis zur Welt, seine Liebe zu dem einen und Nichtliebe zu dem anderen, aus der ihm verhüllten Vergangenheit in sein jetziges Leben mitgebracht hat. Er weiß, daß eben diese seine Liebe zu dem einen und Nichtliebe zu dem anderen, die er in diese seine Existenz mitgebracht hat, das eigentliche Wesen seines Lebens ist; daß dies nicht eine zufällige Eigenschaft seines Lebens ist, sondern daß dies allein das Fortschreiten des Lebens bewirkt; – und in diesem Fortschreiten allein, in der Vergrößerung der Liebe sucht er sein Leben.

Wenn er auf seine Vergangenheit in diesem Leben blickt, sieht er, daß seine Beziehung zu der Welt sich verändert, die Unterwerfung unter das Gesetz der Vernunft zugenommen und die Kraft und das Gebiet der Liebe sich unaufhörlich vergrößert hat, ihm immer größeres und größeres Wohl gebend, unabhängig von der proportionalen Verminderung der Existenz der Persönlichkeit und manchmal ihr gerade entgegen.

Ein solcher Mensch, der sein Leben aus der ihm unsichtbaren Vergangenheit entgegengenommen hat und sich dessen fortwährenden ununterbrochenen Wachstums bewußt geworden ist, trägt es nicht nur ruhig, sondern auch freudig in die unsichtbare Zukunft hinüber.

Man sagt, Krankheit, Alter, Hinfälligkeit, das Verfallen in die Kindheit, – das alles sei die Vernichtung des Bewußtseins und des Lebens des Menschen. Für welchen Menschen? Ich stelle mir nach der Tradition Johannes den Theologen vor, wie er durch das Alter in Kindheit verfallen war. Nach der Tradition sagte er nur: „Brüder, liebet euch untereinander." Ein hundertjähriger Greis, der kaum gehen kann, mit thränenden Augen, wispert nur ein und dieselben drei Worte: „Liebet euch untereinander!" In einem solchen Menschen dämmert kaum das tierische Dasein –

es ist ganz ausgezehrt von einem neuen Verhältnis zur Welt, einem neuen lebenden Wesen, das keinen Platz mehr findet in der Existenz des leiblichen Menschen.

Für den Menschen, der das Leben darin begreift, worin es wirklich besteht, heißt das Sprechen über die Verminderung seines Lebens bei Krankheiten und beim Alter und die Betrübnis darüber, soviel wie für einen Menschen, der zum Lichte herantritt, die Betrübnis über die Verkürzung seines Schattens je nach seiner Annäherung zum Lichte. Aber an die Vernichtung seines Lebens glauben, weil der Körper vernichtet wird, heißt soviel, wie daran glauben, daß die Vernichtung des Schattens eines Gegenstandes nach Eintritt des Gegenstandes in das volle Licht das wahre Kennzeichen der Vernichtung des Gegenstandes selbst ist. Solche Schlüsse könnte nur der Mensch ziehen, der so lange bloß den Schatten betrachtet hat, daß er sich schließlich einbildet, der Schatten sei der Gegenstand selbst.

Für den Menschen aber, der sich nicht aus der Abspiegelung im räumlichen und zeitlichen Dasein, sondern aus seiner vermehrten liebevollen Beziehung zu der Welt kennt, ist die Vernichtung des Schattens räumlicher und zeitlicher Bedingungen bloß das Kennzeichen eines höheren Grades von Licht. Dem Menschen, der sein Leben als ein gewisses besonderes Verhältnis zur Welt begreift, mit dem er in das Dasein eingetreten ist und das in seinem Leben gewachsen ist durch die Zunahme seiner Liebe, ist der Glaube an seine Vernichtung dasselbe wie einem Menschen, der die äußeren sichtbaren Gesetze der Welt kennt, der Glaube daran, daß seine Mutter ihn unter einem Kohlblatt gefunden hat, und daß sein Körper plötzlich irgendwohin fliegen wird, so daß nichts übrig bleiben wird.

———

XXXI.
DAS LEBEN DER GESTORBENEN MENSCHEN
HÖRT NICHT AUF IN DIESER WELT.

Noch klarer aber wird – ich will nicht sagen von anderer Seite, sondern aus dem Wesen des Lebens selbst, wie wir uns seiner bewußt werden – der Aberglaube des Todes. Mein Freund, mein Bruder hat gelebt so wie ich, und jetzt hat er aufgehört, so zu leben wie ich. Sein Leben war sein Bewußtsein und vollzog sich in den Bedingungen seiner körperlichen Existenz, – es giebt also jetzt keinen Raum und keine Zeit für die Offenbarung seines Bewußtseins, und er ist für mich nicht mehr da. Mein Bruder war, ich war in Gemeinschaft mit ihm, und jetzt ist er nicht mehr und ich werde nie erfahren, wo er ist.

„Zwischen ihm und uns sind alle Bande zerrissen. Er ist für uns nicht mehr und auch wir werden für die nicht mehr sein, die zurückbleiben werden. Was ist das anderes, als der Tod?" So sprechen die Menschen, die das Leben nicht verstehen. Diese Menschen sehen in dem Aufhören der äußeren Gemeinschaft den zweifellosesten Beweis des wirklichen Todes. Und doch verflattert die Schattenhaftigkeit der Vorstellung von dem Tode durch nichts klarer und augenscheinlicher, als durch das Aufhören der leiblichen Existenz der uns nahestehenden Menschen. Mein Bruder ist gestorben, was ist also geschehen? Das ist geschehen, daß die meiner Beobachtung in Raum und Zeit zugängliche Offenbarung seines Verhältnisses zur Welt meinen Blicken entschwunden und nichts zurückgeblieben ist.

„Nichts ist zurückgeblieben!" – so würde die Puppe, der Cocon sagen, der den Schmetterling noch nicht herausgelassen hat, wenn er sehen würde, daß der neben ihm liegende Cocon leer geworden ist. Aber der Cocon könnte so sagen, wenn er denken und sprechen könnte, denn da er seinen Nachbar verloren hat, würde er ihn auch wirklich durch nichts mehr empfinden. Anders ist es mit dem Menschen. Mein Bruder ist gestorben, sein Cocon, es ist wahr, ist leer geworden, ich sehe ihn nicht mehr in der Form, in der ich ihn bisher gesehen, aber sein Entschwinden aus meinen Blicken hat meine Beziehung zu ihm nicht vernichtet. Mir ist, wie wir sagen, die Erinnerung an ihn geblieben.

Die Erinnerung an ihn ist geblieben, – nicht die Erinnerung an seine Hände, an sein Antlitz, an seine Augen, sondern die Erinnerung an sein geistiges Bild.

Was ist diese Erinnerung? Ein so einfaches und, wie es scheint, so verständliches Wort! Es vergehen die Formen der Krystalle, der Tiere – unter den Krystallen und den Tieren giebt es keine Erinnerungen. Ich aber habe die Erinnerung an meinen Freund, an meinen Bruder, und diese Erinnerung ist um so lebhafter, je übereinstimmender das Leben meines Freundes, meines Bruders mit dem Gesetze der Vernunft war, je mehr es sich in der Liebe offenbart hat. Diese Erinnerung ist nicht bloß eine Vorstellung, sondern diese Erinnerung ist etwas, das auf mich einwirkt, und zwar ebenso einwirkt, wie das Leben meines Bruders auf mich während der Zeit seines irdischen Daseins eingewirkt hat. Diese Erinnerung ist dieselbe unsichtbare immaterielle Atmosphäre, die sein Leben umgeben und während seines leiblichen Daseins auf mich und auf andere eingewirkt hat, ebenso wie sie auch nach seinem Tode auf mich einwirkt. Diese Erinnerung fordert von mir jetzt, nach seinem Tode, genau dasselbe, was sie während seines Lebens von mir gefordert hat. Mehr als das: diese Erinnerung wird für mich nach seinem Tode viel bindender, als sie es bei seinen Lebzeiten war. Jene Kraft des Lebens, die in meinem Bruder gewesen ist, ist nicht nur nicht verschwunden und nicht geringer geworden, sie ist auch nicht dieselbe geblieben, sie ist sogar größer geworden und w i r k t auf mich stärker als früher.

Die Kraft seines Lebens wirkt nach seinem leiblichen Tode ebenso oder noch stärker als vor dem Tode, und wirkt wie alles wahrhaft Lebende. Woraufhin also, da ich diese Kraft des Lebens an mir als dieselbe empfinde, die sie während des leiblichen Daseins meines Bruders gewesen ist, d. h. als sein Verhältnis zur Welt, das mich über mein Verhältnis zur Welt aufklärt, kann ich behaupten, daß mein verstorbener Bruder kein Leben mehr besitzt? Ich kann sagen, daß er aus jenem niedrigsten Verhältnis zur Welt, in dem er sich als Tier befunden hat, und in dem ich mich noch befinde, herausgetreten ist – und das ist alles; ich kann sagen, daß ich jenes Centrum des neuen Verhältnisses zur Welt, in dem er sich jetzt befindet, nicht sehe; ich kann aber nicht sein Leben ableugnen, denn ich empfinde dessen Kraft an mir. Ich habe in der widerspiegelnden Oberfläche gesehen, wie der Mensch mich festgehalten hat; die widerspiegelnde Oberfläche hat sich getrübt. Ich sehe nicht mehr, wie der Mensch mich festhält, fühle aber mit meinem Wesen, daß er mich immer noch ebenso festhält und daß er folglich existiert.

Aber mehr als das: dieses mir unsichtbare Leben meines Bruders wirkt nicht bloß auf mich, sondern es dringt in mich ein. Sein besonderes lebendes Ich, sein Verhältnis zur Welt wird das meinige. In der Feststellung des Verhältnisses zur Welt erhebt er mich gleichsam auf jene Stufe, auf die er sich selbst erhoben hat, und mir, meinem besonderen lebenden Ich, wird jene folgende Stufe klarer, die er bereits betreten hatte, als er meinen Blicken entschwand, und wohin er mich nach sich zieht.

So erkenne ich für mich das Leben meines im leiblichen Tode entschlafenen Bruders an und kann darum nicht an seinem Leben zweifeln; und wenn ich die Wirkung dieses meinen Blicken entschwundenen Lebens auch auf die Welt beobachte, überzeuge ich mich noch unzweifelhafter von der Wirklichkeit dieses meinen Blicken entschwundenen Lebens. Der Mensch ist gestorben, aber sein Verhältnis zur Welt wirkt fort auf die Menschen, und nicht nur so wie im Leben, sondern um ein bedeutendes stärker, und die Wirkung steigert sich in dem Maße der Vernünftigkeit und der Liebe und wächst wie alles Lebende, ohne je aufzuhören und ohne Unterbrechungen zu kennen.

Christus ist vor sehr langer Zeit gestorben und seine leibliche Existenz war eine sehr kurze, und wir haben keine klare Vorstellung von seiner leiblichen Persönlichkeit, aber die Kraft seines vernünftig – liebevollen Lebens, seines Verhältnisses zur Welt wirkt – wie die keines anderen – bis heutzutage auf Millionen von Menschen, die dieses sein Verhältnis zur Welt in sich aufnehmen und durch dieses leben. Was ist es denn, das da wirkt?

Was ist das, was früher mit dem leiblichen Dasein Christi verbunden war und was die Fortsetzung und Ausbreitung dieses seines Lebens bildet? Wir sagen, das ist nicht das Leben Christi, sondern dessen Folgen. Und wenn wir solche jeder Bedeutung entbehrende Worte ausgesprochen haben, glauben wir, wir hätten etwas Klareres und Bestimmteres gesagt als das, daß diese Kraft der lebende Christus selbst sei. – Ganz ebenso könnten ja die Ameisen sagen, wenn die Eichel, an der sie gegraben haben, hervorgewachsen und zur Eiche geworden ist, die den Boden mit ihren Wurzeln zerreißt, Äste, Blätter, neue Eicheln verliert, das Licht und den Regen abhält und alles, was um sie her gelebt hat, verändert. „Dies ist nicht das Leben der Eichel" – werden die Ameisen sagen – „sondern die Folgen ihres Lebens, das aufgehört hat, als wir diese Eichel fortschleppten und in ein Loch warfen."

Mein Bruder ist gestern oder vor tausend Jahren gestorben, und dieselbe Kraft seines Lebens, die während seines leiblichen Daseins gewirkt hat, fährt fort in mir und in Hunderttausenden, in Millionen von Menschen noch stärker zu wirken, obgleich das mir sichtbare Centrum dieser Kraft seiner zeitlichen leiblichen Existenz meinen Blicken entschwunden ist. Was bedeutet das nun? Ich habe das Gras vor mir brennen sehen. Die Flamme in diesem Grase ist erloschen, der Feuerschein aber ist noch stärker geworden: ich sehe die Ursache des Scheines nicht, ich weiß nicht, was da brennt, ich kann aber die Folgerung ziehen, daß dasselbe Feuer, das dieses Gras verzehrt hat, jetzt einen fernen Wald oder etwas Ähnliches verzehrt, was ich nicht sehen kann. Dieser Schein aber ist derart, daß ich nicht nur ihn jetzt sehe, sondern daß er allein mich leitet und mir Leben giebt. Ich lebe durch dieses Licht. Wie also sollte ich es ableugnen? Ich kann denken, daß die Kraft dieses Lebens jetzt ein anderes mir unsichtbares Centrum hat. Aber ableugnen kann ich sie nicht, da ich sie empfinde, mich durch sie bewege und durch sie lebe. Welcher Art dieses Centrum ist, welcher Art dieses Leben an sich selbst ist, kann ich nicht wissen, – ich kann raten, wenn ich gern rate und nicht besorge, mich zu verwirren. Wenn ich aber einen vernünftigen Begriff des Lebens suche, so begnüge ich mich mit dem klaren unzweifelhaften Begriff und werde das, was klar und unzweifelhaft ist, nicht dadurch verderben, daß ich ihm dunkle willkürliche Rätsel hinzufüge. Es genügt mir zu wissen, daß alles das, wodurch ich lebe, sich aus dem Leben der vor mir gewesenen und längst gestorbenen Menschen gebildet hat, und daß deshalb jeder das Gesetz des Lebens erfüllende Mensch, der seine tierische Persönlichkeit der Vernunft unterworfen und die Kraft der Liebe bethätigt hat, nach Vernichtung seiner leiblichen Existenz in anderen Menschen gelebt hat und lebt, – damit der abgeschmackte und schreckliche Aberglaube des Todes mich nie mehr quäle.

An Menschen, die eine nach ihnen fortwirkende Kraft hinterlassen, können wir auch beobachten, weshalb diese Menschen, nachdem sie ihre Persönlichkeit der Vernunft unterworfen und sich dem Leben der Liebe hingegeben hatten, dem Gedanken an die Möglichkeit der Vernichtung des Lebens nie Raum geben konnten und nie Raum gegeben haben.

In dem Leben solcher Menschen können wir auch die Grundlage ihres Glaubens an die Fortdauer des Lebens finden und dann, nachdem wir auch in unser Leben eingedrungen sind, diese Grundlage auch in uns finden. Christus hat gesagt, er werde leben auch nach dem Entschwinden des Trugbildes des Lebens. Er sagte das, weil er bereits damals, während der Zeit seines leiblichen Daseins, in jenes wahre Leben eingetreten war, das nicht aufhören kann. Er lebte bereits während seines leiblichen Daseins in den Strahlen des Lichtes aus jenem anderen Centrum des Lebens, zu dem er ging, und sah während seines Lebens, wie die Strahlen dieses Lichts bereits die Menschen um ihn her erleuchteten. Dasselbe sieht auch jeder Mensch, welcher der Persönlichkeit entsagt und ein vernünftiges liebendes Leben lebt.

Wie eng der Kreis der Thätigkeit des Menschen auch sein mag, – sei er Christus oder Sokrates, sei er ein guter, unbekannter Greis voll Selbstverleugnung, ein Jüngling oder ein Weib – wenn er seiner Persönlichkeit entsagt und für das Wohl anderer lebt, tritt er bereits hier in diesem Leben in jenes neue Verhältnis zu der Welt, für die es keinen Tod giebt, und erfüllt die Bedingung, die für alle Menschen die Aufgabe dieses Lebens ist.

Der Mensch, der sein Leben an die Unterwerfung unter das Gesetz der Vernunft und an die Bethätigung der Liebe gesetzt hat, sieht bereits in diesem Leben von der einen Seite die Strahlen des Lichts jenes neuen Centrums des Lebens, zu dem er geht, und von der anderen die Wirkung, die dieses Licht, das durch ihn hindurchgeht, auf die ihn Umgebenden hervorbringt. Und dies giebt ihm einen unzweifelhaften Glauben an die Unmöglichkeit einer Verringerung, an die Unsterblichkeit und an die ewige Steigerung des Lebens. Den Glauben an die Unsterblichkeit kann man nicht von irgend jemandem annehmen, man kann sich von der Unsterblichkeit nicht überzeugen. Damit der Glaube an die Unsterblichkeit da sei, muß die Unsterblichkeit da sein; damit sie aber da sei, muß man sein Leben begreifen in dem, worin es unsterblich ist. An das zukünftige Leben glauben kann nur der, der die Aufgabe seines Lebens vollbracht, der in diesem Leben jenes neue Verhältnis zu der Welt festgestellt hat, das in ihr keinen Platz mehr hat.

———

XXXII.
Der Aberglaube des Todes kommt daher, dass der Mensch seine verschiedenen Verhältnisse zur Welt verwechselt.

Ja, wenn man auf das Leben in seiner wahren Bedeutung blickt, so wird es sogar schwer zu verstehen, worauf der sonderbare Aberglaube des Todes beruht.

Ebenso kann man, wenn man erkannt hat, was einen in der Dunkelheit wie ein Gespenst erschreckt hat, auf keine Weise diese Gespensterfurcht von neuem erwecken.

Die Furcht, das zu verlieren, was allein existiert, entsteht nur daraus, daß das Leben sich dem Menschen nicht nur in dem einen ihm bekannten, aber unsichtbaren besonderen Verhältnis seines vernünftigen Bewußtseins zu der Welt darstellt, sondern auch in noch zwei ihm unbekannten, aber sichtbaren Verhältnissen, des seines tierischen Bewußtseins und des seines Körpers zu der Welt. Alles Bestehende stellt sich dem Menschen dar: 1) als Verhältnis seines vernünftigen Bewußtseins zu der Welt, 2) als Verhältnis seines tierischen Bewußtseins zu der Welt, und 3) als Verhältnis der Materie seines Körpers zu der Welt. Der Mensch, der nicht begreift, daß das Verhältnis seines vernünftigen Bewußtseins zu der Welt sein einziges Leben ist, stellt sich sein Leben auch noch in der sichtbaren Beziehung seines tierischen Bewußtseins und der Materie seines Körpers zu der Welt vor und fürchtet die besondere Beziehung seines vernünftigen Bewußtseins zu der Welt zu verlieren, wenn die frühere Beziehung seiner Tierheit und der Materie, aus der er besteht, zu der Welt in seiner Persönlichkeit gestört wird.

Ein solcher Mensch meint, daß er aus der Bewegung der Materie entsteht, die auf die Stufe persönlichen tierischen Bewußtseins übergeht. Er meint, daß dieses tierische Bewußtsein in das vernünftige übergeht und daß danach dieses vernünftige Bewußtsein sich abschwächt und wieder in das tierische zurücktritt und zuletzt sich das tierische Bewußtsein abschwächt und in die tote Materie übergeht, aus der es hergekommen ist. Die Beziehung seines vernünftigen Bewußtseins zu der Welt aber erscheint ihm bei dieser Anschauung als etwas Zufälliges, Unnützes und Vergängliches. Bei dieser Anschauung stellt sich heraus, daß die Beziehung seines tierischen Bewußtseins zu der Welt nicht vernichtet werden kann; das Tierische setzt sich in seinem Geschlechte fort; die Beziehung der Materie zu der Welt kann erst recht nicht vernichtet werden und ist ewig; das Kostbarste aber – sein vernünftiges Bewußtsein – ist nicht nur nicht ewig, sondern nur ein Schimmer von irgend etwas Unnützem, Überflüssigem.

Und der Mensch fühlt, daß dies nicht sein kann. Und darin

liegt die Furcht vor dem Tode. Um sich vor dieser Furcht zu retten, suchen die einen sich zu überreden, daß ihr tierisches Bewußtsein eben ihr vernünftiges Bewußtsein ist und daß die Nichtsterblichkeit des tierischen Menschen, d. i. seines Geschlechts, seiner Nachkommenschaft, jener Forderung der Unsterblichkeit des vernünftigen Bewußtseins, die sie in sich tragen, genügt. Andere suchen sich zu überreden, daß das Leben, das nie vorher existiert hat und plötzlich in leiblicher Gestalt aufgetaucht und verschwunden ist, wieder im Fleische auferstehen und leben wird. Für diejenigen Menschen jedoch, die nicht das Leben in der Beziehung des vernünftigen Bewußtseins zu der Welt anerkennen, ist es unmöglich, sowohl an das eine wie an das andere zu glauben. Für sie ist es einleuchtend, daß die Fortpflanzung des menschlichen Geschlechts der unaufhörlich auftretenden Forderung der Ewigkeit ihres besonderen Ichs nicht genügt; der Begriff aber des neu beginnenden Lebens schließt den Begriff des Aufhörens des Lebens in sich, und wenn das Leben nicht früher, wenn es nicht immer gewesen ist, so kann es auch später nicht sein.

Für die einen wie für die anderen ist das irdische Leben wie eine Welle. Aus der toten Materie erhebt sich die Persönlichkeit, aus der Persönlichkeit das vernünftige Bewußtsein – die Höhe der Welle; auf der Höhe angelangt, läßt sich die Welle, das vernünftige Bewußtsein und die Persönlichkeit, wieder dahin hinabgleiten, von wo sie hervorgekommen ist, und wird vernichtet. Das menschliche Leben ist für die einen wie für die anderen ein sichtbares Leben. Der Mensch ist aufgewachsen, reif geworden, gestorben, und nach dem Tode kann es für ihn nichts mehr geben; das, was nach ihm und von ihm geblieben ist, die Nachkommenschaft oder selbst seine Werke, kann ihn nicht befriedigen. Er beklagt sich, er fürchtet das Aufhören seines Lebens. Daran aber, daß dieses sein Leben, das hier auf Erden in seinem Körper begonnen und hier auch geendet hat, daß dieses sein Leben wieder auferstehen wird, daran kann er nicht glauben.

Der Mensch weiß, daß, wenn er nicht vorher gewesen ist und wenn er aus nichts entstanden und hernach gestorben ist, sein bisheriges Ich nie wieder sein wird und nie wieder sein kann. Der Mensch wird nur dann erkennen, daß er nicht sterben wird, wenn er erkennen wird, daß er nie geboren worden ist und immer war, ist und sein wird. Der Mensch wird nur dann an seine Unsterblichkeit glauben, wenn er begreifen wird, daß sein Leben keine Welle, sondern jene ewige Bewegung ist, die in diesem Leben bloß als Welle auftaucht.

Ich habe die Vorstellung, daß ich sterben werde, daß mein Leben aufhören wird, und dieser Gedanke quält und ängstigt mich, weil ich mich beklage. Was wird denn sterben? Was bedauere ich? Was bin ich vom allergewöhnlichsten Gesichtspunkte aus? Ich bin vor allem Fleisch. Nun? Darum ängstige ich mich, das bedauere ich? Es ergiebt sich, nein: der Körper, die Materie kann nie, nirgends verloren gehen, nicht das kleinste Teilchen. Also dieser Teil von mir ist gesichert, für diesen Teil habe ich nichts zu fürchten. Alles wird unversehrt bleiben. Doch nein, sagt man, nicht das beklagen wir. Mich bedauere ich, mich, Leo Nikolajewitsch, Iwan Ssemjonytsch ... Aber es ist doch jeder nun ein anderer, als er vor zwanzig Jahren war, und wird von Tag zu Tag ein anderer. Welchen also beklagst du? Nein, heißt es, nicht das, nicht den beklage ich. Ich beklage das Bewußtsein meiner selbst, mein Ich.

Aber dieses dein Bewußtsein ist nicht immer dasselbe gewesen, es ist vielmehr verschiedenartig gewesen: es ist ein anderes gewesen vor einem Jahre, ein anderes vor zehn Jahren und ein ganz anderes noch früher; soweit du dich zurückerinnerst, hat es sich fortwährend verändert: warum gefällt dir denn dein jetziges Bewußtsein so sehr, daß es dir so leid thut, es zu verlieren? Wenn es immer dasselbe gewesen wäre, dann wäre es begreiflich, aber es hat ja nichts anderes gethan, als sich fortwährend zu verändern. Seinen Anfang siehst du nicht und kannst ihn nicht finden, und plötzlich willst du, daß es kein Ende haben soll, daß das Bewußtsein, das jetzt in dir ist, auf immer bleibe. Seit du dich deiner entsinnst, bist du immer vorwärtsgegangen. Du bist in dieses Leben gekommen, du weißt selbst nicht wie, du weißt aber, daß du als dieses besondere Ich gekommen bist, welches du bist; dann bist du weiter, immer weiter gegangen, bist zur Mitte gelangt und plötzlich stemmst du dich und willst dich nicht von der Stelle rühren, willst nicht weitergehen, weil du nicht siehst, was dort ist! Du hast ja aber auch den Ort nicht gesehen, daher du kommst, und bist doch gekommen; du bist durch das Eingangsthor eingetreten und willst nicht durch das Ausgangsthor hinausgehen.

Dein ganzes Leben war ein Gang durch das leibliche Dasein: du gingst, eiltest vorwärts und plötzlich beklagst du, daß sich das vollzieht, was du selbst unaufhörlich gethan hast. Du fürchtest dich vor der großen Veränderung deines Zustandes bei dem leiblichen Tode; aber eine so große Veränderung ist ja mit dir auch bei deiner Geburt vorgegangen, und daraus ist für dich nicht nur nichts Schlimmes entstanden, sondern im Gegenteil etwas so Gutes, daß du dich davon gar nicht trennen willst.

Was kann dich erschrecken? Du sagst, daß du dich beklagst, dich, mit deinen jetzigen Gefühlen, Gedanken, Weltanschauungen, mit deiner jetzigen Beziehung zu der Welt.

Du fürchtest, deine jetzige Beziehung zu der Welt zu verlieren. Welche Beziehung ist denn das? Worin besteht sie?

Wenn sie darin besteht, daß du so issest, trinkest, dich fortpflanzest, Wohnungen baust, dich kleidest, so oder anders dich zu den anderen Menschen und Tieren verhältst, so ist ja das alles die Beziehung eines jeden Menschen als denkenden Tieres zum Leben – und diese Beziehung kann in keiner Weise verloren gehen; solcher waren und sind und werden Millionen sein, und ihr Geschlecht wird sich ebenso unzweifelhaft erhalten wie jedes Teilchen der Materie. Die Erhaltung des Geschlechts ist in solcher Kraft in alle Tiere hineingelegt, und ist deshalb so dauerhaft, daß nichts dafür zu fürchten ist.

Wenn du ein Tier bist, so hast du nichts zu fürchten, wenn du aber Materie bist, so bist du noch gesicherter in deiner Ewigkeit.

Wenn du aber das zu verlieren fürchtest, was nicht das Tierische ist, so fürchtest du deine besondere vernünftige Beziehung zu der Welt zu verlieren, das, womit du in dieses Dasein eingetreten bist. Du weißt aber, daß es nicht mit deiner Geburt entstanden ist; es besteht unabhängig von dem Ent- und Bestehen deiner Tierheit und kann deshalb auch nicht von ihrem Tode abhängig sein.

XXXIII.
DAS SICHTBARE LEBEN IST EIN TEIL DER UNENDLICHEN BEWEGUNG DES LEBENS.

Mir stellt sich mein irdisches Leben und das Leben aller anderen Menschen folgendermaßen dar:

Ich und jeder lebende Mensch finden uns in dieser Welt mit einer gewissen bestimmten Beziehung zu der Welt, mit einem gewissen Grade von Liebe vor. Anfangs meinen wir, mit dieser unserer Beziehung zu der Welt beginne unser Leben, aber die Beobachtung unser selbst und anderer Menschen zeigt uns, daß diese Beziehung zu der Welt, der Grad der Liebe eines jeden von uns, nicht mit diesem Leben begonnen hat, sondern von uns aus der, durch unsere leibliche Geburt uns verhüllten Vergangenheit in das Leben mitgebracht worden ist; außerdem sehen wir, daß der ganze Verlauf unseres Lebens hier nichts anderes ist, als ein nicht aufhörendes Wachsen, eine Steigerung unserer Liebe, die nie aufhört, sondern durch den leiblichen Tod unseren Blicken nur entzogen wird.

Unser sichtbares Leben erscheint mir als der Abschnitt eines Kegels, dessen Spitze und Basis sich meinem geistigen Auge entziehen. Der schmale Teil des Abschnittes ist jene meine Beziehung zu der Welt, in der ich mir zuerst meiner bewußt wurde; der breite Teil ist jene höchste Beziehung zum Leben, zu welcher ich jetzt gelangt bin. Der Anfang dieses Kegels, seine Spitze, ist für mich in der Zeit durch meine Geburt verhüllt; die Fortsetzung des Kegels ist durch die in meinem leiblichen Dasein wie in meinem leiblichen Tode gleich unbekannte Zukunft vor mir verborgen. Ich sehe weder die Spitze des Kegels noch seine Basis, aber an dem Teile, in den mein sichtbares, mir erinnerliches Leben fällt, erkenne ich unzweifelhaft seine Eigenschaften. Anfangs scheint es mir, als sei eben dieser Abschnitt des Kegels mein ganzes Leben; aber je nach der Bewegung meines wahren Lebens sehe ich einerseits, daß das, was die Grundlage meines Lebens bildet, sich hinter ihm, jenseits seiner Grenzen befindet: je länger ich lebe, um so lebhafter und klarer sehe und fühle ich meine Verbindung mit der mir unsichtbaren Vergangenheit; andererseits sehe ich, wie eben diese Grundlage sich auf die mir unsichtbare Zukunft stützt: ich fühle klarer und lebhafter meine Verbindung mit der Zukunft und schließe daraus, daß das von mir gesehene Leben, mein irdisches Leben, nur ein kleiner Teil von meinem ganzen Leben ist, das von seinen beiden Enden an – vor der Geburt und nach dem Tode – unzweifelhaft existiert, sich aber vor meiner jetzigen Erkenntnis verbirgt. Und darum benimmt das Aufhören der Sichtbarkeit des Lebens nach dem leiblichen Tode, ebenso wie seine Unsichtbarkeit vor der Geburt, mir nicht die Gewißheit seines Daseins vor der Geburt und nach dem Tode. Ich trete in das Leben mit gewissen fertigen Eigenschaften der Liebe zu der Welt außerhalb meiner ein; meine leibliche Existenz – ob kurz oder lang – geht hin in der Vergrößerung dieser von mir in das Leben mitgebrachten Liebe, und darum schließe ich unzweifelhaft, daß ich vor meiner Geburt gelebt habe und leben werde – wie nach jenem Momente der Gegenwart, in dem ich jetzt, während ich nachdenke, mich befinde, so auch nach jenem anderen Momente der Zeit vor oder nach meinem leiblichen Tode. Wenn ich auf den leiblichen Anfang und das leibliche Ende der Existenzen anderer Menschen (ja, Wesen überhaupt) blicke, so sehe ich, daß ein Leben länger, ein anderes kürzer ist; eines erscheint früher und bleibt länger für mich sichtbar, ein anderes erscheint später und verbirgt sich wieder sehr bald vor mir, in allen aber sehe ich die Offenbarung eines und desselben Gesetzes eines jeden wahren Lebens – der Vergrößerung der Liebe – gleichwie eine Verbreitung der Strahlen des Lebens. Früher oder später senkt sich der Vorhang, der mir den zeitlichen Lebenslauf der Menschen verhüllt; das Leben aller

Menschen ist immer dasselbe, das eine Leben, und hat ebenso wie jedes Leben weder einen Anfang noch ein Ende. Und das, daß ein Mensch in den mir sichtbaren Bedingungen dieses Daseins länger oder kürzer gelebt hat, kann gar keinen Unterschied in seinem wahren Leben bilden. Daß ein Mensch länger über das mir offene Gesichtsfeld gegangen ist oder ein anderer schnell darüber hinweggeschritten ist, kann mich durchaus nicht veranlassen, dem ersteren mehr und dem zweiten weniger wirkliches Leben zuzuschreiben. Ich weiß unzweifelhaft, wenn ich einen an meinem Fenster – gleichviel ob rasch oder langsam – vorübergehenden Menschen gesehen habe, ich weiß ganz bestimmt, daß dieser Mensch auch vor der Zeit dagewesen ist, ehe ich ihn erblickt, und fortfahren wird zu sein, auch nachdem er meinen Blicken entschwunden ist.

Warum aber gehen die einen rasch vorüber und die anderen langsam? Warum lebt der vertrocknete, geistig verknöcherte Greis, der unserer Ansicht nach unfähig ist, das Gesetz des Lebens – die Vergrößerung der Liebe – zu erfüllen, und das Kind, der Jüngling, das Mädchen, der Mann in der ganzen Kraft der geistigen Arbeit stirbt, tritt aus den Bedingungen dieses leiblichen Lebens heraus, in dem er, nach unserer Vorstellung, kaum begonnen hatte, in sich das richtige Verhältnis zum Leben festzustellen?

Begreiflich noch ist der Tod eines Pascal, eines Gogol; aber – Chénier, Lermontow und tausend andere Menschen, die, wie uns scheint, ihre innere Arbeit kaum begonnen hatten, die, wie uns scheint, so gut hier hätte vollendet werden können!

Das scheint uns aber nur so. Niemand von uns weiß etwas über jene Grundlagen des Lebens, die von anderen in die Welt mitgebracht worden sind, und über jene Bewegung des Lebens, die sich in ihm vollzogen hat, über jene Hindernisse der Bewegung des Lebens, die in diesem Wesen enthalten sind, und hauptsächlich über jene anderen möglichen, aber uns unsichtbaren Bedingungen des Lebens, unter welche in einem anderen Dasein das Leben dieses Menschen gestellt werden kann.

Wir glauben, wenn wir der Arbeit des Schmiedes zusehen,

das Hufeisen sei ganz fertig – man braucht nur ein paarmal darauf zu schlagen – er aber zerbricht es und wirft es ins Feuer, weil er weiß, daß es nicht durchgeglüht ist. Ob in dem Menschen die Arbeit des wahren Lebens sich vollzieht oder nicht, können wir nicht wissen. Wir wissen das nur von uns. Uns scheint, daß der Mensch stirbt, wenn er es nicht nötig hat; das kann aber nicht sein. Der Mensch stirbt nur dann, wenn das für sein Wohl unvermeidlich ist, ebenso wie der Mensch nur dann wächst und zum Manne wird, wenn er dessen für sein Wohl bedarf.

Und in der That, wenn wir unter dem Leben das Leben und nicht bloß sein Scheinbild verstehen, wenn das wahre Leben die Grundlage von allem ist, so kann die Grundlage nicht von dem abhängen, was sie hervorbringt: – die Ursache kann nicht von der Wirkung herkommen, der Lauf des wahren Lebens kann nicht durch die Veränderung seiner Erscheinungen gestört werden. Die begonnene und nicht beendete Bewegung des Lebens des Menschen in dieser Welt kann nicht dadurch gehemmt werden, daß er ein Geschwür bekommt oder eine Bakterie auffängt oder daß ein Pistolenschuß auf ihn abgefeuert wird. Der Mensch stirbt bloß, weil in dieser Welt das Wohl seines wahren Lebens sich nicht vergrößern kann, nicht aber weil seine Lungen krank sind oder weil er den Krebs hat oder weil man auf ihn geschossen oder eine Bombe geworfen hat. Wir meinen gewöhnlich, es sei natürlich, das fleischliche Leben zu leben, und unnatürlich, durch Feuer, Wasser, Kälte, durch den Blitz, durch Krankheiten, Pistolen und Bomben zu sterben; man braucht aber nur ernstlich nachzudenken, indem man das Leben der Menschen von der Seite betrachtet, um zu sehen, daß gerade das Gegenteil der Fall ist: es ist vollkommen unnatürlich für den Menschen, inmitten aller dieser verderblichen Bedingungen, inmitten aller überall verbreiteten und zum größten Teile tödlichen unzähligen Bakterien ein fleischliches Leben zu leben. Es ist natürlich, daß er untergeht. Und deshalb ist das fleischliche Leben inmitten dieser verderblichen Bedingungen vielmehr etwas ganz Unnatürliches im materiellen Sinne. Wenn wir leben, so geschieht das nicht daher, weil wir uns schonen, sondern weil in uns die Aufgabe des Lebens sich vollzieht, die sich alle diese Bedingungen unterwirft. Wir leben nicht, weil wir uns schonen, sondern weil wir die Aufgabe des Lebens vollbringen. Hört die Aufgabe des Lebens auf, so vermag nichts mehr den unaufhörlichen Untergang des menschlichen, tierischen Lebens aufzuhalten – dieser Untergang vollzieht sich, und eine der nächsten, den Menschen stets umringenden Ursachen des fleischlichen Todes erscheint uns als seine einzige Ursache.

Unser wahres Leben ist, dieses allein kennen wir, aus ihm allein kennen wir das tierische Leben, und darum, wenn schon sein Scheinbild unabänderlichen Gesetzen unterworfen ist, wie sollte es selbst – das, was dieses Scheinbild hervorbringt – keinen Gesetzen unterliegen?

Uns beunruhigt aber das, daß wir die Ursachen und Handlungen unseres wahren Lebens nicht so sehen, wie wir die Ursachen und Handlungen in den äußeren Erscheinungen sehen: wir wissen nicht, weshalb der eine mit solchen Eigenschaften seines Ichs in die Welt eintritt und der andere mit anderen, weshalb das Leben des einen abreißt und das des anderen fortdauert. Wir fragen uns: was war vor meinem Dasein die Ursache davon, daß ich als das geboren wurde, was ich bin? Und was wird nach meinem Tode die Folge davon sein, ob ich so oder anders lebe? Und wir bedauern, auf diese Frage keine Antwort zu erhalten.

Bedauern aber, daß ich jetzt das nicht erfahren kann, was namentlich vor meinem Leben war und was nach meinem Tode sein wird, wäre dasselbe, wie wenn ich bedauern wollte, daß ich das nicht sehen kann, was sich außerhalb der Grenzen meines Gesichtskreises befindet. Wenn ich aber das sehen würde, was außerhalb meines Gesichtskreises liegt, so würde ich ja das nicht sehen, was innerhalb seiner Grenzen liegt. Für mich aber, für das Wohl meiner Tierheit ist es am notwendigsten, das zu sehen, was um mich herum ist.

Ebenso verhält es sich auch mit der Vernunft, vermittelst derer ich erkenne. Wenn ich das sehen könnte, was außerhalb der Grenzen meiner Vernunft liegt, so würde ich das nicht sehen, was innerhalb ihrer Grenzen liegt. Zum Wohle meines wahren Lebens aber ist es für mich am notwendigsten zu wissen, wem ich hier und jetzt meine tierische Persönlichkeit unterordnen muß, um das Wohl des Lebens zu erringen. Und die Vernunft offenbart mir dies, eröffnet mir in diesem Leben jenen alleinigen Weg, auf dem ich kein Aufhören meines Wohles sehe.

Sie zeigt zweifellos, daß dieses Leben nicht mit der Geburt angefangen hat, sondern daß es immer war und ist, zeigt, daß das Wohl dieses Lebens hier wächst und zunimmt, bis es die Grenzen erreicht, die es nicht mehr zu fassen vermögen, und dann erst aus jenen Bedingungen hinaustritt, die sein Wachstum aufhalten, und in ein anderes Dasein hinübergeht.

Die Vernunft stellt den Menschen auf jenen alleinigen Weg des Lebens, der, einem kegelförmig sich erweiternden Tunnel gleich, ihm in der Ferne die sichere Unendlichkeit des Lebens und dessen Wohles eröffnet.

———

XXXIV.
Die Unerklärbarkeit der Leiden des irdischen Daseins giebt dem Menschen den überzeugendsten Beweis dafür, daß sein Leben nicht ein Leben der Persönlichkeit ist, das mit der Geburt anfängt und mit dem Tode endet.

Wenn der Mensch aber auch vermöchte, den Tod nicht zu fürchten und an ihn nicht zu denken, so würden doch allein die Leiden, die schrecklichen, zwecklosen, durch nichts gerechtfertigten und nie abwendbaren Leiden, denen er ausgesetzt ist, genügen, um jeden vernünftigen Sinn, der dem Leben zugeschrieben wird, zu zerstören.

Ich bin mit einer guten, für andere zweifellos nützlichen Sache beschäftigt, plötzlich trifft mich eine Krankheit, zerreißt meine Beschäftigung und quält und martert mich ohne allen Sinn und Verstand. Die Schraube einer Eisenbahnschiene ist durchrostet, und gerade an dem Tage, an dem sie herausspringt, mit dem Zuge, in dem Waggon, vor dessen Vorüberfahren sie herausspringt, fährt eine gute Frau, eine Mutter mit ihren Kindern, und sieht, wie ihre Kinder vor ihren Augen zermalmt werden. Infolge eines Erdbebens stürzt gerade die Stelle ein, auf der Lissabon oder Wjernyj steht, und vollkommen unschuldige Menschen werden lebendig begraben und sterben unter entsetzlichen Qualen. Was hat das für einen Sinn? Warum, wofür diese und tausend andere sinnlose furchtbare Zufälligkeiten der Leiden, die über die Menschen hereinbrechen?

Die Verstandeserklärungen erklären nichts. Die Verstandeserklärungen aller solcher Erscheinungen umgehen immer gerade das Wesentliche der Frage und zeigen noch überzeugender ihre Unlösbarkeit. Ich bin krank geworden, weil die und die Mikroben da und da hineingeflogen sind; oder die Kinder sind vor den Augen der Mutter durch den Zug zermalmt worden, weil die Feuchtigkeit die und die Wirkung auf das Eisen ausübt; oder Wjernyj ist eingestürzt, weil die und die geologischen Gesetze bestehen. Aber die Frage liegt ja darin, warum gerade die und die Menschen gerade den und den furchtbaren Leiden ausgesetzt waren, und wie ich mich von diesen Zufälligkeiten des Leidens befreien soll?

Darauf giebt es keine Antwort. Im Gegenteil, mein Denken zeigt mir offenbar, daß es kein Gesetz giebt und keines geben kann, nach dem ein Mensch diesen Zufälligkeiten unterworfen ist und ein anderer nicht, daß es dergleichen Zufälligkeiten eine zahllose Menge giebt, und daß deshalb, was ich auch thun mag, mein Leben in jeder Sekunde all den unzähligen Zufälligkeiten des allerschrecklichsten Leidens ausgesetzt ist.

Wenn die Menschen nur die Schlüsse ziehen wollten, die unvermeidlich aus ihrer Weltanschauung folgen, so würden die Menschen, die ihr Leben als persönliches Dasein auffassen, nicht eine Minute lang am Leben bleiben. Kein einziger Arbeiter würde bei einem Herrn bleiben, der bei der Annahme des Arbeiters sich das Recht ausbedingen würde, jedesmal, wenn es ihm einfallen sollte, diesen Arbeiter auf langsamem Feuer zu braten oder ihn lebendig zu schinden oder ihm die Sehnen auszuziehen oder überhaupt alle jene Greuel zu vollbringen, die er unter den Augen des sich Verdingenden ohne alle Erklärung und Ursache an seinen Arbeitern vollbringt. Wenn die Menschen das Leben wirklich so begreifen würden, wie sie sagen, daß sie es begreifen, würde kein einziger, allein schon aus Furcht vor allen jenen qualvollen und durch nichts zu erklärenden Leiden, die er um sich herum sieht und denen er in jeder Sekunde verfallen kann, auf der Welt leben bleiben.

Die Menschen aber leben, trotzdem sie alle verschiedene leichte Mittel kennen, sich zu töten, um aus diesem Leben, das mit so grausamen und sinnlosen Leiden erfüllt ist, hinauszugehen – sie leben; sie klagen, sie weinen über ihre Leiden und – leben weiter.

Man kann nicht sagen, daß dies daher käme, weil es der Genüsse in diesem Leben mehr gebe denn der Leiden; erstens weil nicht nur die einfache Überlegung, sondern auch die philosophische Erforschung des Lebens deutlich zeigt, daß das ganze irdische Leben eine Reihe von Leiden ist, die durch die Genüsse lange nicht aufgewogen werden; zweitens, weil wir alle von uns und von anderen wissen, daß Menschen, die sich in einer Lage befinden, die nichts anderes bietet als eine Reihe sich steigernder Leiden ohne die Möglichkeit einer Erleichterung bis zum Tode selbst, sich nicht töten und am Leben festhalten.

Für diesen sonderbaren Widerspruch giebt es nur eine Erklärung: alle Menschen wissen im Grunde ihrer Seele, daß all die Leiden stets notwendig und für das Wohl ihres Lebens unumgänglich sind, und sie fahren bloß deshalb fort zu leben und sich diesen Leiden, die sie vorhersehen, zu unterwerfen. Sie empören sich aber über die Leiden deshalb, weil bei der falschen Ansicht vom Leben, die das Wohl bloß der Persönlichkeit verlangt, die Störung dieses Wohles, die nicht zum offenbaren Wohle führt, als etwas Unbegreifliches und darum Empörendes erscheinen muß.

Und die Menschen entsetzen sich vor den Leiden und wundern sich über sie als über etwas vollständig Unerwartetes und

Unbegreifliches. Gleichwohl ist jeder Mensch im Leiden aufgewachsen, sein ganzes Leben ist eine Reihe von Leiden, die er empfindet und die er anderen Wesen auferlegt, und es wäre, sollte man meinen, Zeit, sich an Leiden gewöhnt zu haben, vor ihnen nicht zu erschrecken und sich nicht zu fragen: wozu und wofür die Leiden? Der Mensch, der nur ein wenig nachdenkt, wird sehen, daß alle seine Genüsse durch die Leiden anderer Wesen erkauft werden, daß alle seine Leiden eben für seinen Genuß notwendig sind, daß es ohne Leiden keinen Genuß giebt, daß Leiden und Genüsse zwei entgegengesetzte Zustände sind, die einer durch den anderen hervorgerufen werden und einer für den anderen notwendig sind. Was bedeuten also diese Fragen: warum, wofür die Leiden?, die sich jeder vernünftige Mensch vorlegt? Der Mensch, der da weiß, daß das Leiden mit dem Genusse verbunden ist, weshalb fragt er sich: warum, wofür das Leiden?, und fragt sich nicht – warum, wofür der Genuß?

Das ganze Leben des Tieres und des Menschen als Tiers ist eine Kette ununterbrochener Leiden. Die ganze Thätigkeit des Tieres und des Menschen als Tiers wird nur durch die Leiden hervorgerufen. Die Leiden sind eine krankhafte Empfindung, die eine Thätigkeit hervorruft, die diese krankhafte Empfindung beseitigt und einen Zustand des Genusses hervorbringt. Und das Leben des Tieres und des Menschen als Tiers wird nicht nur durch das Leiden nicht gestört, sondern es vollzieht sich nur dank diesem Leiden. Folglich sind die Leiden das, was das Leben bewegt, und deshalb eben das, was sein muß; wonach also fragt der Mensch, wenn er fragt: warum und wofür das Leiden?

Das Tier fragt das nicht.

Wenn der Barsch aus Hunger die Plötze quält, wie die Spinne die Mücke und der Wolf das Schaf, so wissen sie, daß sie das thun, was sein muß, und daß gerade das sich vollzieht, was sein muß; und darum, wenn der Barsch und die Spinne und der Wolf gleiche Qualen durch Stärkere erfahren, so wissen sie, indem sie fortlaufen, sich wehren, sich losreißen, daß sie alles thun, was sein muß, und deshalb kann in ihnen nicht der leiseste Zweifel bestehen, daß mit ihnen eben das vorgeht, was sein muß. Aber der Mensch, der nur mit der Heilung seiner Beine beschäftigt ist, nachdem sie ihm auf dem Schlachtfelde abgerissen worden, wo er wiederum anderen die Beine abgerissen hat, oder der nur damit beschäftigt ist, seine Zeit auf die beste Weise in der dunkeln Einzelzelle zu verbringen, nachdem er selbst direkt oder indirekt Menschen hineingesteckt hat, oder der Mensch, der nur darauf bedacht ist, sich gegen die Wölfe, die ihn zerfleischen, zu verteidigen und vor ihnen fortzulaufen, nachdem er selbst Tausende von tierischen Wesen getötet und aufgegessen hat – der Mensch kann nicht finden, daß alles das, was mit ihm geschieht, eben das ist, was sein muß. Er kann das, was mit ihm vorgeht, nicht als das anerkennen, was sein muß, weil er – nicht alles gethan hat, was er thun mußte. Da er aber nicht alles gethan hat, was er thun mußte, so scheint es ihm auch, daß mit ihm vorgeht, was nicht sein muß.

Was aber soll der Mensch, der von Wölfen zerrissen wird, anderes thun, als daß er sich gegen die Wölfe wehrt und vor ihnen fortläuft? – Das, was dem Menschen als einem vernünftigen Wesen zu thun eigen ist: die Sünde, die das Leiden hervorgebracht hat, einsehen, sie bereuen und die Wahrheit erkennen.

Das Tier leidet nur in der Gegenwart, und deshalb findet es in der durch die Leiden hervorgerufenen Thätigkeit, die auf das Tier selbst in der Gegenwart gerichtet ist, volle Befriedigung. Der Mensch jedoch leidet nicht bloß in der Gegenwart, er leidet auch in der Vergangenheit und in der Zukunft, und deshalb kann die durch die Leiden des Menschen hervorgerufene Thätigkeit, wenn sie bloß auf die Gegenwart des tierischen Menschen gerichtet ist, ihn nicht befriedigen. Nur eine Thätigkeit, die auf die Ursache und auf die Folgen der Leiden, auf die Vergangenheit und auf die Zukunft gerichtet ist, befriedigt den leidenden Menschen.

Das Tier ist eingesperrt und rüttelt an seinem Käfig, oder es hat ein Bein gebrochen und beleckt die kranke Stelle, oder es wird von einem anderen Tiere gefressen und verteidigt sich. Das Gesetz seines Lebens wird von außen übertreten, und das Tier richtet seine Thätigkeit auf dessen Wiederherstellung, und es vollzieht sich das, was sein muß. Der Mensch aber – ich selbst oder ein mir Nahestehender – sitzt im Gefängnis; oder ich selbst oder ein mir Nahestehender hat im Kampfe ein Bein eingebüßt, oder mich zerfleischen die Wölfe: die Thätigkeit, die auf die Flucht aus dem Gefängnis, auf die Heilung des Beines, auf die Abwehr der Wölfe gerichtet ist, wird mich nicht befriedigen, weil die Einsperrung im Gefängnis, der Schmerz des Beins und die Zerfleischung der Wölfe nur einen sehr geringen Teil meiner Leiden ausmachen. Ich sehe die Ursachen meines Leidens in der Vergangenheit, in meinen Verirrungen und den Verirrungen anderer Menschen, und wenn meine Thätigkeit nicht auf die Ursache meines Leidens – auf die Verirrung – gerichtet ist und ich mich nicht bemühe, mich von ihr zu befreien, so thue ich nicht das, was sein muß; und deshalb eben erscheint mir das Leiden als das, was nicht sein muß, und es wächst nicht nur in der Wirklichkeit, sondern auch in der Einbildung bis zu einem furchtbaren, die Möglichkeit des Lebens ausschließenden Maße.

Die Ursache des Leidens für das Tier ist die Übertretung des Gesetzes des tierischen Lebens; diese Übertretung äußert sich in dem Bewußtsein des Schmerzes und die durch die Übertretung des Gesetzes hervorgerufene Thätigkeit ist auf die Beseitigung des Schmerzes gerichtet; für das vernünftige Bewußtsein ist die Ursache des Leidens die Übertretung des Gesetzes des Lebens des vernünftigen Bewußtseins; die Übertretung dieses Gesetzes äußert sich in dem Bewußtsein der Verirrung, der Sünde, und die durch die Übertretung des Gesetzes hervorgerufene Thätigkeit ist auf die Beseitigung der Verirrung – der Sünde – gerichtet. Und wie das Leiden des Tieres eine auf den Schmerz gerichtete Thätigkeit hervorruft und diese Thätigkeit das Leiden von seiner Pein befreit, so rufen auch die Leiden des vernünftigen Wesens eine auf die Verirrung gerichtete Thätigkeit hervor, und diese Thätigkeit befreit das Leiden von seiner Pein.

Die Fragen: warum? und wofür?, die in der Seele des Menschen bei Erleidung oder Einbildung des Leidens auftauchen, zeigen bloß, daß der Mensch diejenige Thätigkeit nicht erkannt hat, die durch das Leiden in ihm hervorgerufen werden muß und die das Leiden von seiner Pein befreit. Und in der That, für den Menschen, der sein Leben in seiner tierischen Existenz erblickt, kann es keine solche, das Leiden von der Pein befreiende Thätigkeit geben, und um so weniger, je enger er sein Leben auffaßt.

Wenn der Mensch, der seine persönliche Existenz als sein Leben anerkennt, die Ursachen seines persönlichen Leidens in seiner persönlichen Verirrung findet, wenn er begreift, daß er erkrankt ist, weil er etwas Schädliches gegessen hat, oder daß man ihn geschlagen hat, weil er selbst schlagen wollte, oder daß er hungrig ist und der Hunger daher kommt, daß er nicht arbeiten will, so erkennt er, daß er dafür leidet, daß er das gethan hat, was er nicht sollte – und um künftig das nicht zu thun, richtet er seine Thätigkeit auf die Vernichtung der Verirrung, empört sich nicht gegen das Leiden, sondern trägt es leicht, oft sogar freudig. Wenn aber ein solcher Mensch von einem Leiden heimgesucht wird, das über die Grenzen des ihm sichtbaren Zusammenhangs zwischen Leiden und Verirrung hinausgeht, wie z. B. wenn er durch Ursachen leidet, die immer außerhalb seiner persönlichen Thätigkeit gelegen haben, oder wenn die Folgen seiner Leiden weder für ihn noch für irgend eine andere Persönlichkeit notwendig sein können – so meint er, daß ihm etwas zustößt, was nicht sein muß, und er fragt sich: warum? wofür? Und da er keinen Gegenstand findet, auf den er seine Thätigkeit richten könnte, empört er sich gegen das Leiden, und sein Leiden wird ihm zur entsetzlichen Qual. Die Mehrzahl der Leiden des Menschen aber sind namentlich solche, deren Ursachen oder deren Folgen – mitunter beide – ihm im Raume und in der Zeit verborgen bleiben; ererbte Krankheiten, unglückliche Zufälligkeiten, Mißernten, Schiffbrüche, Feuersbrünste, Erdbeben u. dergl., die mit dem Tode enden.

Die Erklärungen, daß das notwendig ist, um den zukünftigen Menschen als Lehre zu dienen, daß man sich nicht jenen Leidenschaften ergeben soll, die sich in Krankheiten der Nachkommenschaft äußern, oder daß man die Züge besser einrichten oder mit dem Feuer vorsichtiger umgehen müsse – alle diese Erklärungen geben mir gar keine Antwort. Ich kann die Bedeutung meines Lebens nicht in der Illustration der Verfehlungen anderer Menschen anerkennen; mein Leben ist mein Leben mit meinem Streben nach dem Wohle, nicht aber die Illustration für das Leben anderer. Und diese Erklärungen taugen nur für die Unterhaltung und erleichtern nicht jene Furcht vor der Sinnlosigkeit der mir drohenden Leiden, welche die Möglichkeit des Lebens ausschließen.

Könnte man aber auch noch irgendwie begreifen, daß, wenn ich durch meine Verirrungen anderen Menschen Leiden verursache, ich durch mein Leiden die Verirrungen anderer trage; könnte man, wenn auch nur sehr entfernt, begreifen, daß jedes Leiden ein Hinweis auf eine Verirrung ist, die in diesem Leben von den Menschen gutgemacht werden muß, – so bleibt doch noch eine ungeheure Reihe von Leiden, die durch nichts zu erklären sind. Ein Mensch ist allein im Walde von Wölfen zerfleischt worden, ein Mensch ist ertrunken, erfroren oder verbrannt oder ist einfach einsam erkrankt und gestorben, und niemand wird jemals etwas davon erfahren, wie er gelitten hat, und Tausende solcher Zufälle. Wem bringt das irgendwelchen Nutzen?

Für den Menschen, der sein Leben als tierische Existenz auffaßt, giebt es gar keine Erklärung und kann es keine geben, weil für einen solchen Menschen die Verbindung zwischen dem Leiden und der Verirrung nur in den ihm sichtbaren Erscheinungen besteht, diese Verbindung in den Todesqualen jedoch bereits vollständig seinem geistigen Blicke entschwindet.

Der Mensch hat die Wahl zwischen zwei Dingen: entweder er fährt fort, indem er den Zusammenhang zwischen den Leiden, die er erduldet, und seinem Leben nicht anerkennt, die Mehrzahl seiner Leiden zu ertragen wie Qualen, die gar keinen Sinn haben – oder er erkennt an, daß seine Verirrungen und die aus ihnen hervorgehenden Handlungen – seine Sünden –, welcher Art sie auch sein mögen, die Ursache seiner Leiden sind, welcher Art sie auch sein mögen, und daß seine Leiden die Befreiung und Erlösung von seinen Sünden und den Sünden anderer Menschen sind, welcher Art sie auch sein mögen.

Möglich sind nur folgende zwei Beziehungen zu dem Leiden: die eine ist die, daß das Leiden das ist, was nicht sein muß, weil ich seine äußere Bedeutung nicht sehe, und die andere, daß es gerade das ist, was sein muß, weil ich seine innere Bedeutung für mein wahres Leben kenne. Die erstere entspringt daraus, daß ich im Wohle meines besonderen persönlichen Lebens mein wahres Wohl erblicke. Die andere hat ihren Ursprung darin, daß das Wohl meines ganzen vergangenen und zukünftigen Lebens in unlösbarer Verbindung mit dem Wohle anderer Menschen und Wesen mir als das meinige gilt. In dem ersteren Falle finden die Leiden gar keine Erklärung und rufen gar keine andere Thätigkeit hervor, als die fortwährend wachsende und durch nichts zu beseitigende Verzweiflung und Erbitterung; im letzteren rufen die Leiden eben die Thätigkeit hervor, aus der gerade die Bewegung des wahren Lebens besteht – die Erkenntnis der Sünde, die Befreiung von Verirrungen und die Unterwerfung unter das Gesetz der Vernunft.

Wenn nicht die Vernunft, so veranlaßt die Qual der Leiden den Menschen wider Willen anzuerkennen, daß sein Leben nicht genügend Raum in seiner Persönlichkeit findet, daß seine Persönlichkeit bloß der sichtbare Teil seines ganzen Lebens ist, daß die äußere, ihm aus seiner Persönlichkeit sichtbare Verbindung zwischen Ursache und Wirkung nicht zusammenfällt mit jener inneren Verbindung der Ursache und Wirkung, die dem Menschen stets aus seinem vernünftigen Bewußtsein bekannt ist.

Die Verbindung der Verirrung und des Leidens, die für das Tier nur in räumlichen und zeitlichen Bedingungen sichtbar ist, ist für den Menschen immer klar außerhalb dieser Bedingungen – in seinem Bewußtsein. Das Leiden, welcher Art es auch sei, erkennt der Mensch immer als eine Folge seiner Sünde, welcher Art sie auch sei, und die Buße seiner Sünde als Befreiung vom Leiden und als Erlangung des Wohles.

Das ganze Leben des Menschen von den ersten Tagen der Kindheit an besteht ja nur: in dem Sichbewußtwerden der Sünde unter dem Einfluß der Leiden und in der Befreiung seines Ichs von Verirrungen. Ich weiß, daß ich mit einer gewissen Kenntnis der Wahrheit in dieses Leben eingetreten bin, und daß, je mehr Verirrungen in mir waren, um so mehr der Leiden waren, für mich sowohl wie für andere Menschen; je mehr ich mich von Verirrungen befreite, um so weniger waren der Leiden, für mich sowohl wie für andere Menschen, und um so größeres Wohl habe ich erlangt. Und deshalb weiß ich: je größer jene Kenntnis der Wahrheit ist, die ich aus dieser Welt hinaustrage und die mir meine, wenn auch letzte Qual des Todes giebt, um so größeres Wohl erlange ich.

Die Qual des Leidens erleidet nur der, der sich von dem Leben der Welt abgesondert hat und, ohne diejenigen seiner Sünden zu sehen, durch die er Leiden in die Welt gebracht hat, sich für unschuldig hält und sich deshalb gegen die Leiden empört, die er um der Sünden der Welt willen trägt.

Und merkwürdig, das gerade, was für die Vernunft – in der Idee – klar ist, das gerade bestätigt sich in der alleinigen wahren Thätigkeit des Lebens, in der Liebe. Die Vernunft sagt, daß der Mensch, der den Zusammenhang zwischen seiner Sünde und seinen Leiden mit der Sünde und den Leiden der Welt erkennt, von der Qual des Leidens befreit wird; die Liebe bestätigt dies durch die That.

Das halbe Leben eines jeden Menschen vergeht in Leiden, die er nicht nur nicht als qualvolle erkennt, sondern die er als sein Wohl ansieht, nur deshalb, weil sie als Folgen von Verirrungen und als Mittel zur Erleichterung der Leiden geliebter Menschen ertragen werden. Je weniger Liebe daher, um so mehr ist der Mensch der Qual der Leiden ausgesetzt, je mehr Liebe, um so weniger quälend ist das Leiden; ein vollkommen vernünftiges Leben aber, dessen ganze Thätigkeit sich nur in der Liebe offenbart, schließt die Möglichkeit jeglichen Leidens aus. Das Quälende des Leidens ist nur der Schmerz, den die Menschen empfinden bei den Versuchen, jene Liebeskette zu zerreißen, die das menschliche Leben mit dem der Voreltern, der Nachkommen, der Zeitgenossen, mit dem Leben der Welt verbindet.

XXXV.
DIE KÖRPERLICHEN LEIDEN BILDEN DIE NOTWENDIGE BEDINGUNG DES LEBENS UND DES WOHLES DER MENSCHEN.

„Es schmerzt aber doch, es schmerzt körperlich. Warum dieser Schmerz?" fragen die Menschen.

„Darum, weil das für uns nicht nur notwendig ist, sondern weil wir nicht leben könnten, ohne daß wir zuweilen Schmerz empfänden", würde uns der antworten, der gemacht hat, daß es uns schmerzt, und es so gemacht hat, daß es uns so wenig wie möglich schmerzt, das Wohl durch diesen Schmerz aber so groß gemacht hat wie nur möglich.

Wer weiß denn nicht, daß unsere allererste Empfindung des Schmerzes das erste und hauptsächlichste Mittel sowohl zur Erhaltung unseres Körpers wie zur Fortdauer unseres tierischen Lebens ist, daß, wenn das nicht wäre, wir als Kinder unseren ganzen Körper zum Zeitvertreib verbrennen und in Stücke schneiden würden. Der körperliche Schmerz schützt die tierische Persönlichkeit. Und solange der Schmerz zum Schutze der Persönlichkeit dient, wie dies beim Kinde der Fall ist, kann dieser Schmerz nicht jene entsetzliche Qual sein, als welche wir den Schmerz in den Zeiten kennen lernen, wo wir uns in der vollen Kraft des vernünftigen Bewußtseins befinden und uns dem Schmerze widersetzen, indem wir ihn als das ansehen, was nicht sein muß. Der Schmerz in dem Tiere und in dem Kinde ist eine sehr bestimmte, aber geringfügige Größe, die sich nie zu jenem Grade der Qual steigert, wie sie ihn in einem mit einem vernünftigen Bewußtsein ausgestatteten Wesen erreicht. Bei dem Kinde sehen wir, daß es über den Biß eines Flohes mitunter ebenso kläglich weint, wie über einen Schmerz, der die inneren Organe zerstört. Und der Schmerz eines unvernünftigen Wesens hinterläßt gar keine Spuren in der Erinnerung. Möge jeder versuchen sich der erlittenen Schmerzen seiner Kindheit zu erinnern, und er wird sehen, daß er von ihnen nicht nur keine Erinnerung hat, sondern daß er sogar nicht imstande ist, sie in seiner Vorstellung wieder herzustellen. Unser Eindruck bei dem Anblick der Leiden der Kinder und der Tiere ist für uns ein größeres Leiden, als das ihrige für sie. Die Äußerungen der Leiden unvernünftiger Wesen sind bedeutend größer als das Leiden selbst und erwecken deshalb in bedeutend größerem Maße unser Mitleid, wie man dies bei Erkrankungen des Gehirns, hitzigen Fiebern, beim Typhus und bei allen Agonieen bemerken kann.

In den Zeiten, wo das vernünftige Bewußtsein noch nicht erwacht ist und der Schmerz bloß zum Schutze der Persönlichkeit dient, ist er nicht quälend; in den Zeiten aber, wo in dem Menschen die Möglichkeit des vernünftigen Bewußtseins vorhanden ist, ist er ein Mittel zur Unterwerfung der tierischen Persönlichkeit unter die Vernunft und wird, je nach dem Maße des Erwachens dieses Bewußtseins, immer weniger und weniger quälend.

Eigentlich können wir nur dann von Leiden sprechen, wenn wir uns im vollen Besitze unseres vernünftigen Bewußtseins befinden, weil erst von diesem Zustande an das Leben und jene Zustände des Lebens beginnen, die wir Leiden nennen. In diesem Zustande aber kann die Empfindung des Schmerzes sich bis zu den weitesten Grenzen ausdehnen und sich bis auf das unbedeutendste Maß zusammenziehen. Das Studium der Physiologie lehrt uns, daß es für die Steigerung des Schmerzes eine Grenze giebt, über die hinaus Ohnmacht, Abstumpfung, Tod eintritt. Unsere Empfindlichkeit gegenüber dem Schmerze aber ist keine bestimmte Größe, sie kann durch unsere Beziehung zu ihm bis ins Unendliche gesteigert und ebenso bis ins Unendliche verringert werden.

Wir wissen alle, wie ein Mensch, wenn er sich dem Schmerze unterwirft, indem er ihn als das anerkennt, was sein muß, den Schmerz bis zur Unempfindlichkeit herabstimmen kann, ja sogar bis zur Empfindung der Freude im Ertragen vom Schmerz. Gar nicht zu reden von den Märtyrern, von Hus, der auf dem Scheiterhaufen sang – selbst einfache Menschen ertragen, bloß aus dem Wunsche, ihren Mut zu zeigen, ohne Laut und ohne Zucken die als die qualvollsten bekannten Operationen. Es giebt eine Grenze für die Steigerung des Schmerzes; für die Verminderung seiner Empfindung aber giebt es keine Grenze.

Die Qualen des Schmerzes sind allerdings furchtbar für Menschen, die ihr Leben in ihre fleischliche Existenz setzen. Wie sollten sie aber auch nicht furchtbar sein, wenn jene Kraft der Vernunft, die dem Menschen gegeben ist zur Vernichtung der Qual des Leidens, nur darauf gerichtet ist, diese zu vergrößern.

Wie es bei Plato eine Mythe giebt, die erzählt, Gott habe anfangs den Menschen 70 Jahre als Lebensfrist festgesetzt, dann aber, als er sah, daß es die Menschen dadurch schlechter hatten, habe er diese Frist auf das zurückgeführt, was sie jetzt ist, das heißt es so eingerichtet, daß die Menschen die Stunde ihres Todes nicht kennen – ganz ebenso könnte man sich eine Mythe denken, nach welcher die Menschen anfangs ohne Empfindung des Schmerzes geschaffen waren, später jedoch zu ihrem Wohle das eingerichtet wurde, was jetzt ist.

Wenn die Götter die Menschen ohne die Empfindung des Schmerzes geschaffen hätten, so hätten die Menschen sehr bald um diese Empfindung gebeten. Ohne Geburtswehen würden Frauen ihre Kinder unter Bedingungen gebären, bei denen vermutlich nur wenige Kinder am Leben blieben; ohne Schmerzempfindung würden Kinder und junge Leute ihren ganzen Körper verderben, und erwachsene Menschen würden weder die Verirrungen anderer Menschen, die früher gelebt haben oder jetzt leben, noch – was die Hauptsache ist – ihre eigenen Verirrungen je kennen; sie würden nicht wissen, was sie in diesem Leben zu thun haben, würden keinen vernünftigen Zweck ihrer Thätigkeit haben, würden sich nie mit dem Gedanken an den bevorstehenden leiblichen Tod aussöhnen können und würden keine Liebe besitzen.

Für den Menschen, der das Leben als die Unterwerfung seiner Persönlichkeit unter das Gesetz der Vernunft versteht, ist der Schmerz nicht nur kein Übel, sondern eine notwendige Bedingung seines tierischen, wie seines vernünftigen Lebens. Wäre nicht der Schmerz, so hätte die tierische Persönlichkeit keinen Hinweis auf die Abweichungen von ihrem Gesetze; würde das vernünftige Bewußtsein keine Leiden erfahren, so würde der

Mensch nicht die Wahrheit erkennen, so würde er sein Gesetz nicht kennen.

Du sprichst, wird man mir sagen, von deinen persönlichen Leiden, wie aber kann man die Leiden anderer leugnen? Der Anblick dieser Leiden ist doch das qualvollste Leiden, werden die Menschen, nicht ganz aufrichtig, sagen. Die Leiden anderer? Aber die Leiden anderer – das, was ihr Leiden nennt – haben nie aufgehört und hören nie auf. Die ganze Welt, Menschen und Tiere, leidet und hat nie aufgehört zu leiden. Haben wir das wirklich erst heute erfahren? Wunden, Verstümmelungen, Hunger, Kälte, Krankheiten, alle möglichen unglücklichen Zufälligkeiten und hauptsächlich Geburten, ohne die wir alle nicht zur Welt gekommen wären – das alles sind ja notwendige Bedingungen des Daseins. Das ist ja eben das, was zu verringern und dem Abhilfe zu bringen den Inhalt des vernünftigen Lebens der Menschen bildet – ist eben das, worauf die wahre Thätigkeit des Lebens gerichtet ist. Das Verstehen der Leiden der Persönlichkeiten und der Ursachen der menschlichen Verirrungen, sowie die Thätigkeit zu ihrer Verminderung ist ja die ganze Aufgabe des menschlichen Lebens. Darum eben bin ich ja ein Mensch, eine Persönlichkeit, damit ich die Leiden anderer Persönlichkeiten verstehe ; und darum bin ich ein vernünftiges Bewußtsein, damit ich in dem Leiden jeder besonderen Persönlichkeit die allgemeine Ursache des Leidens – die Verirrungen – sehen und sie in mir und in anderen vernichten kann. Wie kann denn das Material seiner Arbeit ein Leiden für den Arbeiter sein? Das wäre dasselbe, wie wenn der Landmann sagen wollte, das ungepflügte Land sei sein Leiden. Das ungepflügte Land kann nur für den ein Leiden sein, der den Acker gepflügt sehen möchte, es aber nicht für seine Lebensaufgabe hält, ihn zu pflügen.

Die Thätigkeit, die auf den unmittelbaren Liebesdienst den Leidenden gegenüber und auf die Vernichtung der allgemeinen Ursachen der Leiden – der Verirrungen – gerichtet ist, ist eben jene alleinige freudige Arbeit, die dem Menschen bevorsteht und ihm jenes unentreißbare Wohl giebt, in dem sein Leben besteht.

Es giebt nur ein Leiden für den Menschen, und das ist gerade dasjenige Leiden, das den Menschen, er mag wollen oder nicht, zwingt, sich jenem Leben hinzugeben, in dem allein es für ihn das wahre Wohl giebt. Dieses Leiden ist das Bewußtsein des Widerspruchs, in dem meine Sündhaftigkeit und die Sündhaftigkeit der ganzen Welt sich befindet nicht nur mit der Möglichkeit, sondern mit der Verpflichtung der Verwirklichung der ganzen Wahrheit in meinem Leben sowie in dem Leben der ganzen Welt, nicht durch irgend jemanden, sondern durch mich selbst. Dieses Leiden kann ich nicht dadurch stillen, daß ich, obwohl an der Sünde der Welt beteiligt, meine eigene Sünde nicht sehe, noch weniger dadurch, daß ich aufhöre an die Pflicht zu glauben, nicht die eines anderen, sondern die Pflicht meiner selbst, die ganze Wahrheit in meinem Leben und in dem Leben der Welt zu verwirklichen. Das erstere vergrößert nur meine Leiden, das zweite beraubt mich der Kraft des Lebens. Dieses Leiden wird nur durch das Bewußtsein und die Thätigkeit des wahren Lebens gestillt, die den Widerspruch zwischen dem persönlichen Leben und dem von den Menschen anerkannten Zwecke aufheben. Der Mensch muß, ob er will oder nicht, anerkennen, daß sein Leben sich nicht auf seine Persönlichkeit von der Geburt bis zum Tode beschränkt und daß das ihm bewußt gewordene Ziel ein erreichbares ist, und daß in dem Streben nach ihm, in dem Sichbewußtwerden seiner größeren und größeren Sündhaftigkeit und in der größeren und größeren Verwirklichung der ganzen Wahrheit in seinem Leben und in dem Leben der Welt, die Aufgabe seines Lebens, das untrennbar ist von dem Leben der ganzen Welt, besteht und bestanden hat und immer bestehen wird. – Wenn nicht das vernünftige Bewußtsein, so wird das Leiden, das aus der irrigen Ansicht über den Sinn seines Lebens entspringt, den Menschen unwillkürlich auf den einzig wahren Pfad des Lebens hindrängen, auf dem es keine Hindernisse, kein Übel giebt, sondern nur das eine, das durch nichts zerstört werden kann, das nie begonnen hat und nie enden kann, das stets wachsende Wohl.

———

Das Leben des Menschen ist das Streben nach dem Wohle, und das, wonach er strebt, ist ihm auch gegeben. Das Übel in der Gestalt des Todes und der Leiden ist dem Menschen nur sichtbar, wenn er das Gesetz seiner leiblichen tierischen Existenz für das Gesetz seines Lebens ansieht. Nur wenn er, obwohl ein Mensch, auf die Stufe des Tieres hinabsteigt – nur dann sieht er den Tod und die Leiden. Der Tod und die Leiden stürmen von allen Seiten wie Schreckbilder auf ihn ein und treiben ihn auf den einzigen ihm offenstehenden Pfad des menschlichen Lebens, das dem Gesetze der Vernunft unterworfen ist und sich in der Liebe äußert. Der Tod und die Leiden sind nur Übertretungen des Gesetzes seines Lebens durch den Menschen. Für den Menschen, der nach seinem Gesetze lebt, giebt es keinen Tod und keine Leiden.

„Kommt her zu mir alle, die ihr mühselig und beladen seid, ich will euch erquicken.

Nehmet auf euch mein Joch und lernet von mir; denn ich bin sanftmütig und von Herzen demütig; so werdet ihr Ruhe finden für eure Seelen.

Denn mein Joch ist sanft, und meine Last ist leicht." (Ev. Matth. 11, 28-30.)

Das Leben des Menschen ist das Streben nach dem Wohle. Wonach er strebt, das ist ihm auch gegeben: das Leben, das kein Tod sein kann, und das Wohl, das kein Übel sein kann.

———

I

Man sagt gewöhnlich: wir erforschen das Leben nicht nach dem Bewußtsein unseres Lebens, sondern im Allgemeinen außer uns. Das heißt doch aber so viel, als wollte man sagen: wir betrachten die Gegenstände nicht mit den Augen, sondern allgemein außer uns.

Die Gegenstände sehen wir außer uns, weil wir sie vor unseren Augen sehen, und das Leben kennen wir außer uns nur, weil wir es in uns kennen. Und wir sehen die Gegenstände nur so, wie wir sie vor unseren Augen sehen, und wir bestimmen das Leben außerhalb uns nur so, wie wir es in uns kennen. Wir kennen das Leben in uns als das Streben nach dem Wohle. Und deshalb kann man, ohne das Leben als das Streben nach dem Wohle zu bestimmen, das Leben nicht nur nicht beobachten, sondern auch nicht sehen.

Die erste und hauptsächlichste That unserer Erkenntnis der lebenden Wesen ist die, daß wir viele verschiedene Gegenstände in den Begriff eines lebenden Wesens einschließen und dieses lebende Wesen aus allem anderen ausscheiden. Das eine wie das andere thun wir nur auf Grund der von uns allen gleich anerkannten Bestimmung des Lebens als des Strebens eines jeden nach seinem eignen Wohle als eines von der ganzen Welt abgesonderten Wesens.

Wir erkennen, daß ein Mensch zu Pferde nicht mehrere Wesen und nicht ein Wesen ist, nicht deshalb, weil wir alle Teile, die den Menschen und das Pferd bilden, beobachten, sondern weil wir weder im Kopfe noch in den Füßen noch in anderen Teilen des Menschen und des Pferdes jenes abgesonderte Streben nach dem Wohle sehen, das wir in uns kennen. Und wir erkennen, daß ein Mensch zu Pferde nicht ein Wesen ist, sondern daß es zwei Wesen sind, weil das Streben nach dem Wohle in ihnen nicht ein und dasselbe, sondern für jedes ein anderes ist.

Nur dadurch erkennen wir, daß in der Verbindung des Reiters mit dem Pferde Leben ist, daß in der Pferdeherde Leben ist, daß Leben ist in den Vögeln, den Insekten, den Bäumen und dem Grase. Wenn wir aber nicht wüßten, daß das Pferd sein Wohl für sich und der Mensch das seine für sich wünscht, daß jedes einzelne Pferd in der Herde für sich das gleiche wünscht, daß jeder Vogel, jeder Käfer, jeder Baum, jedes Gras für sich das selbe Wohl wünscht, würden wir keine Absonderung der Wesen sehen, und wenn wir keine Absonderung der Wesen sehen würden, so würden wir auch nie etwas Lebendes verstehen können: ein Kavallerieregiment, eine Schar Vögel, Insekten und eine Gruppe Pflanzen – alles würde sein wie die Wogen des Meeres, und die ganze Welt würde für uns in eine gleichförmige Bewegung zusammenfließen, in der wir durchaus kein Leben zu finden vermöchten.

Wenn ich weiß, daß das Pferd und der Hund und die auf ihm sitzende Laus lebende Wesen sind und ich sie beobachten kann, so ist das bloß deshalb, weil das Pferd und der Hund und die Laus ihre besonderen Ziele haben – Ziele ein jedes zu seinem Wohle. Ich weiß dies aber deshalb, weil ich mich selbst als einen solchen nach dem Wohle Strebenden kenne.

In diesem Streben nach dem Wohle besteht auch die Grundlage jeglicher Erkenntnis des Lebens. Ohne das Eingeständnis dessen, daß das Streben nach dem Wohle, das der Mensch in sich fühlt, das Leben und das Merkmal jeglichen Lebens, ist keinerlei Erforschung des Lebens möglich, keinerlei Beobachtung des Lebens möglich. Und darum beginnt die Beobachtung dann, wenn das Leben bereits bekannt ist, und keine Beobachtung der Kundgebungen des Lebens kann (wie das die falsche Wissenschaft annimmt) das Leben selbst bestimmen.

Die Menschen erkennen die Bestimmung des Lebens in dem Streben nach dem Wohle, das sie in ihrem Bewußtsein finden, nicht an; sie erkennen aber die Möglichkeit dieses Strebens in der Laus an; und auf Grund dieser Vermutung und dieser auf nichts gegründeten Erkenntnis jenes Wohles, nach dem die Laus strebt, stellen sie Beobachtungen an und ziehen sogar Schlüsse über das Grundwesen des Lebens.

Jede Vorstellung, die ich von dem äußeren Leben habe, gründet sich auf das Bewußtsein meines Strebens nach dem Wohle. Und darum werde ich nur dann im stande sein das zu erkennen, was das Wohl und das Leben anderer Wesen ist, wenn ich erkannt haben werde, worin mein Wohl und mein Leben liegt. Das Wohl und das Leben anderer Wesen aber zu erkennen, ohne das meine erkannt zu haben, ist ganz unmöglich.

Die Beobachtungen anderer Wesen, die nach ihren mir unbekannten Zielen streben, die ein ähnliches Wohl bilden wie das, dessen Erstrebung ich in mir kenne, können mir nicht nur nichts erklären, sondern können ganz sicher meine wahre Erkenntnis des Lebens vor mir verbergen.

Das Leben in anderen Wesen erforschen, ohne eine Bestimmung seines eigenen Lebens zu haben, ist so viel, wie einen Kreis beschreiben, ohne sein Centrum zu haben. Nur nachdem man einen unerschütterlichen Punkt als Centrum festgestellt hat, kann man den Kreis beschreiben. Was wir aber auch für Figuren zeichnen wollten, ohne Centrum wird es keinen Kreis geben.

———

II

Die falsche Wissenschaft verdreht, indem sie die Begleiterscheinungen erforscht in der Voraussetzung, das Leben selbst zu erforschen, eben durch diese Voraussetzung den Begriff des Lebens; und darum entfernt sie sich, je weiter sie die Erscheinungen dessen erforscht, was sie das Leben nennt, um so mehr von dem Begriffe des Lebens, den sie erforschen will.

Erst werden die Säugetiere, dann andere, Wirbeltiere, Fische, Pflanzen, Korallen, Zellen, mikroskopische Organismen zum Gegenstand der Untersuchung gemacht, und man gelangt dahin, den Unterschied zwischen dem Lebenden und Nichtlebenden, zwischen den Grenzen des Organischen und Unorganischen, zwischen den Grenzen eines Organismus und eines anderen zu verwischen. Man gelangt dazu, daß sich das als wichtigster Gegenstand der Untersuchung darstellt, was gar nicht mehr beobachtet werden kann. Das Geheimnis des Lebens und die Erklärung aller Dinge stellt sich dar in Kommabazillen, die nicht mehr sichtbar sind, vielmehr nur vermutet, heute entdeckt und morgen vergessen werden. Die Erklärung aller Dinge wird in jenen Wesen vorausgesetzt, die in den mikroskopischen Wesen enthalten sind, und in denen, die wiederum in diesen … enthalten sind, u.s.w. bis zur Unendlichkeit, als ob die unendliche Teilung des Kleinen nicht eine ebensolche Unendlichkeit wäre wie die Unendlichkeit des Großen. Das Geheimnis wird dann offenbart werden, wenn die ganze Unendlichkeit des Kleinen bis ans Ende durchforscht sein wird, d. h. niemals. Und die Menschen sehen nicht, daß die Gewißheit darüber, daß die Frage nur in dem unendlich Kleinen ihre Lösung erhält, der unzweifelhafte Beweis dafür ist, daß die Frage falsch gestellt war. Und dieses letzte Stadium der Sinnlosigkeit – das ganz klar die vollständige Verrücktheit der Forschungen zeigt – eben dieses Stadium gilt als ein Triumph der Wissenschaft; die letzte Stufe der Blindheit erscheint als die höchste Stufe der Sehkraft. Die Menschen sind in eine Sackgasse geraten und haben dadurch vor sich selbst die Lüge des Weges, auf dem sie gingen, aufgedeckt, und da kennt ihre Begeisterung keine Grenze. Man muß das Mikroskop nur noch ein wenig verstärken, und wir werden den Übergang aus dem Unorganischen in das Organische und aus dem Organischen in das Psychische begreifen, und das ganze Geheimnis des Lebens wird uns offenbar werden.

Die Menschen haben, indem sie die Schatten anstatt der Gegenstände erforschten, ganz den Gegenstand vergessen, dessen Schatten sie erforschen, und haben sich immer länger und länger in den Schatten vertieft, sind bis zur vollständigen Finsternis gelangt und freuen sich darüber, daß der Schatten so dicht ist.

Die Bedeutung des Lebens ist in dem Bewußtsein des Menschen offenbar als das Streben nach dem Wohle. Die Erklärung dieses Wohles, die immer genauere Bestimmung desselben bildet den Hauptzweck und die Hauptarbeit des Lebens der ganzen Menschheit, und nun – weil diese Arbeit mühsam ist, d. h. weil sie keine Spielerei, sondern eine Arbeit ist – kommen die Menschen zu dem Schluß, daß die Bestimmung dieses Wohles nicht da gefunden werden kann, wo sie hineingelegt ist, d. i. in dem vernünftigen Bewußtsein des Menschen, und daß man sie deshalb überall suchen muß – nur nicht da, wo sie angezeigt ist.

Dies hat Ähnlichkeit mit dem, was ein Mensch thun würde, dem man auf einem Zettel eine genaue Angabe dessen gegeben hätte, was er braucht, und der, da er nicht zu lesen versteht, den Zettel wegwerfen und alle ihm Begegnenden fragen würde, ob sie nicht wüßten, was er braucht. Die Menschen suchen überall die Bestimmung des Lebens, die mit unauslöschlichen Buchstaben, nämlich in ihrem Streben nach dem Wohle, ihrer Seele eingeprägt ist, nur nicht in ihrem Bewußtsein selbst. Das ist um so sonderbarer, als die ganze Menschheit in der Gestalt ihrer weisesten Vertreter, angefangen von dem griechischen Ausspruche „Erkenne dich selbst", stets das vollkommene Gegenteil davon gesagt hat und zu sagen fortfährt. Alle religiösen Lehren sind nichts anderes, denn Bestimmungen des Lebens als des Strebens nach dem wirklichen, untrüglichen, für den Menschen erreichbaren Wohle.

————

III

Immer deutlicher und deutlicher vernimmt der Mensch die Stimme der Vernunft; öfter und öfter lauscht der Mensch dieser Stimme, und die Zeit kommt, ja, sie ist schon da, wo diese Stimme stärker wird als die Stimme, die zum persönlichen Wohle und zur Trug-Pflicht ruft. Einerseits wird es immer klarer, daß das Leben der Persönlichkeit mit seinen Lockungen kein Wohl geben kann, andererseits, daß jener alte Betrug, der den Glauben fordert an das, was keine vernünftige Erklärung besitzt, bereits abgenutzt ist und man nicht zu ihm zurückkehren kann.

Früher sagte man: klügele nicht, sondern glaube an die Pflicht, die wir vorschreiben. Die Vernunft wird dich betrügen. Nur der Glaube wird dir das wahre Wohl des Lebens eröffnen. Und der Mensch bemühte sich zu glauben und glaubte; aber der Verkehr mit den Menschen zeigte ihm, daß andere Menschen an etwas ganz anderes glauben und behaupten, daß dieses andere dem Menschen das höchste Wohl giebt. Es ist unvermeidlich geworden, die Frage zu lösen, welcher Glaube – von den vielen – der richtigste sei; entscheiden aber kann dies bloß die Vernunft. Der Mensch erkennt auch stets alles durch die Vernunft und nicht durch den Glauben. Man konnte betrügen, als man behauptete, daß er durch den Glauben erkenne und nicht durch die Vernunft; sobald aber der Mensch zweierlei Glauben kennt und Menschen sieht, die sich zu einem andern Glauben ebenso bekennen, wie er zu dem seinigen, ist er vor die unvermeidliche Notwendigkeit gestellt, die Frage durch die Vernunft zu lösen. Wenn der Buddhist, der den Mohamedanismus kennen gelernt hat, Buddhist bleibt, so bleibt er Buddhist nicht mehr dem Glauben, sondern der Vernunft nach. Sobald ein anderer Glaube an ihn herangetreten ist und die Frage, ob er seinen oder den ihm vorgeschlagenen Glauben verwerfen soll, wird die Frage unumgänglich durch die Vernunft entschieden. Und wenn er den Mohamedanismus kennen gelernt hat und Buddhist geblieben ist, so stützt sich der frühere blinde Glaube an Buddha nun auf vernünftige Grundlagen.

Der Versuch, in unserer Zeit dem Menschen geistigen Inhalt einzuflößen durch den Glauben mit Umgehung der Vernunft, gleicht dem Versuche, einen Menschen mit Umgehung seines Mundes zu ernähren.

Der Verkehr der Menschen hat ihnen jene allen gemeinsame Grundlage der Erkenntnis gezeigt, und die Menschen können nicht mehr zu den früheren Verirrungen zurückkehren – und es kommt eine Zeit, und sie ist schon gekommen, da die Toten die Stimme des Gottessohnes hören; und die sie hören werden, die werden leben.

Diese Stimme läßt sich nicht ersticken, denn diese Stimme ist nicht die einzelne Stimme irgendjemandes, sie ist die Stimme des ganzen vernünftigen Bewußtseins der Menschheit, die sich sowohl in jedem einzelnen Menschen, als auch in den besten Vertretern der Menschheit und jetzt schon in der Mehrzahl der Menschen kundgiebt.

Leo N. Tolstoj
Über das Leben

(O žizni, 1886/87)

Auswahl
von Willy Lüdtke*

* Textquelle I Leo N. TOLSTOJ: Über das Leben (Auswahl). In: L. N. Tolstoj: Ausgewählte Werke, herausgegeben von W[illy]. Lüdtke. Band XII.: Weltanschauung. Auswahl von W. Lüdtke. Wien / Hamburg / Zürich: Gutenberg-Verlag Christensen & Co. [1929], S. 78-93.

Tolstoi-Porträt des Jahres 1887,
gemalt von Ilya Efimovich Repin (1844-1930)

IX.

DIE GEBURT DES WAHREN LEBENS IM MENSCHEN

Wenn wir das Erscheinen des Lebens in der Zeit betrachten, es im menschlichen Wesen beobachten, so sehen wir, daß das wahre Leben stets im Menschen bewahrt wird, wie es in einem Samenkorn bewahrt wird, und es kommt eine Zeit, wo dies Leben an den Tag tritt.

Das Hervorbrechen des wahren Lebens besteht darin, daß die tierische Persönlichkeit den Menschen zu seinem eigenen Wohle hinzieht, das vernünftige Bewußtsein aber ihm die Unmöglichkeit des persönlichen Wohles zeigt und auf ein anderes Wohl hinweist. Der Mensch schaut genau auf dies ihm in der Ferne gewiesene Wohl hin und ist nicht imstande es zu sehen; anfangs glaubt er nicht an dies Wohl und wendet sich zurück zu dem persönlichen Wohl; doch das vernünftige Bewußtsein, das so unbestimmt auf sein Wohl hinweist, weist so zweifellos und überzeugend die Unmöglichkeit des persönlichen Wohles nach, daß der Mensch wieder dem persönlichen Wohle entsagt und wieder auf dies neue ihm gewiesene Wohl hinschaut. Das vernünftige Wohl ist nicht zu sehen, aber das persönliche Wohl ist so zweifellos vernichtet, daß es unmöglich ist, die persönliche Existenz fortzusetzen; und im Menschen beginnt sich eine neue Beziehung seines tierischen zu seinem vernünftigen Bewußtsein zu bilden. Es beginnt die Geburt des Menschen zum wahren menschlichen Leben.

Es geht etwas vor, ähnlich dem, was in der stofflichen Welt bei jeder Geburt vorgeht. Die Frucht wird geboren, nicht weil sie geboren sein will, weil es für sie besser ist geboren zu werden und weil sie weiß, daß es gut ist, geboren zu werden, sondern weil sie reif geworden ist und sie ihre frühere Existenz nicht fortsetzen kann; sie muß sich dem neuen Leben hingeben, nicht so sehr weil das neue Leben sie ruft, als weil die Möglichkeit der früheren Existenz vernichtet ist.

Das vernünftige Bewußtsein, das unmerklich in seiner Persönlichkeit heranwächst, wächst so weit, bis das Leben in der Persönlichkeit unmöglich wird.

Es geht vollkommen dasselbe vor, was bei der Erzeugung von allem vorgeht. Dieselbe Vernichtung des Samenkornes, der früheren Form des Lebens, und das Erscheinen eines neuen Keimes; derselbe scheinbare Kampf der früheren Form des sich zersetzenden Kornes und die Vergrößerung des Keimes, – und dieselbe Ernährung des Keimes auf Kosten des sich zersetzenden Kornes. Für uns besteht der Unterschied der Geburt des vernünftigen Bewußtseins von der uns sichtbaren fleischlichen Geburt darin: – während wir bei der fleischlichen Geburt in Zeit und Raum sehen, woraus und wie, wann und was aus dem Keim geboren wird, wir wissen, daß das Korn eine Frucht ist, daß aus dem Korn unter bestimmten Bedingungen ein Gewächs hervorgeht, daß an diesem eine Blüte sein wird und dann eine eben solche Frucht wie das Korn (vor unsern Augen vollzieht sich der ganze Kreislauf des Lebens), – sehen wir das Wachstum des vernünftigen Bewußtseins nicht in der Zeit, sehen nicht seinen Kreislauf. Wir sehen aber nicht das Wachstum des vernünftigen Bewußtseins und seinen Kreislauf, weil wir ihn selbst ausführen: unser Leben ist nichts anderes als diese Geburt jenes uns unsichtbaren Wesens, das in uns geboren wird, und deshalb können wir sie nicht sehen.

Wir können die Geburt dieses neuen Wesens, der neuen Beziehung des vernünftigen Bewußtseins zum tierischen ebensowenig sehen, wie das Samenkorn das Wachstum seines Stengels sehen kann. Wenn das vernünftige Bewußtsein aus seinem verborgenen Zustand hervorkommt und für uns selbst an den Tag tritt, scheint es uns, daß wir auf einen Widerspruch stoßen. Aber es ist gar kein Widerspruch da, wie auch keiner in dem auskeimenden Korne ist. In dem auskeimenden Korne sehen wir nur, daß das Leben, das vorher in der Umhüllung des Kornes war, jetzt schon in seinem Keime ist. Genau so ist auch in einem Menschen mit erwachtem vernünftigen Bewußtsein gar kein Widerspruch, sondern es ist da nur die Geburt eines neuen Wesens, einer neuen Beziehung des vernünftigen Bewußtseins zum tierischen.

Wenn ein Mensch existiert, ohne zu wissen, daß andere Persönlichkeiten leben, ohne zu wissen, daß Genüsse ihn nicht befriedigen werden, daß er sterben wird, – so weiß er auch nicht, daß er lebt, und in ihm ist kein Widerspruch.

Wenn aber der Mensch erkannt hat, daß die andern Persönlichkeiten ebensolche wie er sind, daß Leiden ihn bedrohen, daß seine Existenz ein langsamer Tod ist; wenn sein vernünftiges Bewußtsein angefangen hat, die Existenz seiner Persönlichkeit zu zersetzen, kann er sein Leben schon nicht in diese sich zersetzende Persönlichkeit legen, sondern muß es notwendig in jenes neue Leben setzen, das sich ihm offenbart. Und wieder ist da kein Widerspruch, wie auch kein Widerspruch in dem Samenkorne ist, das schon den Keim getrieben hat und dann sich zersetzt.

X.
DIE VERNUNFT IST DAS VOM MENSCHEN ERKANNTE GESETZ, NACH DEM SICH SEIN LEBEN VOLLZIEHEN SOLL

Das wahre Leben des Menschen, das in der Beziehung seines vernünftigen Bewußtseins zu seiner tierischen Persönlichkeit erscheint, beginnt erst dann, wenn die Verneinung des Wohles der tierischen Persönlichkeit beginnt. Die Verneinung des Wohles der tierischen Persönlichkeit beginnt aber dann, wenn das vernünftige Bewußtsein erwacht.

Doch was ist denn dies vernünftige Bewußtsein? Das Evangelium Johannis beginnt damit, daß das Wort[,] der Logos (die Vernunft, die Weisheit, das Wort) der Anfang (das Prinzip) ist, und daß in ihm alles ist, und von ihm alles; und daß deshalb die Vernunft – das, was alles übrige bestimmt – durch nichts bestimmt werden kann.

Die Vernunft kann nicht bestimmt werden, ja wir haben auch keine Veranlassung, sie zu bestimmen, weil wir alle sie nicht nur kennen, sondern auch nur die Vernunft allein kennen. Wenn wir miteinander verkehren, so sind wir im voraus – mehr als von allem andern – von der gleichen Verpflichtung dieser uns allen gemeinsamen Vernunft überzeugt. Wir sind überzeugt, daß die Vernunft die einzige Grundlage ist, die uns alle, die wir zusammen leben, einigt. Die Vernunft kennen wir sicherer und früher als alles, so daß wir alles, was wir in der Welt erkennen, nur erkennen, weil dies von uns Erkannte mit den Gesetzen dieser uns zweifellos bekannten Vernunft übereinstimmt. Wir kennen die Vernunft und können gar nicht anders als sie kennen. Wir können nicht anders, weil die Vernunft ja – jenes Gesetz ist, nach dem unbedingt vernünftige Wesen – die Menschen leben müssen. Die Vernunft ist für den Menschen – das Gesetz, nach dem sich sein Leben vollzieht, – ein ebensolches Gesetz, wie das Gesetz für das Tier, nach dem es sich nährt und vermehrt, – wie das Gesetz für die Pflanze, nach dem das Gras, der Baum wächst und blüht, – wie das Gesetz für den Himmelskörper, nach dem sich die Erde und die Gestirne bewegen. Und das Gesetz, das wir in uns als Gesetz unsers Lebens kennen, ist dasselbe Gesetz, nach dem auch alle äußeren Erscheinungen der Welt vollzogen werden, nur mit dem Unterschiede, daß wir in uns dies Gesetz als das erkennen, was wir selbst vollziehen müssen, in den äußeren Erscheinungen aber – als das, was nach diesem Gesetz ohne unsere Beteiligung vollzogen wird. Alles, was wir von der Welt kennen, ist nur die von uns gesehene Unterordnung unter die Vernunft, die sich außerhalb von uns in den Himmelskörpern, den Tieren, den Pflanzen, in der ganzen Welt vollzieht. In der äußern Welt sehen wir diese Unterordnung unter das Gesetz der Vernunft; in uns selbst aber erkennen wir dies Gesetz als das, was wir selber vollziehen müssen.

Der gewöhnliche Irrtum über das Leben besteht darin, daß die Unterordnung unsers tierischen Leibes unter sein Gesetz, die nicht von uns vollzogen, sondern von uns nur gesehen wird, als das menschliche Leben angenommen wird, während dies Gesetz unsers tierischen Leibes, mit dem unser vernünftiges Bewußtsein verbunden ist, in unserm tierischen Leibe ebenso unbewußt für uns erfüllt wird, wie es im Baum, im Kristall, im Himmelskörper erfüllt wird. Aber das Gesetz unseres Lebens – die Unterordnung unseres tierischen Leibes unter die Vernunft – ist jenes

Gesetz, das wir nirgends sehen, nicht sehen können, weil es noch nicht vollzogen ist, sondern von uns in unserm Leben vollzogen wird. In der Erfüllung dieses Gesetzes, in der Unterordnung unseres Tierischen unter das Gesetz der Vernunft, zur Erreichung des Heiles, besteht ja unser Leben. Wenn wir nicht begreifen, daß das Heil und unser Leben in der Unterordnung unserer tierischen Persönlichkeit unter das Gesetz der Vernunft besteht, und wenn wir das Wohl und die Existenz unserer tierischen Persönlichkeit für unser ganzes Leben halten, und wenn wir die uns bestimmte Lebensarbeit verweigern, berauben wir uns selbst unsers wahren Heiles und unsers wahren Lebens und setzen an seine Stelle die uns sichtbare Existenz unserer tierischen Tätigkeit, die sich unabhängig von uns vollzieht und darum nicht unser Leben sein kann.

XIV.
Das wahre menschliche Leben ist nicht das, was in Raum und Zeit vorgeht

Das Leben erkennt der Mensch in sich als ein Streben nach einem Heile, das durch die Unterordnung seiner tierischen Persönlichkeit unter das Gesetz der Vernunft erreicht wird.

Ein anderes menschliches Leben kennt er nicht und kann er nicht kennen. Das Tierische erkennt ja der Mensch nur dann als lebendig an, wenn der es bildende Stoff nicht nur seinen eigenen Gesetzen untergeordnet ist, sondern auch dem höheren Gesetze des Organismus.

Es gibt bei einer bestimmten Verbindung des Stoffes eine Unterordnung unter das höhere Gesetz des Organismus, – wir erkennen in dieser Verbindung des Stoffes Leben an; besteht diese Unterordnung nicht, hat sie noch nicht begonnen oder ist sie beendigt, – so besteht auch noch nicht das, was diesen Stoff von allem übrigen Stoff trennt, in dem nur mechanische, chemische, physische Gesetze wirken, und wir erkennen in ihm auch nicht das Leben des Tieres an.

Genau ebenso erkennen wir sowohl die uns gleichen Menschen als auch uns selbst nur dann als lebendig an, wenn unsere tierische Persönlichkeit, außer der Unterordnung unter ihr Gesetz des Organismus, noch dem höheren Gesetze des vernünftigen Bewußtseins untergeordnet ist.

Solange diese Unterordnung der Persönlichkeit unter das Gesetz der Vernunft nicht da ist, solange im Menschen allein das Gesetz der Persönlichkeit wirkt, das sich den ihn bildenden Stoff unterordnet, erkennen wir nicht und sehen wir nicht das menschliche Leben, weder in den andern noch in uns, wie wir tierisches Leben nicht in einem Stoffe sehen, der nur seinen eigenen Gesetzen untergeordnet ist.

Wie kräftig und schnell auch die Bewegungen eines Menschen im Traume, in der Verrücktheit oder in der Agonie, in der Trunkenheit, ja auch in einem Ausbruch der Leidenschaft sein mögen, wir erkennen den Menschen nicht als lebend an, wir verhalten uns zu ihm nicht wie zu einem lebenden Menschen und erkennen in ihm nur die Möglichkeit des Lebens an. Aber wie schwach und unbeweglich ein Mensch auch sein mag, – wenn wir sehen, daß seine tierische Persönlichkeit der Vernunft untergeordnet ist, dann erkennen wir ihn als lebend an und verhalten uns auch so zu ihm.

Das menschliche Leben können wir nicht anders begreifen als Unterordnung der tierischen Persönlichkeit unter das Gesetz der Vernunft.

Dies Leben tritt in Zeit und Raum zutage, aber es wird nicht durch zeitliche und räumliche Bedingungen bestimmt, sondern nur durch den Grad der Unterordnung der tierischen Persönlichkeit unter die Vernunft. Das Leben durch zeitliche und räumliche Bedingungen bestimmen – das ist gerade so, wie die Höhe eines Gegenstandes durch seine Länge und Breite bestimmen.

Die Bewegung eines Gegenstandes in die Höhe, der sich dabei auch in der Ebene bewegt, kann ein genaues Abbild der Beziehung des wahren menschlichen Lebens zu dem Leben der tierischen Persönlichkeit oder des wahren Lebens zu dem zeitlichen und räumlichen Leben sein. Die Bewegung des Gegenstandes nach oben hängt nicht ab von seiner Bewegung in der Ebene und kann von ihr weder vergrößert noch verringert werden. So steht es auch mit der Bestimmung des menschlichen Lebens. Das wahre Leben erscheint immer in der Persönlichkeit, aber es hängt nicht von dieser oder jener Existenz der Persönlichkeit ab, kann von ihr weder vergrößert noch verringert werden.

Die zeitlichen und räumlichen Bedingungen, in denen sich die tierische Persönlichkeit des Menschen befindet, können das wahre Leben nicht beeinflussen, das in der Unterordnung der tierischen Persönlichkeit unter das vernünftige Bewußtsein besteht.

Es liegt nicht in der Macht des Menschen, der leben will, die räumliche und zeitliche Bewegung seiner Existenz aufzuheben, zum Stehen zu bringen; aber sein wahres Leben ist die Erreichung des Heiles durch die Unterordnung unter die Vernunft, unabhängig von diesen sichtbaren räumlichen und zeitlichen Bewegungen. Gerade in dieser größeren und größeren Erreichung des Heiles durch die Unterordnung unter die Vernunft besteht eben das, was das menschliche Leben ausmacht. Gibt es diese Vergrößerung in der Unterordnung nicht, – so verläuft das menschliche Leben in den beiden sichtbaren Richtungen des Raumes und der Zeit und ist nur ein Existieren. Gibt es diese Bewegung in die Höhe, diese größere und größere Unterordnung unter die Vernunft, – so wird zwischen den beiden Kräften und der einen eine Beziehung hergestellt, und es vollzieht sich eine größere oder geringere Bewegung auf der Resultante, die die Existenz des Menschen in den Bereich des Lebens erhebt.

Die räumlichen und zeitlichen Kräfte sind bestimmte, endliche Kräfte, die mit dem Begriff des Lebens unvereinbar sind; aber die Kraft des Strebens zum Heil durch die Unterordnung unter die Vernunft ist eine in die Höhe hebende Kraft, – die Kraft des Lebens selbst, für die es weder zeitliche noch räumliche Grenzen gibt.

Dem Menschen kommt es so vor, als ob sein Leben zum Stehen gebracht und gespalten wird; aber diese Hemmungen und Schwankungen sind nur ein Trug des Bewußtseins (ähnlich dem

Trug der äußeren Empfindungen). Hemmungen und Schwankungen des wahren Lebens gibt es nicht und kann es nicht geben: sie erscheinen uns nur so bei einer falschen Ansicht vom Leben. Der Mensch beginnt das wahre Leben zu leben, d. h. sich auf einige Höhe über das tierische Leben zu erheben und von dieser Höhe das Trügerische seiner tierischen Existenz, die unausweichlich mit dem Tode endigt, zu erkennen, sieht, daß seine Existenz in der Ebene auf allen Seiten von Abgründen umgeben ist, und entsetzt sich, da er nicht erkennt, daß diese Erhebung in die Höhe gerade das Leben ist, vor dem, was er aus der Höhe erblickt. Anstatt die ihn in die Höhe hebende Kraft als sein Leben anzuerkennen und in der sich ihm bietenden Richtung zu gehen, entsetzt er sich vor dem, was sich ihm aus der Höhe enthüllte, und läßt sich absichtlich herunter, versetzt sich in eine möglichst tiefe Lage, um die Schluchten nicht zu sehen, die sich ihm enthüllt haben. Doch die Kraft des vernünftigen Bewußtseins hebt ihn wieder hoch, wieder sieht er, wieder entsetzt er sich und fällt, um nicht zu sehen, wieder herab zur Erde. Und das geht so fort, bis er schließlich erkennt, daß er, um sich vor dem Entsetzen über die ihn fortreißende Bewegung des vergänglichen Lebens zu retten, begreifen muß, daß seine Bewegung in der Ebene – seine räumliche und zeitliche Existenz – nicht sein Leben ist, sondern daß sein Leben nur in der Bewegung in die Höhe besteht, daß nur in der Unterordnung seiner Persönlichkeit unter das Gesetz der Vernunft die Möglichkeit des Heiles und des Lebens enthalten ist. Er muß begreifen, daß er Flügel hat, die ihn über den Abgrund erheben, daß er, wenn er nicht diese Flügel hätte, sich niemals in die Höhe erhoben und nicht den Abgrund gesehen hätte. Er muß an seine Flügel glauben und dorthin fliegen, wohin sie ihn tragen.

Nur von diesem Mangel an Glauben kommen auch jene anfangs seltsam anmutenden Erscheinungen des Schwankens des wahren Lebens, seiner Hemmung und des Zwiespaltes des Bewußtseins.

Nur einem Menschen, der sein Leben in der tierischen Existenz versteht, die durch Raum und Zeit bestimmt wird, kommt es so vor, als ob das vernünftige Bewußtsein in der Zeit in der tierischen Existenz erschiene. Und wenn er die Erscheinung des vernünftigen Bewußtseins in sich so betrachtet, fragt sich der Mensch, wann und unter welchen Bedingungen in ihm dies vernünftige Bewußtsein erschienen sei? Doch wie sehr der Mensch auch seine Vergangenheit durchforschen mag, er wird niemals diese Zeit der Erscheinung des vernünftigen Bewußtseins finden: ihm stellt es sich so dar, als ob es entweder niemals gewesen ist oder stets gewesen ist. Wenn es ihm scheint, daß es Unterbrechungen des vernünftigen Bewußtseins gab, so kommt das nur daher, daß er das Leben des vernünftigen Bewußtseins nicht als Leben anerkennt. Indem er sein Leben nur als tierische Existenz versteht, die durch räumliche und zeitliche Bedingungen bestimmt wird, will der Mensch sowohl das Erwachen als auch die Tätigkeit des vernünftigen Bewußtseins mit demselben Maße messen; er fragt sich: wann, wie lange, unter welchen Bedingungen befinde ich mich im Besitze des vernünftigen Bewußtseins? Doch Unterbrechungen im Erwachen des vernünftigen Lebens sind nur für einen Menschen vorhanden, der sein Leben als Leben der tierischen Persönlichkeit versteht. Für einen Menschen jedoch, der sein Leben darin versteht, worin es liegt, – in der Tätigkeit des vernünftigen Bewußtseins, kann es diese Unterbrechungen nicht geben.

Das vernünftige Leben ist. Es allein ist. Zeitliche Unterbrechungen von einer Minute oder 50.000 Jahren sind für es unterschiedslos, weil es keine Zeit für es gibt. Das wahre Leben des Menschen – aus dem er sich einen Begriff von jedem andern Leben bildet – ist das Streben nach dem Heil, das durch Unterordnung seiner Persönlichkeit unter das Gesetz der Vernunft erreicht wird. Weder die Vernunft noch der Grad der Unterordnung unter sie werden durch Raum oder Zeit bestimmt. Das wahre menschliche Leben verläuft außerhalb von Raum und Zeit.

XV.

DER VERZICHT AUF DAS WOHL DER TIERISCHEN PERSÖNLICHKEIT IST DAS GESETZ DES MENSCHLICHEN LEBENS

Leben ist Streben nach Wohl. Das Streben nach Wohl ist Leben. So haben alle Menschen das Leben verstanden, verstehen es und werden es stets verstehen. Und deshalb ist das Leben des Menschen Streben nach menschlichem Wohl, und das Streben nach menschlichem Wohl ist menschliches Leben. Die Menge, die nicht denkenden Menschen, verstehen unter dem Wohl des Menschen das Wohl seiner tierischen Persönlichkeit.

Die falsche Wissenschaft, die den Begriff des Wohles aus der Bestimmung des Lebens ausschließt, versteht unter Leben die tierische Existenz und sieht deshalb das Wohl des Lebens nur in dem tierischen Wohl und trifft darin mit dem Irrtum der Menge zusammen.

In diesem wie in jenem Falle kommt der Irrtum von der Vermengung der Persönlichkeit, der Individualität, wie die Wissenschaft sie nennt, mit dem vernünftigen Bewußtsein. Das vernünftige Bewußtsein schließt Persönlichkeit in sich ein. Persönlichkeit aber schließt nicht vernünftiges Bewußtsein in sich ein. Persönlichkeit ist eine Eigenschaft des Tieres und des Menschen, als eines Tieres. Vernünftiges Bewußtsein ist eine Eigenschaft des Menschen allein.

Ein Tier kann nur für seinen Leib leben, – nichts hindert es daran, so zu leben; es befriedigt seine Persönlichkeit und dient unbewußt seiner Gattung und weiß nicht, daß es eine Persönlichkeit ist; aber der vernünftige Mensch kann nicht bloß für seinen Leib leben. Er kann nicht so leben, weil er weiß, daß er – eine Persönlichkeit ist, und deshalb weiß er, daß auch andere Wesen – ebensolche Persönlichkeiten wie er sind, weiß alles das, was aus den Beziehungen dieser Persönlichkeiten hervorgehen muß.

Wenn der Mensch nur nach dem Wohl seiner Persönlichkeit strebte, nur sich selbst, seine Persönlichkeit, liebte, würde er nicht wissen, daß andere Wesen sich gleichfalls lieben, wie ja die Tiere dies nicht wissen; aber wenn der Mensch weiß, daß er –

eine Persönlichkeit ist, die nach eben demselben strebt, wonach auch alle ihn umgehenden Persönlichkeiten streben, kann er schon nicht nach dem Wohl streben, das seinem vernünftigen Bewußtsein als Böses deutlich ist, und sein Leben kann schon nicht in dem Streben nach dem Wohle der Persönlichkeit bestehen. Dem Menschen kommt es manchmal nur so vor, als ob dies Streben nach dem Wohle die Befriedigung der Bedürfnisse der tierischen Persönlichkeit zum Gegenstand habe. Diese Täuschung entspringt daher, daß der Mensch das, was er in seinem Tierischen vorgehen sieht, für das Ziel der Tätigkeit seines vernünftigen Bewußtseins hält. Es passiert etwas, ähnlich dem, was ein Mensch tut, der sich in wachem Zustande von dem leiten läßt, was er im Traume sieht.

Und dann, wenn diese Täuschung durch falsche Lehren gestützt wird, geht auch im Menschen eine Vermengung der Persönlichkeit mit dem vernünftigen Bewußtsein vor sich.

Aber das vernünftige Bewußtsein zeigt dem Menschen stets, daß die Befriedigung der Bedürfnisse seiner tierischen Persönlichkeit nicht sein Heil, und deshalb auch sein Leben, sein kann und zieht ihn unaufhaltsam zu jenem Heil, und deshalb zu jenem Leben, das ihm eigentümlich ist und in seiner tierischen Persönlichkeit nicht Platz findet.

Gewöhnlich denkt und sagt man, der Verzicht auf das Wohl der Persönlichkeit sei eine große Tat, ein Verdienst des Menschen. Der Verzicht auf das Wohl der Persönlichkeit – ist kein Verdienst, keine große Tat, sondern die unvermeidliche Bedingung des Lebens des Menschen. Zu der gleichen Zeit, wie der Mensch sich als von der ganzen Welt abgetrennte Persönlichkeit erkennt, erkennt er auch die andern Persönlichkeiten als abgetrennt von der ganzen Welt und ihre Verbindung untereinander und das Trügerische des Wohles seiner Persönlichkeit und die einzige Wirklichkeit nur eines solchen Heiles, das sein vernünftiges Bewußtsein befriedigen kann.

Für das Tier ist eine Tätigkeit, die nicht das Wohl der Persönlichkeit zum Ziele hat, sondern diesem Wohle ganz entgegengesetzt ist, die Verneinung des Lebens, aber für den Menschen ist das gerade umgekehrt. Die Tätigkeit eines Menschen, die bloß auf die Erreichung des Wohles der Persönlichkeit gerichtet ist, ist eine völlige Verneinung des menschlichen Lebens.

Für das Tier, das kein vernünftiges Bewußtsein hat, das ihm die Jämmerlichkeit und Endlichkeit seiner Existenz zeigt, ist das Wohl der Persönlichkeit und die aus ihm entspringende Fortführung der Gattung der Persönlichkeit das höchste Ziel des Lebens. Für den Menschen aber ist die Persönlichkeit nur jene Stufe der Existenz, von der aus sich ihm das wahre Wohl seines Lebens enthüllt, das nicht mit dem Wohl seiner Persönlichkeit zusammenfällt.

Das Bewußtsein der Persönlichkeit ist für den Menschen − nicht Leben, sondern jene Grenze, bei der sein Leben anfängt: das in der immer zunehmenden Erreichung des ihm eigentümlichen Wohles besteht, das von dem Wohle der tierischen Persönlichkeit unabhängig ist.

Nach der gangbaren Vorstellung vom Leben ist das menschliche Leben ein Stück Zeit von der Geburt bis zum Tode seines Tierischen. Doch dies ist nicht das menschliche Leben, dies ist nur die Existenz des Menschen als tierischer Persönlichkeit. Das menschliche Leben ist aber etwas, was nur in der tierischen Existenz erscheint, ebenso wie das organische Leben etwas ist, was nur in der Existenz des Stoffes erscheint.

Dem Menschen stellen sich zunächst die sichtbaren Ziele seiner Persönlichkeit als Ziele seines Lebens dar. Diese Ziele sind sichtbar und erscheinen deshalb als begreiflich.

Die Ziele jedoch, die ihm von seinem vernünftigen Bewußtsein gewiesen werden, erscheinen unbegreiflich, weil sie unsichtbar sind. Und dem Menschen ist es zuerst furchtbar, auf das Sichtbare zu verzichten und sich dem Unsichtbaren hinzugeben.

Dem durch die falschen Lehren der Welt verdorbenen Menschen erscheinen die Erfordernisse des Tieres, die von selbst erfüllt werden und sowohl an ihm selbst als auch an andern zu sehen sind, einfach und klar, die neuen unsichtbaren Erfordernisse des vernünftigen Bewußtseins aber stellen sich als entgegengesetzte dar; ihre Befriedigung, die nicht von selbst erfolgt, sondern die man selber vollziehen muß, erscheint als etwas Kompliziertes und Unklares. Es ist einem angst und bange, auf die sichtbare Vorstellung vom Leben zu verzichten und sich seinem unsichtbaren Bewußtsein hinzugeben, wie es einem Kinde angst und bange wäre vor der Geburt, wenn es seine Geburt empfinden könnte – aber es ist nichts zu machen, da es augenscheinlich ist, daß die sichtbare Vorstellung zum Tode hinzieht, aber das unsichtbare Bewußtsein allein Leben gibt.

XVI.

DIE TIERISCHE PERSÖNLICHKEIT IST DAS WERKZEUG DES LEBENS

Keine Räsonnements können je dem Menschen jene offenbare, unzweifelhafte Wahrheit verhüllen, daß seine persönliche Existenz etwas unaufhörlich Vergehendes, zum Tode Strebendes ist, und daß deshalb in seiner tierischen Persönlichkeit nicht das Leben sein kann.

Der Mensch kann es nicht übersehen, daß die Existenz seiner Persönlichkeit von der Geburt und Kindheit bis zum Alter und Tode nichts anderes ist als ein beständiger Verbrauch und eine Verminderung dieser tierischen Persönlichkeit, die mit dem unentrinnbaren Tode endet; und deshalb kann das Bewußtsein seines Lebens in der Persönlichkeit, das den Wunsch nach Vermehrung und Unvertilgbarkeit der Persönlichkeit enthält, nichts anderes sein als ein unaufhörlicher Widerspruch, und das Leiden kann nur ein Übel sein, während der einzige Sinn seines Lebens das Streben nach dem Wohle ist.

Worin auch das wahre Wohl des Menschen bestehen mag, für ihn ist der Verzicht auf das Wohl der tierischen Persönlichkeit unvermeidlich.

Der Verzicht auf das Wohl der tierischen Persönlichkeit ist das Gesetz des menschlichen Lebens. Wenn es nicht frei vollzogen wird, indem es in der Unterordnung unter das vernünftige Bewußtsein zum Ausdruck kommt, so wird es in jedem Menschen gewaltsam bei dem fleischlichen Tode seines Tierischen vollzogen, wenn er unter der Last der Leiden das eine wünscht: befreit zu werden von dem quälenden Bewußtsein der vergehenden Persönlichkeit und in eine andere Existenzform überzugehen.

Der Eintritt des Menschen in das Leben und sein Leben ist ähnlich dem, was mit einem Pferde geschieht, das der Herr aus dem Stall herausführt und anspannt. Dem Pferde, das aus dem Stall herauskommt und das Licht erblickt und die Freiheit wittert, scheint es, daß in dieser Freiheit – auch das Leben ist; doch man spannt es an und faßt es an. Es merkt hinter sich die Last und, wenn es denkt, sein Leben bestehe darin, in der Freiheit umherzulaufen, fängt es an auszuschlagen, fällt, bringt sich zuweilen um. Doch wenn es sich nicht umbringt, hat es nur zwei Auswege; entweder geht es hin und zieht und sieht, daß die Last nicht groß ist und das Fahren keine Qual, sondern eine Freude, oder es ist ungehorsam, und dann führt es der Herr weg zu einem Treibrad, bindet es mit einem Strick an der Wand an, das Rad dreht sich unter ihm, und es wird im Dunkeln auf einem Flecke gehen unter Leiden, aber seine Kräfte gehen nicht umsonst zugrunde: es verrichtet seine Zwangsarbeit, und das Gesetz erfüllt sich auch an ihm. Der Unterschied wird nur darin bestehen, daß das erste Pferd freudig arbeiten wird, aber das zweite – unter Zwang und Qualen.

„Aber wozu dient denn diese Persönlichkeit, auf deren Wohl ich, der Mensch, verzichten muß, um das Leben zu empfangen?" sagen die Menschen, die ihre tierische Existenz als Leben erklären. „Wozu ist dem Menschen dies Bewußtsein der Persönlichkeit gegeben, die sich dem Erscheinen seines wahren Lebens widersetzt?"

Auf diese Frage kann man mit einer ähnlichen Frage antworten, die ein Tier stellen könnte, das nach seinen Zielen der Erhaltung seines Lebens und der Gattung strebt.

„Wozu", könnte es fragen, „dieser Stoff und seine Gesetze – mechanische, physische, chemische und andere, mit denen ich kämpfen muß, um meine Ziele zu erreichen? Wenn mein Beruf", könnte das Tier sagen, „die Existenz des Lebens des Tieres ist, wozu denn alle diese Hindernisse, die ich überwinden soll?" Uns ist klar, daß die ganze Materie und ihre Gesetze, mit denen das Tier kämpft und die es sich zur Existenz der Persönlichkeit des Tieres unterwirft, keine Hindernisse sind, sondern die Mittel, durch die es seine Ziele erreicht. Nur durch die Verarbeitung der Materie und mittels ihrer Gesetze lebt das Tier. Genau dasselbe ist auch im Leben des Menschen der Fall. Die tierische Persönlichkeit, in der sich der Mensch vorfindet, und die seinem vernünftigen Bewußtsein unterzuordnen er berufen ist, ist kein Hindernis, sondern das Mittel, durch das er das Ziel seines Heiles erreicht: die tierische Persönlichkeit ist für den Menschen das Werkzeug, mit dem er arbeitet. Die tierische Persönlichkeit ist für den Menschen – der Spaten, der dem vernünftigen Wesen gegeben ist, um mit ihm zu graben und ihn beim Graben stumpf zu machen und zu wetzen, zu verbrauchen, aber nicht um ihn zu säubern und aufzubewahren. Das ist das Pfund, das ihm gegeben ist, um damit zu wuchern, aber nicht um es zu bewahren.

„Und wer sein Leben behalten will, der wird es verlieren. Und wer sein Leben verliert um Meinetwillen, der wird es finden." In diesen Worten ist ausgesprochen, daß man das nicht behalten kann, das vergehen muß und unaufhörlich vergeht, sondern daß wir erst, wenn wir auf das verzichten, was vergeht und vergehen muß, auf unsere tierische Persönlichkeit, unser wahres Leben bekommen, das nicht vergeht und nicht vergehen kann. Es ist ausgesprochen, daß unser wahres Leben erst dann beginnt, wenn wir aufhören, das für Leben zu halten, was für uns nicht Leben war und nicht sein konnte, – unsere tierische Existenz. Es wird ausgesprochen, daß, wer den Spaten behalten wird, den er besitzt, um sich die das Leben erhaltende Nahrung zu bereiten, der zwar den Spaten behalten, aber Nahrung und Leben verlieren wird.

XVII.

DIE GEBURT AUS DEM GEIST

„Ihr müsset von neuem geboren werden", sagte Christus. Nicht daß dem Menschen jemand geböte geboren zu werden; aber der Mensch wird unausweichlich dahin gebracht. Um Leben zu haben, muß er von neuem geboren werden in dieser Existenz – durch das vernünftige Bewußtsein.

Dem Menschen ist das vernünftige Bewußtsein gegeben, damit er sein Leben auf jenes Heil stelle, das ihm durch sein vernünftiges Bewußtsein offenbart wird. Derjenige, der auf dies Heil sein Leben gestellt hat, der hat das Leben; derjenige aber, der nicht auf dies sein Leben stellt, sondern es stellt auf das Wohl der tierischen Persönlichkeit, der beraubt sich gerade dadurch des Lebens. Darin besteht die Bestimmung des Lebens, die Christus gibt.

Menschen, die als Leben ihr Streben nach dem Wohle der Persönlichkeit anerkennen, hören diese Worte, und nicht daß sie sie nicht anerkennen: aber sie begreifen sie nicht, können sie nicht begreifen. Ihnen erscheinen diese Worte entweder als nichts bedeutend oder als sehr wenig bedeutend, als Bezeichnung für eine sie befallende sentimentale und mystische – so nennen sie es gern – Stimmung. Sie können die Bedeutung dieser Worte nicht begreifen, die die Erklärung eines ihnen unzugänglichen Zustandes ausdrücken, wie der trockene, nicht angekeimte Samen den Zustand des feucht gewordenen und schon angekeimten Samens nicht begreifen könnte. Für die trockenen Körner ist die Sonne, die mit ihren Strahlen auf den Samen scheint, der zum Leben geboren wird, nur eine unbedeutende Zufälligkeit – etwas mehr Wärme und Licht; aber für den angekeimten Samen ist sie die Ursache der Geburt zum Leben. Ebenso ist für Menschen, die noch nicht den inneren Widerspruch der tierischen Persönlichkeit und des vernünftigen Bewußtseins erlebt haben, das Licht der Sonne-Vernunft nur eine unbedeutende Zufälligkeit, sentimentale, mystische Worte. Die Sonne führt zum Leben nur diejenigen, in welchen das Leben schon geboren ist.

Wie es aber geboren wird, wozu, wann, wo, nicht nur im Menschen, sondern auch im Tier und in der Pflanze, hat niemand jemals erforscht. Über seine Geburt im Menschen hat Christus gesagt, niemand wisse sie und könne sie wissen. Und in der Tat: was kann denn der Mensch davon wissen, wie in ihm das Leben geboren wird? Das Leben ist das Licht der Menschen, das Leben ist Leben – das Prinzip des Alls; wie kann da der Mensch wissen, wie es geboren wird? Es wird geboren und vergeht für den Menschen das, was nicht lebt, das, was in Raum und Zeit erscheint. Das wahre Leben aber i s t, und darum kann es für den Menschen weder geboren werden noch vergehen.

XXII.
DAS GEFÜHL DER LIEBE IST DIE ERSCHEINUNGSFORM DER TÄTIGKEIT EINER DEM VERNÜNFTIGEN BEWUßTSEIN UNTERGEORDNETEN PERSÖNLICHKEIT

Für die Ziele der Persönlichkeit zu leben, ist einem vernünftigen Wesen unmöglich. Unmöglich, weil alle Wege ihm verboten sind; alle Ziele, zu denen die tierische Persönlichkeit des Menschen hingezogen wird, – alle sind offensichtlich unerreichbar. Das vernünftige Bewußtsein weist andere Ziele, und diese Ziele sind nicht nur nicht erreichbar, sondern geben dem vernünftigen Bewußtsein des Menschen volle Befriedigung; anfangs jedoch kommt es dem Menschen unter dem Einfluß der falschen Lehre der Welt so vor, als ob diese Ziele seiner Persönlichkeit entgegengesetzt sind.

Wie sich auch der Mensch, der in unserer Welt mit entwickelten, vergrößerten Lüsten der Persönlichkeit erzogen ist, anstrengen mag, sich in seinem vernünftigen Ich anzuerkennen, er fühlt in diesem Ich nicht das Streben nach Leben, das er in seiner tierischen Persönlichkeit fühlt. Das vernünftige Ich schaut das Leben gleichsam nur an, aber es lebt nicht selbst und hat keinen Trieb zum Leben. Das vernünftige Ich fühlt keinen Trieb zum

Leben, aber das tierische Ich muß leiden – und darum bleibt nur eins übrig: sich vom Leben zu befreien.

Gewissenlos lösen so die Frage die verneinenden Philosophen unserer Zeit (Schopenhauer, Hartmann), die das Leben verneinen und doch in ihm bleiben, statt von der Möglichkeit Gebrauch zu machen, es zu verlassen. Und gewissenhaft lösen so diese Frage die Selbstmörder, die ein Leben verlassen, das ihnen nichts als Übel bietet. Der Selbstmord stellt sich ihnen als der einzige Ausweg aus der Unvernünftigkeit des menschlichen Lebens unserer Zeit dar.

Das Räsonnement der pessimistischen Philosophie und der ganz gewöhnlichen Selbstmörder ist so: Es gibt ein tierisches Ich, in dem ein Trieb zum Leben ist. Dies Ich mit seinem Trieb kann nicht befriedigt werden; es gibt ein zweites, ein vernünftiges Ich, in dem kein Trieb zum Leben ist, das nur kritisch die ganze falsche Lebensfreudigkeit und Leidenschaftlichkeit des tierischen Ich anschaut und sie ganz verneint.

Gebe ich mich dem ersten Ich hin, – sehe ich, daß ich unvernünftig lebe und ins Elend gehe, immer tiefer und tiefer in ihm versinke. Gebe ich mich dem zweiten, vernünftigen Ich hin, – bleibt in mir kein Trieb zum Leben. Ich sehe, daß es abgeschmackt und unmöglich ist, für dies eine zu leben, für das ich leben möchte, – für das Glück der Persönlichkeit. Für das vernünftige Bewußtsein aber könnte man wohl leben; doch es ist kein Anlaß und keine Lust dazu da. Jenem Prinzip, von dem ich ausgegangen bin, – Gott zu dienen, wozu? Für Gott, wenn er ist, werden sich auch ohne mich Diener finden. Wozu denn ich? Dies ganze Spiel des Lebens kann man ansehen, solange es nicht verstimmt. Und verstimmt es, – so kann man weggehen, sich töten. Das tue ich auch.

Das ist die widerspruchsvolle Vorstellung vom Leben, die die Menschheit schon vor Salomo, vor Buddha erreicht hat, und zu der sie die falschen Lehrer unserer Zeit zurückbringen wollen.

Die Bedürfnisse der Persönlichkeit sind bis zu den äußersten Grenzen der Unvernunft gesteigert. Die erwachende Vernunft verneint sie. Aber die Bedürfnisse der Persönlichkeit sind so gewachsen, haben das Bewußtsein des Menschen so verrammelt, daß es ihm scheint, die Vernunft verneine das ganze Leben. Ihm scheint es, wenn man aus seinem Bewußtsein des Lebens alles abstoße, was seine Vernunft verneine, bliebe nichts übrig. Er sieht gar nicht, was bleibt. Der Rest, jener Rest, in dem das Leben besteht, erscheint ihm als nichts.

Aber das Licht leuchtet in der Finsternis, und die Finsternis kann es nicht aufnehmen.

Die Lehre der Wahrheit kennt dies Dilemma – entweder sinnlose Existenz oder Verneinung derselben – und löst es.

Die Lehre, die immer auch Lehre vom Heil genannt wurde, die Lehre der Wahrheit, hat den Menschen gezeigt, daß anstelle jenes trügerischen Heiles, das sie für die tierische Persönlichkeit suchen, sie nicht erst irgendwann, irgendwo empfangen können, sondern immer haben, sogleich, hier, ein wirkliches Heil, das ihnen nicht genommen werden kann und ihnen stets zugänglich ist.

Dies Heil ist nicht etwas, was nur aus dem Räsonnement gefolgert ist, nicht ein solches, das man irgendwo suchen muß, nicht ein Heil, das irgendwo und irgendwann versprochen ist, sondern ist das dem Menschen wohlbekannte Heil, zu dem jede unverdorbene menschliche Seele unmittelbar hingezogen wird.

Alle Menschen von den allerersten Kinderjahren an wissen, daß es außer dem Glück der tierischen Persönlichkeit noch ein besseres Glück des Lebens gibt, das nicht nur unabhängig von der Befriedigung der Begierden der tierischen Persönlichkeit ist, sondern im Gegenteil desto größer ist, je größer der Verzicht auf das Glück der tierischen Persönlichkeit ist.

Dies Gefühl, das alle Widersprüche des menschlichen Lebens löst und dem Menschen das größte Heil schenkt, kennen alle Menschen. Dies Gefühl ist die Liebe.

Das Leben ist die Tätigkeit der dem Gesetze der Vernunft untergeordneten tierischen Persönlichkeit. Die Vernunft ist das Gesetz, dem zu ihrem Heil die tierische Persönlichkeit des Menschen untergeordnet werden muß. Die Liebe ist die einzige vernünftige Tätigkeit des Menschen.

Die tierische Persönlichkeit wird zum Glück hingezogen; die Vernunft zeigt dem Menschen das Trügerische des persönlichen Glücks und läßt einen Weg übrig. Die Tätigkeit auf diesem Wege ist die Liebe.

Die tierische Persönlichkeit des Menschen fordert Glück, das vernünftige Bewußtsein zeigt dem Menschen die Elendigkeit aller untereinander kämpfenden Wesen, zeigt ihm, daß es ein Glück für seine tierische Persönlichkeit nicht geben könne, zeigt ihm, das einzige für ihn mögliche Glück könne nur ein solches sein, bei dem es weder einen Kampf mit andern Wesen gebe noch Aufhören des Glücks, Übersättigung an ihm, nicht gebe Voraussicht des Todes und Todesfurcht.

Und da findet nun der Mensch, als einen Schlüssel, der nur für dies Schloß angefertigt ist, in seiner Seele ein Gefühl, das ihm gerade das Glück schenkt, auf das ihn, als auf das einzig mögliche, die Vernunft hinweist. Und dies Gefühl löst nicht nur den früheren Widerspruch des Lebens, sondern findet gleichsam in diesem Widerspruch die Möglichkeit seines Erscheinens.

Die tierischen Persönlichkeiten wollen die Persönlichkeit des Menschen für ihre Zwecke benutzen. Aber das Gefühl der Liebe zieht ihn dahin, daß er seine Existenz zum Besten anderer Wesen hingibt.

Die tierische Persönlichkeit leidet. Und gerade diese Leiden und ihre Erleichterung bilden den Hauptgegenstand der Tätigkeit der Liebe. Indem die tierische Persönlichkeit zum Glück strebt, strebt sie mit jedem Atemzuge dem größten Übel, – dem Tode zu, dessen Voraussicht jedes Glück der Persönlichkeit zerstörte. Aber das Gefühl der Liebe vernichtet nicht nur [...][1] diese Furcht, sondern treibt den Menschen zum letzten Opfer seiner fleischlichen Existenz zum Heile anderer.

1887.

---

[1] [*in der Vorlage hier*: nicht]

ANHANG

Verzeichnis der Übersetzungen von Tolstois Schrift O žizni (1886/87)

Russischer Text

Große sowjetische Werkausgabe | Leo N. TOLSTOI: O жизни | O žizni (Über das Leben, 1886/87). In: In: PSS [Russische Gesamtausgabe in 90 Bänden, Moskau 1928-1957ff: Polnoe sobranije sočinenij]. Band 26. Moskau 1936, S. 313-442. [Als Internet-Ressource: https://tolstoy.ru/creativity/publicism/2039/] [https://tolstoy.ru/creativity/90-volume-collection-of-the-works/702/]

Editionsgeschichte | „‚Über das Leben' wurde 1888 zwar als 13. Band von Tolstojs Werkausgabe mit einer Auflage von 600 Stück gedruckt [‚O žizni', Moskva 1888. Tipografija A. I. Mamontova i K], von der geistlichen Zensurbehörde allerdings verboten, da laut diesem Traktat ‚nicht das Wort Gottes, sondern einzig und allein der Verstand den Menschen leite' und somit durch diese Schrift das Vertrauen in die Dogmen erschüttert und die Vaterlandsliebe verneint werde. Auch ‚Über das Leben' kursierte in Abschriften und Kopien in Russland. Die französische Übersetzung, die Tolstojs Frau angefertigt hatte, erschien 1889 in Paris und wurde in russischen Zeitschriften eifrig rezensiert. […] Eine Petersburger Zeitung veröffentlichte 1889 Auszüge aus Tolstojs Traktat unter dem Titel ‚Gedanken über das Leben', eine erste russische Ausgabe erschien 1891 in Genf [Verlag: Elpidine]. Čertkov veröffentlichte ‚Über das Leben' 1903 als 9. Band der in Russland verbotenen Schriften Tolstojs [Christchurch, England] […]. Die erste vollständige Ausgabe konnte in Russland erst nach Tolstojs Tod im Jahr 1913 erscheinen." (Daniel Riniker: Einleitung zu Textauszügen aus der Schrift ‚Über das Leben'. In: M. George / J. Herlth / Chr. Münch / U. Schmid [Hg.]: Tolstoj als theologischer Denker und Kirchenkritiker [2014]. Zweite Auflage. Göttingen: Vandenhoeck & Ruprecht 2015, S. 174-179, hier 174.)

Französische Erstübersetzung

Comte Léon TOLSTOI: *De la vie,* seule traduction revue et corrigée par l'auteur. Paris: C. Marpon et E. Flammarion 1889. [Übersetzung erstellt durch die Ehefrau des Verfassers: Sof'ja A. Tolstaja.]

Übersetzungen
für die deutschsprachige Leserschaft
(chronologisch)

Übersetzung von Sophie Behr, 1889 I Leo N. TOLSTOI: Über das Leben. Autorisierte Übersetzung von Sophie Behr. Leipzig: Verlag von Duncker & Humblot 1889. [264 Seiten] [Als Online-Ressource: https://books.google.de]

Übersetzung von Adele Berger, 1891/1902 I Leo N. TOLSTOI: Über das Leben. Deutsch von Adele Berger. Berlin: Verlag Hugo Steinitz 1891. [248 Seiten] [Als Online-Ressource: https://nbn-resolving.org/urn:nbn:de:bvb:355-ubr24432-2] – Leo N. TOLSTOI: Über das Leben. Deutsch von Adele Berger. Zweite Auflage. Berlin: Verlag Hugo Steinitz 1902. [226 Seiten]

Übersetzung von Raphael Löwenfeld, 1902/1911/1992 I Leo N. TOLSTOJ: Das Leben. Übersetzt von Raphael Löwenfeld. (= Leo N. Tolstoj: Gesammelte Werke: I. Serie, Band 5. Von dem Verfasser genehmigte Ausgabe von Raphael Löwenfeld). Leipzig: Verlag Eugen Diederichs 1902. [VIII und 264 Seiten] [Nicht eingesehene Neuauflage als Einzelband: Jena: Diederichs 1920; VIII und 264 Seiten] – Leo N. TOLSTOJ: Das Leben. Übersetzt von Raphael Löwenfeld [1902]. (= Leo N. Tolstoj: Gesammelte Werke: II. Serie, Band 7. Von dem Verfasser genehmigte Ausgabe von Raphael Löwenfeld). Jena: Verlag Eugen Diederichs 1911. [2. und 3. Tausend; 278 Seiten; Neuauflage 1924] – Leo N. TOLSTOJ: Das Leben. Übersetzt von Raphael Löwenfeld [1902]. Durchgesehene Neuausgabe, mit Anmerkungen und einem Nachwort von Paul H. Dörr. (= Leo N. Tolstoj: Religions- und gesellschaftskritische Schriften, Band 5). München: Eugen Diederichs Verlag 1992. [283 Seiten]

Auswahledition von W[illy]. Lüdtke, 1929 I Leo N. TOLSTOJ: Über das Leben (Auswahl). In: L. N. Tolstoj: Ausgewählte Werke, herausgegeben von W[illy]. Lüdtke. Band XII.: Weltanschauung. Auswahl von W[illy]. Lüdtke. Wien/ Hamburg/ Zürich: Gutenberg-Verlag Christensen & Co. [1929], S. 78-93.

Übersetzung (Auszüge) von Dorothea Trottenberg, 2014/2015 I Leo N. TOLSTOJ: Über das Leben (Auszüge), übersetzt von Dorothea Trottenberg. In: Martin George / Jens Herlth / Christian Münch / Ulrich Schmid (Hg.): Tolstoj als theologischer Denker und Kirchenkritiker [2014]. Zweite Auflage. Göttingen: Vandenhoeck & Ruprecht 2015, S. 174-179.

Tagebuch- und Briefbezüge zum Werk

Leo N TOLSTOI: Tagebücher 1847-1910. Aus dem Russischen übersetzt von Günter Dalitz. München: Winkler 1979, S. 310 (Leserin-Rückmeldung 1888), 330 (französische Übersetzung), 332 (eigene Wertschätzung der Schrift), 554 (Umarbeitung der Schrift), 716, 822 (27.05.1909: Leserbesuch), 852 (eigene Relektüre für Phonographen-Aufzeichnung). [Seitenangaben nach Register]

Lew TOLSTOI: Briefe. Zweiter Band: 1886-1910. Übersetzt von Günter Dalitz aus dem Russischen. (= Gesammelte Werke in zwanzig Bänden. Herausgegeben von Eberhard Dieckmann und Gerhard Dudek, Band 17). Berlin: Rütten & Loening 1971, S. 35, 36 (Zensurerwartung während des Drucks, Sept. 1887), 55, 69, 132 (‚Über das Leben' als Wendepunkt), 376, 448. [Seitenangaben nach Register]

Ausgewählte Literatur
zu Leo N. Tolstois
religiösen Schriften

BARTOLF 2006 = Christian Bartolf: Ursprung der Lehre vom Nicht-Widerstehen. Über Sozialethik und Vergeltungskritik bei Leo Tolstoi. Berlin: Selbstverlag des Gandhi-Informations-Zentrum 2006.

DÖRR 1992 = Paul H. Dörr: Nachwort [zu Entstehungs- und Editionsgeschichte des Werkes ‚Das Leben']. In: Leo N. TOLSTOJ: Das Leben. Übersetzt von Raphael Löwenfeld [1902]. Durchgesehene Neuausgabe von Paul H. Dörr. München: Eugen Diederichs Verlag 1992, S. 273-283.

DREWERMANN 2023 = Eugen Drewermann: Zum Geleit. In: Leo N. Tolstoi: Texte gegen die Todesstrafe. Über die Unmöglichkeit des Gerichtes und der Bestrafung der Menschen untereinander. (= Tolstoi-Friedensbibliothek: Reihe B, Band 1). Norderstedt: BoD 2023, S. 9-15.

ERNST 1991 = Peter Ernst: Ehrfurcht vor dem Leben: Versuch der Aufklärung einer aufgeklärten Kultur. Ethische Vernunft und christlicher Glaube im Werk Albert Schweitzers. Mit einem Exkurs über religiöse Kultur und Sozialethik im literarischen Entwurf Leo Tolstois. (= Europäische Hochschulschriften. Reihe 23, Band 414). Frankfurt am Main: Peter Lang 1991.

GAEDE 1980 = Käte Gaede: Lew Nikolajewitsch Tolstoi. Schriftsteller und Bibelinterpret. Berlin: Evangelische Verlagsanstalt 1980.

GEORGE u. a. 2015 = Martin George / Jens Herlth / Christian Münch / Ulrich Schmid (Hg.): Tolstoj als theologischer Denker und Kirchenkritiker. (Übersetzung der Tolstoj-Texte von Olga Radetzkaja und Dorothea Trottenberg, Kommentierung von Daniel Riniker). Zweite Auflage. Göttingen: Vandenhoeck & Ruprecht 2015.

GLOGAU 1893 = Gustav Glogau: Leo Graf Tolstoi ein russischer Reformator. Ein Beitrag zur Religionsphilosophie. Kiel/Leipzig: Lipsius & Tischler 1893.

HANKE 1993 = Edith Hanke: Prophet des Unmodernen. Leo N. Tolstoi als Kulturkritiker in der deutschen Diskussion der Jahrhundertwende. Tübingen: Max Niemeyer 1993.

HOLL 1922/1928 = Karl Holl: Tolstoi nach seinen Tagebüchern [1922]. In: Karl Holl: Gesammelte Aufsätze zur Kirchengeschichte. Band II. Der Osten. Tübingen: Verlag von J.C.B. Mohr 1928, S. 433-449.

KALICHA 2013 = Sebastian Kalicha (Hg.): Christlicher Anarchismus. Facetten einer libertären Strömung. Heidelberg: Verlag Graswurzelrevolution 2013.

KJETSAA 2001 = Geir Kjetsaa: Lew Tolstoj. Dichter und Religionsphilosoph. Gernsbach: Casimir Katz Verlag 2001.

KLEMM 2008 = Ulrich Klemm: Leo Tolstoi. Dichter, Christ, Anarchist. Hilterfingen: Edition Anares 2008.

KOEBER 1890 = Raphael von Koeber: Leo Tolstoi und sein unkirchliches Christentum. Herausgegeben mit einer Nachschrift: Die Flucht aus dem brennenden Cirkus, von Hübbe-Schleiden. Braunschweig: C. A. Schwetschke & Sohn 1890.

KUßE 2010 = Holger Kuße: Lev Tolstoj und die Sprache der Weisheit. Göttingen: Vandenhoeck & Ruprecht 2010.

LÖWENFELD 1892 = Raphael Löwenfeld: Leo N. Tolstoj, sein Leben, seine Werke, seine Weltanschauung. Erster Teil. Leipzig: Arwed Strauch [1892].

LÖWENFELD 1901 = Raphael Löwenfeld: Gespräche über und mit Tolstoj. Dritte, vermehrte Auflage. Leipzig: Eugen Diederichs 1901.

NIGG 1949/1986 = Walter Nigg: Der Häretiker in der Ostkirche. Leo Tolstoi. In: W. Nigg: Das Buch der Ketzer [1949]. Zürich: Diogenes Tb. 1986, S. 530-557.

SANDFUCHS 1995 = Wolfgang Sandfuchs: Dichter – Moralist – Anarchist. Die deutsche Tolstojkritik 1880 – 1900. Stuttgart: M & P Verlag für Wissenschaft und Forschung 1995.

SCHMID 2010 = Ulrich Schmid: Lew Tolstoi. München: C.H. Beck 2010.

SCHMIDT 1990 = Evelies Schmidt: Nachwort. In: Leo N. Tolstoi: Meine Beichte. Aus dem Russischen von Raphael Löwenfeld. (= Religions- und gesellschaftskritische Schriften, Band 1. Neu herausgegeben und durchgesehen von Evelies Schmidt). München: Eugen Diederichs Verlag 1990, S. 167-200.

TAMCKE 2020 = Martin Tamcke: Tolstojs Religion. Eine spirituelle Biographie. Berlin: Insel Verlag 2020.

Der Band erscheint in der Reihe A des Editionsprojekts
‚Tolstoi-Friedensbibliothek' zur (Neu-)Erschließung
gemeinfreier Übersetzungen von ‚religionsphilosophischen
(theologischen) und sozialethischen Schriften' Leo N. Tolstois.
Über weiterführende Literatur, zu unseren Angeboten
sowie zum Kreis der Beteiligten (Konzeption
und Herausgeberschaft, Bearbeitung, Beratung,
Kooperationspartner*innen) informiert die Projektseite:
www.tolstoi-friedensbibliothek.de